企业创新绩效
相关问题研究

贾春香◎著

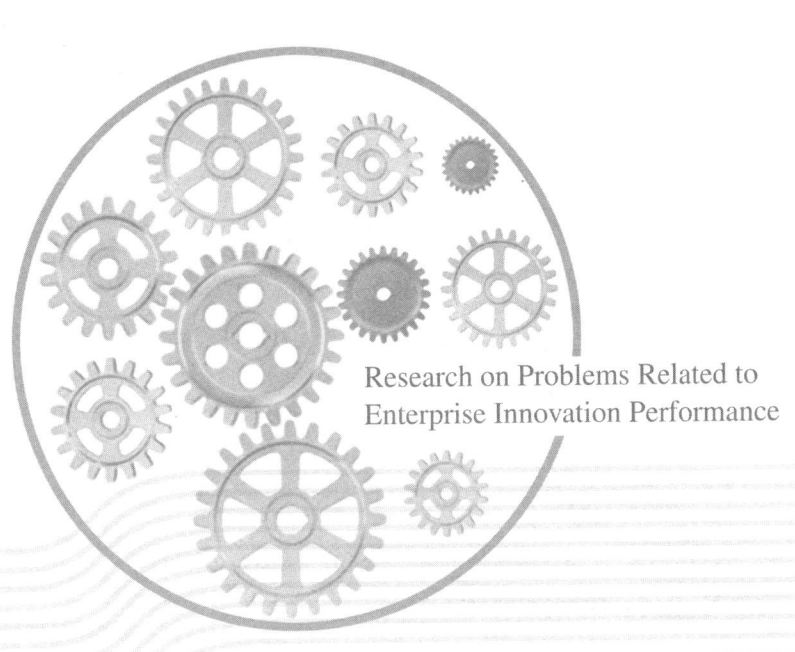

Research on Problems Related to
Enterprise Innovation Performance

图书在版编目（CIP）数据

企业创新绩效相关问题研究/贾春香著．—北京：经济管理出版社，2019.6
ISBN 978-7-5096-6690-6

Ⅰ．①企…　Ⅱ．①贾…　Ⅲ．①企业创新—研究②企业绩效—研究　Ⅳ．①F273.1
②F272.5

中国版本图书馆 CIP 数据核字（2019）第 124353 号

组稿编辑：丁慧敏
责任编辑：丁慧敏　张广花　乔倩颖
责任印制：黄章平
责任校对：王纪慧

出版发行：经济管理出版社
　　　　　（北京市海淀区北蜂窝 8 号中雅大厦 A 座 11 层　100038）
网　　址：www.E-mp.com.cn
电　　话：（010）51915602
印　　刷：北京玺诚印务有限公司
经　　销：新华书店
开　　本：720mm×1000mm /16
印　　张：13.5
字　　数：243 千字
版　　次：2019 年 6 月第 1 版　2019 年 6 月第 1 次印刷
书　　号：ISBN 978-7-5096-6690-6
定　　价：58.00 元

·版权所有　翻印必究·
凡购本社图书，如有印装错误，由本社读者服务部负责调换。
联系地址：北京阜外月坛北小街 2 号
电话：（010）68022974　　邮编：100836

目录

第一章 绪 论 ········ 001

第一节 研究背景与意义 / 001
一、研究背景 / 001
二、问题的提出 / 003
三、研究意义 / 004

第二节 研究内容与方法 / 005
一、研究内容 / 005
二、研究方法 / 006
三、技术路线 / 007
四、可能的创新点 / 007

第二章 相关理论和文献综述 ········ 009

第一节 相关理论 / 009
一、创新理论 / 009
二、投入产出理论 / 013
三、资源基础理论 / 014
四、委托代理理论 / 017
五、公司治理理论 / 019
六、内部控制理论 / 022

第二节 相关文献综述 / 027

一、创新绩效相关文献综述 / 027

二、创新绩效影响因素的相关文献综述 / 031

三、创新绩效影响因素作用机理的相关文献综述 / 042

第三章　创业板高新技术企业创新活动现状……047

第一节　创新活动投入现状 / 048

一、R&D 资金投入 / 048

二、研发人员投入 / 053

三、固定资产增长率 / 058

第二节　创新活动产出现状 / 064

一、专利产出 / 064

二、营业收入增长率 / 069

三、资产收益率 / 072

第四章　创新绩效的影响因素的识别与确定……077

第一节　创新绩效影响因素的初步确定 / 077

一、问卷设计与小样本预测试 / 077

二、大样本调查与检验 / 086

三、影响因素的确定 / 094

第二节　关键影响因素的识别 / 095

一、识别关键影响因素的意义 / 095

二、识别方法 / 095

三、识别过程 / 099

四、识别结果 / 105

五、结论与讨论 / 108

第五章　关键影响因素对创新绩效的作用机理……109

第一节　财政补贴、税收优惠对创新绩效的作用机理 / 109

一、中介作用 / 109

二、研究假设 / 110

　　三、样本选取和数据来源 / 116

　　四、变量设计 / 117

　　五、模型构建 / 120

　　六、统计分析 / 121

　　七、实证结果分析 / 123

　　八、稳健性检验 / 126

　　九、研究结论 / 128

第二节　公司治理结构对创新绩效的作用机理 / 129

　　一、研究假设 / 129

　　二、样本选取与数据来源 / 137

　　三、变量设计 / 137

　　四、模型构建 / 140

　　五、描述性统计分析 / 141

　　六、相关性分析及多重共线性检验 / 143

　　七、实证结果分析 / 145

　　八、稳健性检验 / 147

　　九、研究结论 / 148

第三节　内部控制对创新绩效的作用机理 / 149

　　一、调节作用 / 149

　　二、研究假设 / 154

　　三、样本选取与数据来源 / 157

　　四、变量设计 / 157

　　五、模型构建 / 160

　　六、统计分析 / 161

　　七、研究结论 / 165

第六章　提升企业创新绩效的路径 …… 167

第一节　充分发挥政府的支持作用 / 167

　　一、加大财政补贴的力度，完善税收优惠机制 / 167

　　二、建立完善的考核制度，加强对政策工具的监管 / 168

第二节　完善公司治理机制 / 168

一、提高对研发的重视程度，培养股东创新意识 / 169

二、优化股权结构，强化股权制衡的治理作用 / 169

三、保证董事会公司治理作用的发挥 / 169

四、在符合公司法规定的最低董事会人数下适当缩减董事会规模 / 170

五、提高企业高管人员的持股比例 / 170

第三节 提高内部控制有效性 / 171

一、提高企业风险管理意识 / 171

二、强化内部控制措施 / 172

三、改善信息系统与强化信息沟通 / 173

四、强化企业内部控制监督机制 / 174

第四节 加大企业研发投入强度 / 175

一、提高研发人员的数量与质量 / 175

二、整合研发资金来源，加大研发资金投入 / 175

三、提高资金的利用效率 / 176

四、加大对创新成果的保护力度 / 177

第七章 研究结论与展望 …………………………………… 179

第一节 主要研究结论 / 179

一、关键影响因素确定 / 179

二、关键影响因素的作用机理 / 180

第二节 研究不足与展望 / 182

一、研究局限 / 182

二、未来研究展望 / 182

附录1 企业创新绩效影响因素调查表 …………………………… 185

附录2 企业创新绩效影响因素重要性专家评分表 …………… 189

参考文献 ………………………………………………………… 193

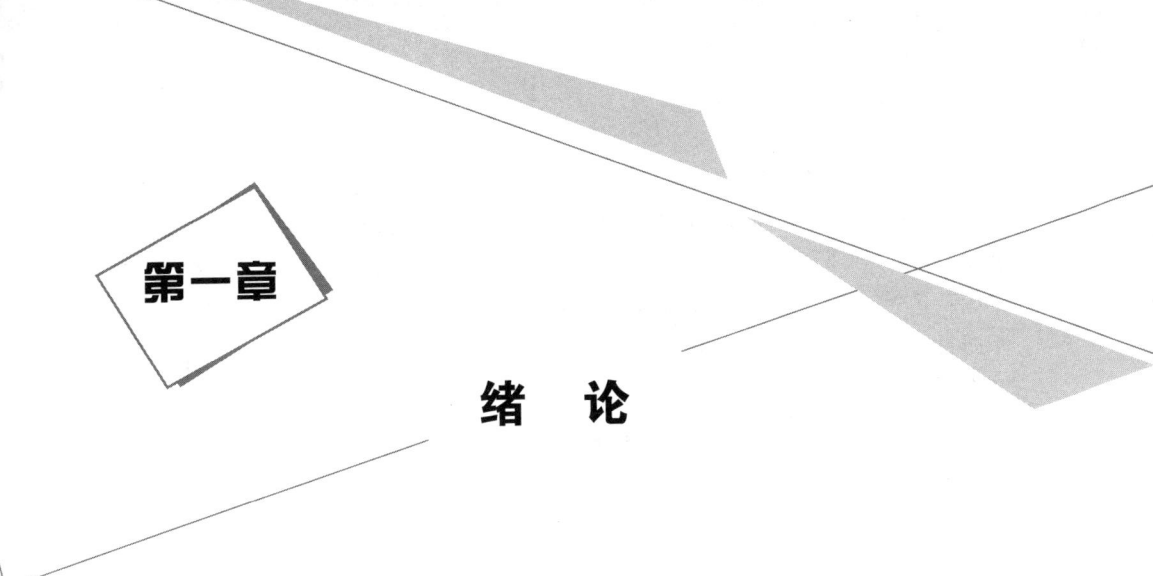

第一章 绪 论

第一节 研究背景与意义

一、研究背景

(一) 创新是引领国家发展的第一动力

改革开放以来,为改变我国多数行业技术落后的局面,我国政府实施了"以市场换技术"的战略与政策,整个国民经济得到了很大程度的改造和提升。但是,在我国向外商逐步开放国内市场、国外产品在我国市场份额越来越大的同时,我国各行业并没有获得国际先进的核心技术,不少行业沦为发达国家企业在我国的加工基地。随着全球化浪潮的不断推进,市场竞争日益激烈,中国经济发展进入新常态,加强自主创新建设已经逐渐成为我国社会各界的共识,创新成为经济发展的驱动力。技术创新是人类创造财富的源泉,是促进经济增长的根本动力。一个国家高新技术水平的高低、自主创新能力的强弱,决定了这个国家在世界分工中的地位以及在国际中的竞争力。从企业的长远发展来看,创新是构成核心竞争力的重要方式。企业只有具备必要的创新活力和机制,才能迅速预见未来市场竞争的主题,了解市场竞争的发展趋势,在瞬息万变的市场竞争中维持相对稳定的发展。

我国政府已经开始重视企业的创新研发活动,并且在政策上积极鼓励和引导企业进行相关的创新投入。党的十八大以来,习近平同志高度重视科技创新,围绕实施创新驱动发展战略、加快推进以科技创新为核心的全面创新,提出了一系列新思想、新论断、新要求,并指出"科技创新是提高我国社会生产力和综合国力的重要战略支撑，我国必须要将其摆在发展全局的核心位置"。党的十九大报告再一次强调了科技创新的战略地位，重申了其在国家发展复兴中的重要作用，指出创新是引领国家发展的第一动力，是构建和完善中国特色社会主义现代化经济体系的强力支撑，进一步要求"决胜全面建成小康社会，开启全面建设社会主义现代化国家新征程，必须坚定实施创新驱动发展战略，抓重点、补短板、强弱项，到新中国成立一百年时，基本实现现代化，把我国建成社会主义现代化国家"。

相关资料显示，2018年国家科技创新能力大幅增强，主要科技创新指标稳步提升。全社会R&D支出占GDP比重预估为2.15%。研发人员总数达到418万人，居世界第一。国家综合创新能力居世界第17位。国际科技论文总量和被引次数稳居世界第二，发明专利申请量和授权量居世界首位。科技进步贡献率超过58.5%。高新技术企业达到18.1万家，科技型中小企业突破13万家。168个国家高新区预计实现营业收入33万亿元，出口总额3.3万亿元，实际上缴税费1.7万亿元。全国技术合同成交额为1.78万亿元。

但是，当前我国科技发展水平特别是关键核心技术创新能力同国际先进水平相比还有很大差距，同建设世界科技强国的要求还很不适应。科技创新还没有真正成为经济社会发展的内生动力，关键核心技术短板突出，创新型企业的国际竞争力不强，国际一流的科技领军人才和创新团队偏少，符合科技创新规律的体制机制和生态环境还有待完善。

实施创新驱动发展战略，就是要推动以科技创新为核心的全面创新，坚持需求导向和产业化方向，坚持企业在创新中的主体地位，发挥市场在资源配置中的决定性作用和社会主义制度优势，增强科技进步对经济增长的贡献度，形成新的增长动力源泉，推动经济持续健康发展。

（二）高新技术企业是开展创新活动的重要主体

企业是我国实现创新战略的主体，谁能够创新并能将创新成果迅速转化为创新绩效，谁就能在行业竞争中处于优势地位。尤其是在当今世界经济一体化、科学技术迅猛发展的背景下，企业需要不断面对持续变化的市场环境，创新更加成为企业走持续发展道路的重要因素。

相对传统企业而言，高新技术企业凭借其高知识、高技术含量和高附加值的特性，在科技创新领域里起着举足轻重的作用，主宰着整个企业经济和社会发展的命脉。因而，高新技术企业的发展引起了世界各国的重视，各个国家都通过各种方式来引导和推进高新技术企业发展，确保各自国家的综合实力和竞争力水平有稳健性的优势。特别是在我国经济发展下行压力持续增大的新常态背景之下，发展高新技术企业更是稳定经济增长、提高国际竞争力的重大战略选择。

高新技术企业是典型的知识密集、技术密集的经济实体,是国内企业在研发创新方面的领跑者。高新技术企业的核心竞争力就是高新技术,它具有高综合性、高渗透性、高度倍增性、高投入性、高风险性、高效益性、高融合性、高增长性和高智力性的特点。高新技术企业比一般企业更依赖技术创新,此类企业进行研发投入以推动业绩增长和发展壮大的动因更强。对高新技术企业而言,其追求的不仅仅是企业绩效的提升,更重要的是企业创新能力的飞跃,其创新水平的高低将直接决定企业未来的生存和发展。

本书以创业板上市的高新技术企业为研究对象。与主板市场不同,创业板主要为高科技领域中的一些成长性强且具有广阔发展前景的新兴中小型企业提供融资支持,并为这些企业的快速发展提供增长空间。创业板市场的上市企业在我国企业创新发展中起到了排头兵的作用,为我国的创新发展做出了巨大的贡献。这些企业投资少、风险大,因此加强自主创新能力是企业获得核心竞争力、长远发展的关键,因而,对创业板上市企业进行深入研究,提高其运行效率,对于整个国民经济健康发展起到至关重要的推动作用。根据对这些公司创新绩效的研究结论制定出的经济发展计划,才能符合我国实际国情,才能更好地对企业的创新活动开展情况进行管理和监督,以不断地促进创业板市场的发展,提高国家的整体创新能力。

二、问题的提出

综观世界经济发展与国际环境变化,当前的中国企业既要面临工业化的升级,又要迎接信息化的挑战;既要不断推进市场化,又要面临来自全球范围内的竞争;既要直视自身管理水平的不完善,又要面对跨国企业的冲击。企业发展正处于顾客全球化、管理多样化和竞争国际化的形势当中。而我国大部分企业创新意识不足,创新活动开展得较少,在创新体系中难以发挥主体地位优势。面对自身存在的问题和来自外界的各种挑战,中国企业需要尽快适应并利用变化,以创新驱动实现可持续发展。

高新技术企业是技术拓展和创新活动的主力军,创新绩效是保持企业竞争力、实现可持续发展的关键。由此可看出,对高新技术企业进行创新绩效的研究是满足企业自身经营管理的需要,也是推动产业转型升级、促进技术水平提高、适应经济全球化的必然要求。

然而,高新技术企业在创新过程中仍存在着一系列问题,这使得我国与发达国家的创新水平还存在着一定的差距。因此,如何增强创新能力、提高创新绩效、实现高新技术企业的追求目标,是我国高新技术企业在发展道路上所遭遇的难题。为了确定是什么因素阻碍了高新技术企业的创新发展，对企业创新绩效影响因素的研究成为必要。

结合高新技术企业当前发展实况与学术界理论研究现状，不难发现，目前高新技术企业尚未找到构建核心竞争力、有效提升创新绩效的路径，迫切需要相应的理论和方法体系的指导。鉴于此，本书紧密结合我国高新技术企业的现实状况，借助学术界兴起和发展的创新理论、委托代理理论、公司治理理论等相关理论，重点关注企业创新绩效的影响因素，以及关键影响因素对创新绩效的作用机理，以期寻找到有效提升创新绩效的路径，在进一步充实企业创新绩效理论体系的同时，为高新技术企业提升创新绩效提供实践参考。

本书研究的核心问题主要有以下三方面：

（1）企业创新绩效的影响因素有哪些？关键影响因素是什么？如何度量与刻画？

（2）关键影响因素如何对创新绩效发生作用？作用机理如何？

（3）有效提高创新绩效的路径有哪些？

三、研究意义

在现如今的经济发展形势下，经济的增长和发展受到传统的资源、劳动力的影响越来越小，创新成为企业取得核心竞争力和盈利的关键驱动力。技术创新作为技术发展的前提，同样也是促进高技术产业发展的直接动因。作为创新主体的高新技术企业正在受到国内外学者越来越多的关注，对其评价方面的研究也日益增多。对高技术企业创新绩效进行研究，有利于深入掌握我国高技术企业创新绩效的状况，寻找有效的方法和路径，提高创新绩效，同时为国家制定发展战略等提供理论支持。

（一）理论意义

自从熊彼特（1912）提出创新概念以来，近80年来理论界和企业界对技术创新进行了广泛而深入的研究，但对于究竟哪些因素对创新绩效起关键作用，且会促使创新成功目前还没有达成一致结论。影响创新绩效的因素有定量指标，也有定性指标。本书先采用文献研究法和问卷调查法，初步确定企业创新绩效的影响因素，然后采用定量方法识别出关键影响因素，在此基础上，从理论的视角剖析关键影响因素对技术创新绩效的作用机制。这些研究进一步丰富和拓展了创新绩效研究的理论和方法，也为提升高新技术企业技术创新绩效提供理论指导。

（二）现实意义

高新技术企业的快速发展与技术创新息息相关。要想实现高新技术企业可持续发展，积极进行科技创新是根本途径，而这也是促进国家经济增长和提升国际竞争地位的重要源泉。因而，提高高新技术企业的创新绩效非常重要和迫切。只有识别和掌握影响高新技术企业创新绩效的关键影响因素，并明确这些因素对创新绩效的作用路径和机理，才能在创新实践中采取针对性的有效措施，实现对创新绩效的提高，才能真正地发挥高新技术企业引领创新的重大作用。在对高技术企业创新绩效研究过程中所提炼、升华出来的具有典型性、代表性和普遍规律的理论成果，可以促进高新技术企业及其所属产业、相关联的其他产业的创新活动的开展，提升它们的创新绩效。

第二节 研究内容与方法

一、研究内容

根据"提出问题—分析问题—解决问题"的研究思路，本书在对国内外相关研究成果进行梳理和吸收的基础上，搭建了基于理论和问题探索—概念模型构建—作用机制和作用效果分析—实证研究和结果讨论—提升对策和建议的研究框架。首先，阐述本书所涉及问题的研究背景。在中国进入经济新常态下，创新成为发展的新动力，而高新技术企业作为创新活动的主体，其创新绩效的高低对国家整体创新能力有非常重要的影响，指出提升我国高新技术企业创新绩效的紧迫性和重要性。其次，在提出问题的基础上通过实地调研和借鉴相关文献，对问题进行系统性分析，开发出高新技术企业创新绩效的影响因素量表，采用 Rough-Demate 模型识别高新技术企业创新绩效的关键影响因素，并分别探究各影响因素对创新绩效的单独和联合作用机制。最后，结合实证分析结果从优化各关键因素角度提出助力我国高新技术企业创新绩效提升的措施建议，在系统性分析的基础上解决前文所提出的科学性问题。

第一章是绪论。本章主要介绍了本书的研究背景、研究意义、研究内容、研究方法、技术路线和可能的创新点。

第二章是相关理论和文献综述。本章主要介绍了本书所研究问题的理论基础，包括创新理论、投入产出理论、资源基础理论、委托代理理论、公司治理理论和内部控制理论；并梳理总结了有关创新绩效、创新绩效的影响因素及其作用机理的文献。

第三章为创业板高新技术企业创新活动现状。本章以创业板高新技术企业为样本,从创新投入和创新产出的主要方面介绍了近三年创业板高新技术企业创新活动的开展状况。

第四章为创新绩效的影响因素的识别与确定。本章以创业板高新技术企业为对象,研究创新绩效的影响因素。通过借鉴学者们的研究成果,本书开发了创新绩效影响因素量表,并通过小样本测试和大样本调查,验证了量表的信度与效度;在此基础上,采用 Rough-Demate 模型识别出关键影响因素。

第五章为关键影响因素对创新绩效的作用机理。本章主要探讨了财政补贴、税收优惠对企业创新绩效的影响机理;公司治理结构通过研发投入的中介作用影响创新绩效,而研发投入通过内部控制的调节作用影响创新绩效。

第六章为提升企业创新绩效。本章针对前文进行的研究,结合当前高新技术企业创新活动的发展现状、自身特点及企业创新绩效的关键影响因素和它们的作用机理,从关键影响因素角度提出提升创新绩效的建议。

第七章为研究结论与展望。作为全书的结尾章节,本章内容主要是回顾全书主要工作,总结研究结论,提出未来研究可选择的方向。

二、研究方法

(一) 文献研究

通过对国内外多个学术论文数据库(包括中国知网、万方、维普、EBSCO、Wiley、Springer、SCI/SSCI/AHCI 等)、纸质期刊与论著、相关搜索引擎(Baidu、Google 等)以及相关政策报道的长期跟踪检索,本书广泛收集了与研究主题相关的各种文献和资料。通过文献分析提炼相关领域的当前研究现状,并对相关研究进行综述,寻求新的理论缺口和研究突破点。本书在深入分析创新绩效现有研究文献的基础上,结合我国制造企业当前的转型实践,总结目前研究中存在的焦点缺陷,明确本书所要研究的问题及可借鉴的研究结论,为构建企业创新绩效相关问题的分析框架奠定了坚实的理论基础。

(二) 问卷调查

在构建变量测度量表时,通过文献梳理形成初始问卷,征求学术界和企业界专家的意见,经过专家讨论修正后,进行小规模的样本预测试,应用预调研回收的数据修正量表。通过大规模的问卷发放,获得了公司财务方面、公司治理方面、组织特征方面、资源支持方面的数据,为下一步数理统计分析做准备。

(三) 深度访谈

通过电话访谈、面谈以及网络访谈的方式,对当地的创业板高新技术企业的高层管理者与核心技术人员进行了深度访谈。通过深度访谈获得与本书研究主题相关的更加丰富与完整的资料，从而有助于完善本书的概念模型，深入分析实证研究结果，以及提出相应的政策建议。

（四）Rough-Demate 模型

灰色系统理论是采用灰色模糊概念解决不确定属性决策问题的方法。由于来自相关领域的不同专家的分析结果具有不确定性，通过采用灰色区间数，构建出更具有柔性的决策模型，使评价结果更接近于客观情况。Demate 模型是分析系统中各个影响因素之间的因果关系的强有力工具，所以运用 Rough-Demate 模型识别高新技术企业创新绩效的关键影响因素。

（五）数理统计分析

问卷回收的数据需要进行统计分析，确认描述特征符合要求后才能应用于概念模型的验证。本书运用 SPSS24.0 和 AMOS20.0 统计分析工具，采用描述性统计分析、信度与效度分析等相关分析实现对数据的检验，运用多元线性回归，说明变量之间的关系，实证检验关键影响因素对高新技术企业创新绩效的作用机制。

三、技术路线

本书的技术路线如图 1-1 所示。

四、可能的创新点

（一）开发了高新技术企业创新绩效的影响因素量表

通过对国内外众多文献进行研读发现，当前对企业创新绩效的研究多集中在资源基础观、创新链、企业家、企业所有制等视角，对企业创新绩效影响因素的研究多集中在企业规模、人力资本、创新资金投入等方面，也有不少学者研究企业管理团队的某些特征对企业创新绩效的影响，鲜有学者从公司角度系统地对企业创新绩效影响因素进行研究。本书在实地调研、深度访谈基础上，借鉴相关文献开发了考虑公司财务、公司治理结构、企业组织特征和资源等方面的创新绩效影响因素量表。

（二）采用 Rough-Demate 方法识别关键影响因素

影响企业创新绩效的因素有很多，有来自企业内部的，有来自企业外部的；有直接影响的，也有间接影响的；有影响作用较强的，也有影响作用较弱的。从众多影响因素中找到关键影响因素，掌握关键影响因素对创新绩效的作用机理，才能有效提高创新绩效。较多的学者采用主成分分析法、因子分析法寻找关键影响因素，本书采用 Rough-Demate 方法识别，运用灰色模糊概念解决不确定属性决策问题，它的主要优势在于通过采用灰色区间数，构

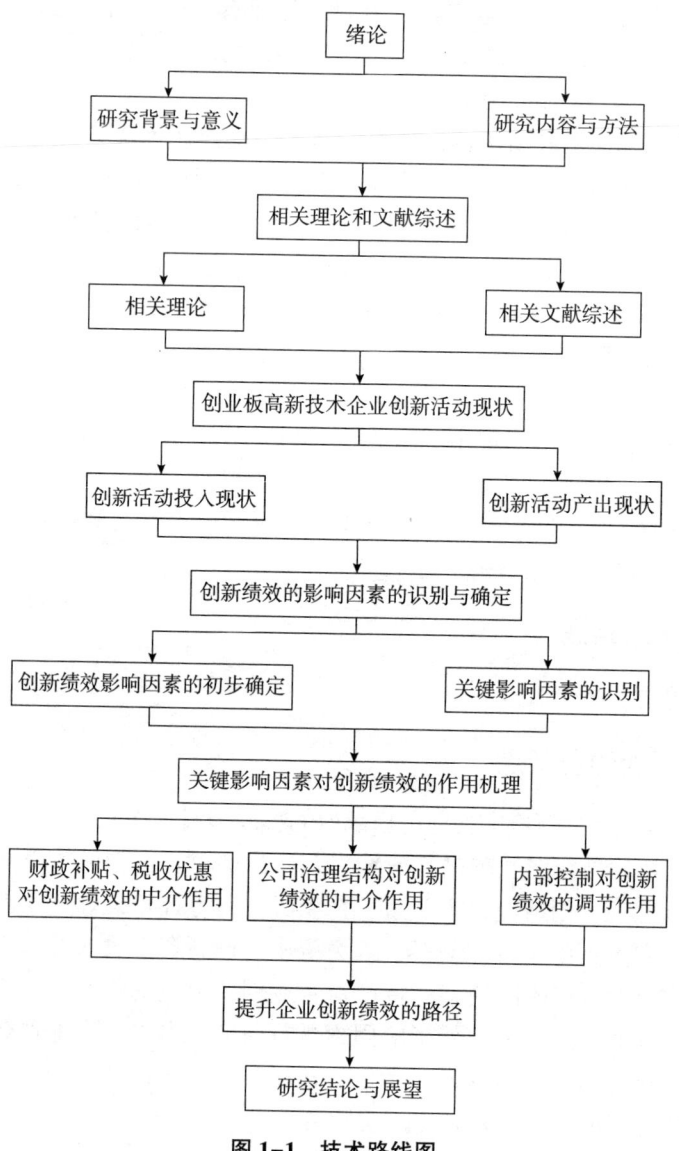

图 1-1 技术路线图

建出更具有柔性的决策模型,使得决策结果更加接近实际。Rough-Demate 方法是识别和分析因果关系的强有力工具。

第二章

相关理论和文献综述

第一节 相关理论

一、创新理论

无论是对于国家的经济增长还是企业的长远发展，创新都起到至关重要的作用，本书将对创新理论的起源与发展、创新的驱动机理进行系统的分析，为本书从多方面探索创新绩效的影响因素及其作用机理奠定理论基础。

（一）创新理论的起源与发展

创新概念最早由 Schumpeter（1912）提出并引入经济系统，在其著作《经济发展理论》中，他认为创新是重新组合各种生产要素，将新的生产要素抑或生产要素的全新组合引入生产体系，即建立一种新的生产函数，并将创新视为经济发展的持续动力。创新包含五种形式：其一，采用一种新产品，即提供一种全新的产品或者提升已有产品的品质，对应着产品创新；其二，采用一种新的生产方法，即尚未在制造业领域中得到验证的方法，对应着工艺创新；其三，开辟一个新市场，即进入一个以前没有涉足的市场，对应着市场创新；其四，获得一种原材料或半成品的新供给来源，对应着资源开发创新；其五，实现一种新的组织形式，即打破一种垄断地位或造就一种垄断地位，对应着制度与管理创新。这是一种广义的创新概念。Schumpeter（1939）较为系统地提出了创新理论，将创新视为一个过程，开启了创新理论研究的先河。但是，由于受到同时期"凯恩斯革命"理论的影响，创新理论在提出的当时并未引起理论界与实务界的广泛重视。随着社会经济的逐步发展,许多现象已无法用传统经济理论予以解释,创新在经济发展中的作用逐渐受到学者们的重视,学者们开展了大量研究,丰富并发展了创新理论,逐渐形成了新熊彼特学派、新古典学派、制度创新学派和国家创新体系学派等有代表性的研究流派。

1. 新熊彼特学派的创新理论

20世纪50年代,随着新技术革命的蓬勃发展,如何以技术创新推动经济增长成为备受关注的热点问题,使Schumpeter的创新理论成为学术研究的焦点,并形成了新熊彼特学派,在Schumpeter创新理论的基础上,提出了技术创新理论,强调技术创新与进步在经济增长中的重要作用。新熊彼特学派从新思想及其引入、创造及其介绍、打破传统观念以及同现有观点的区别等方面探索技术创新的内涵。

Mansfield(1961)从推广速度和影响推广的因素角度探索了新技术的推广问题,建立了新技术推广模式。他的研究有四个基本假定,即完全竞争市场、专利不会影响新技术的模仿、推广过程中新技术不会发生改变以及企业规模对新技术的采用没有影响。在这些假定前提下,新技术并非垄断的,可以被市场中的企业自由模仿和使用,此时影响新技术推广的因素主要有模仿的比例、相对盈利率以及投资额。其中,新技术被模仿的比例越高、模仿新技术的相对盈利率越高、采用新技术需要的投资额越低,则新技术推广速度越快。然而,Mansfield的理论假设前提过于完美,现实世界中无法达到完全竞争市场的理想化状态,并且法律对于专利权的保护也会影响新技术的模仿,科技的发展日新月异,需要不断进行技术升级与革新才能保障其生命力,并且企业规模的大小也影响着其投资于新技术的能力。Kamien和Schwartz(1975)从市场结构的角度对企业技术创新过程进行探析。他们认为市场竞争程度越剧烈,企业进行创新活动的动力越充足;市场垄断程度越高,企业通过创新所获取的市场控制力就越强,创新为企业带来的经济租金也就越持久。此外,Myers和Marquis(1969)、Utterback(1975)等学者的研究也丰富了新熊彼特学派的创新理论。

2. 新古典学派的创新理论

以Solow(1957)为代表的学者运用新古典生产函数的原理,探索技术创新对经济增长的驱动作用,形成了创新理论的新古典学派。该学派将技术视为与资本和劳动力同等重要的生产要素,认为技术进步是影响经济增长的重要因素。Solow(1957)开创性地将创新分为两个阶段,即新思想的产生及其后续实现与发展。他在对美国制造业总产值的分析过程中发现,技术上的进步解释了88%的经济增长。与此同时,新古典学派也强调政府干预对创新的作用，提出技术创新的市场机制失效时，政府应给予适当的干预和调控，以充分利用创新在促进经济发展方面的重要作用。但新古典学派并不关注创新的内部过程，将创新过程视为一个"黑箱"，仅关注创新带来的结果，即对经济发展的作用。

3. 制度创新学派的创新理论

20世纪70年代，Davis和North（1971）在其出版的《制度变迁与美国经济增长》一书中提出制度创新的观点，将制度创新视为经济的组织形式和经营管理方式的革新。制度创新学派以制度的形成和变革为主要研究内容，将创新理念与制度相结合，对制度创新与经济发展之间的关系进行深入挖掘，发展了Schumpeter的制度创新思想。80年代，Drucker（1985）在其出版的《创新与企业家精神》一书中有关创新的论述进一步丰富了Schumpeter创新理论的内涵，发展了其管理创新的理论思想。Drucker将企业创新视作企业在生产经营、组织管理等活动中采用新理念、新方式，构建新生产函数或资源新配置方式的行为，能够使人力资源和物质资源创造财富的能力更强，强调经济的发展方式已经从管理的经济转变为创新的经济，并从企业内部因素和外部环境因素角度探索创新的源泉。

4. 国家创新体系学派的创新理论

以Freeman（1982）和Nelson（1993）等学者为代表的国家创新体系学派认为尽管企业是技术创新的生力军，企业创新在推动经济增长方面有重要作用，然而创新并不是企业孤立进行的行为，而是需要国家创新体系予以推动。企业创新需要多方面的资源予以支持，而国家创新体系正是参与并影响创新资源配置的各个组织、机构、关系网络和运行机制的综合体系，参与创新的各方相互作用，共同推动新技术的产生、扩散与应用，促进整个国家的创新绩效提升。Freeman（1982）在对日本企业的研究中发现，日本的创新主体众多，创新活动无处不在，而政府在其中起到了重要的推动作用，通过建立国家创新体系，协调各方资源推动创新活动的开展，实现了日本经济的快速发展。Nelson（1993）分析了国家创新体系的制度安排，并指出由于创新活动的高度不确定性，国家创新体系的制度安排应该具有弹性、适应性和灵活性。国家创新体系学派的研究为一国政府如何通过制度安排激励企业、科研机构以及高等院校等创新主体从事创新活动，加快新技术的产生、扩散与应用提供了理论借鉴。

（二）创新的特性

1. 高风险性和高度不确定性

企业进行技术创新，本质上是探索未开发的新领域，由于这些新领域存在未知性，使探索活动伴随着极大的不确定性和风险性且很难避免。技术创新的高风险性和不确定性主要体现在以下三个方面：一是技术方面的不确定性。在创新过程中，可能会由于某些因素被迫终止研发，或者研发中途遭遇失败，或者预期效果无法达到，又或者是预期效果虽然达到了，但生产和售后却跟不上，也就是说，技术上难以确保创新活动的成功。"构思研究、基础研究、应用研究、试验发展研究、工程技术革新和改造等技术创新活动，成功的概率分别为20%、25%、40%、60%和90%。"这些研究数据更加说明了技术创新活动的高风险和高不确定性。二是资金的不确定性，技术创新活动得以开展，资金的支持是重要基础，否则企业的创新活动将无法顺利进行。三是企业面临的市场环境也存在不确定性，当今社会经济的发展日新月异，市场能不能接受新产品不能完全确定，或者由于新产品被接受的时间过长造成资金回收难，另外，市场变化过快导致难以准确预测新产品市场的容量、市场增长性、顾客和竞争者的反应等。

2. 高成本性和收益滞后性

企业开展技术创新活动需要投入大量的物力人力资源，如科研人员、研发设备等，需要大量的资金来支撑这些资源支出。更重要的是，研发活动具有很长的周期性，一个完整的创新活动包括筹备研发、产生成果、将成果投入生产、销售新产品等过程，这些过程至少需要两年，而在这么长的周期里只有现金的流出，直到在最终销售后才会有现金的流入，这就是技术创新活动的收益滞后性，即研发活动占用了当期资源，但带来的收益却要在很长时间后才能实现，投入和收益之间存在很长的时滞性。

3. 系统性

一个完整的创新活动包括很多过程，这些过程的实现需要研发部门、生产部门、销售部门等各部门的协作配合，也就是说，企业技术创新活动是一个系统性的活动，对企业的内外部的协调运作能力要求很高。

（三）创新的驱动机理

鉴于创新对于企业发展和经济增长的重要作用，创新的驱动机理研究受到学术界广泛重视，以期通过对驱动机理的探索更好地推动创新活动开展。对于创新驱动机理的研究经历了从一元论到多元论的过程。

在创新驱动机理一元论方面，从单一角度考量创新的驱动力量，主要分为技术推动说和需求拉动说。其中，技术推动说认为创新是由于技术发展的推动而产生的，在科学技术上取得的重大突破是企业进行创新的直接动力，也是推动创新的根本原因。而需求拉动说则认为创新源于市场的需求，即创新的起点是市场需求信息，这些信息描述了市场期望得到的产品和技术，企业根据这些需求进行创新，生产新的产品与服务以满足市场需求，进而在市场中占据优势地位以获取经济租金，因此，市场需求及其相应的经济收益是创新的直接驱动力量。

在创新驱动机理多元论方面，Cooper（1979）研究发现从单一角度对创新驱动机理进行分析无法解释现实中的许多现象，并指出创新是在技术成果和市场需求的平衡基础上产生的，即技术推动和市场需求共同推动了创新的开展。Balachandra 和 Friar（2002）研究创新驱动机理时发现，当研究背景发生改变时，即便是相同的驱动因素也会对创新产生不同的影响，即对创新驱动机理的研究需要考虑情境因素，如若不然可能导致研究结论存在偏误。Zona 等（2013）也发现创新的驱动力量在不同的情境下会有差异化的表现。

二、投入产出理论

投入产出理论属于交叉学科的范畴，是经济学、数学等学科结合的产物，被广泛应用于宏观和微观经济学中，用于揭示经济现象中所蕴含的丰富的经济实质。投入产出理论最早由 W. Leontief 教授提出，旨在通过编制投入产出表及建立相应数学模型来反映经济系统各个部门之间的联系。1931 年，他开始着手研究投入产出分析，并且在美国国情普查资料的基础上，编制了美国 1919 年和 1929 年的投入产出表，对美国的经济结构和经济均衡问题进行了深入的分析。1936 年，他在《经济与统计评论》上发表了《美国经济制度中投入产出数量关系》一文，标志着投入产出分析的诞生。

投入产出理论中所谓的投入是指：社会生产（包括货物或服务）过程中对于各种生产要素的消耗和使用，包括原材料、辅助材料、燃料、劳动力、技术专利等。所谓的产出是指生产活动的成果也即分配使用去向、流向，包括中间产出和最终产出。该理论主要应用于政策模拟、经济分析、经济预测、经济控制和计划制定等方面。

投入产出分析最早的实际应用是 1941 年关于第二次世界大战结束后就业情况的研究。W. Leontief 指导编制了美国 1939 年的投入产出表，并运用该表资料预测战后钢铁工业生产和就业情况。这次预测的成功，使投入产出分析受到美国政府和经济学界的重视。最初的投入产出模型较为简单，只是静态的投入产出模型。随着研究的深入，1948 年戴维·哈京斯提出了以微分方程组形式表述的投入产出动态模型。1953 年 W. Leontief 在哈京斯等的研究基础上，系统地提出了动态投入产出动态模型。从此，投入产出分析技术由静态扩张到动态。

一般来说，这一理论是从定量的视角研究国民经济各个产业部门之间的联系，即投入产出之间存在静态的数量依存关联。随着该理论的逐步发展与使用，不管是宏观经济抑或微观经济，均可以依据投入产出理论，运用简便的数学方式表示其内部的经济含义。自1988年我国第一次出版《全国投入产出表》一书，投入产出理论便正式被运用到经济决策中，并且发挥出积极的功能。同时，投入产出理论也被应用于技术创新中，其原理是：加大企业研发投入力度有助于企业知识存量的增加和技术的创新，其结果是为企业带来更加先进的技术和新产品产出的增加，即创新绩效的不断提升，这些将最终使得企业在市场竞争中获得超额利润，从而有更多的资金用于研发投入，如此往复，形成良性循环，可以实现企业的可持续发展。因此，经济要想持续发展就需要不断地创新和变革，如果没有了创新，企业无法获得超额利润，经济也就无法健康持续发展。

企业可以通过提高研发投入来取得垄断收益，同时研发投入也带来了技术创新和知识存量的增加，进而促使技术不断地进步和新产品应运而生，提高了企业绩效，最终推进经济的强盛。经济要想不断发展就要不断地去创新，如果没有创新，经济就会停滞，企业也不能实现超额收益。创新的主体是企业管理者，企业管理者必须要通过创新来激励投资，企业对生产资料的需求量增大，从而促进企业更好地发展，取得超额收益，最终实现经济健康、平稳发展。

三、资源基础理论

资源基础理论主要运用于战略管理领域，从资源的角度探讨企业所具备的竞争优势。创新实现了生产要素的新组合，它是新想法、新知识、新发明的商业应用，因此，创新的发生需要一些新元素，这些新元素为创新的实现提供了机会。所以，那些能够为创新提供机会或降低创新风险的企业资源对于创新的产生具有重要作用。

（一）资源基础理论的起源与发展

20世纪80~90年代，从企业拥有资源的角度探寻企业持续卓越绩效解释的资源基础理论迅速形成并发展。在当时，学术界关于企业持续卓越绩效的解释主要有两种不同的理论观点，一是以Porter（1980）竞争优势源自产业结构为代表的产业组织理论，认为企业卓越绩效表现是外生的；二是以Wernerfelt（1984）和Barney（1991）为代表的竞争优势源自企业特有资源的资源基础理论，认为企业卓越绩效表现是内生的。

产业组织理论的分析沿用经典的SCP范式，即"结构—行为—绩效"分析范式，认为企业所处产业的市场结构决定了企业从事活动的范围，即企业的行为方式,而企业所采取的不同行为进一步影响了企业的绩效表现。将企业面临的市场竞争程度、进入与退出壁垒等市场结构因素视为企业绩效的决定性因素。然而,市场结构并非企业绩效的唯一决定因素(Demsetz,1973),即便是同一行业的企业之间也存在利润差异(Rumelt,1982),甚至同一行业的企业之间利润差异程度要大于不同行业企业之间的利润差异程度(Lippman和Rumelt,1982),说明产业组织理论至少无法对企业持续卓越绩效做出完备解释。

而资源基础理论从企业拥有的独特资源角度分析企业持续竞争优势的源泉,其理论思想源自Penrose(1959)的《企业成长理论》。Penrose脱离了传统经济分析,将企业视为同质的生产函数的分析框架,认为企业是在特定管理框架下一系列资源的组合,正是企业异质性的资源及其使用方式决定了企业的成长。资源基础理论继承了Penrose企业资源异质性的观点,认为正是由于企业之间资源的差异导致企业不同的绩效表现。

Wernerfelt(1984)最早发表有关资源基础的研究,试图从互补的角度发展一种理论作为对Porter(1980)基于产品市场地位的竞争优势理论的补充,认为竞争优势是基于企业所拥有的资源而实施不同产品市场战略所获得的。原则上讲,对于每一个能够分析企业产品市场竞争力的概念(例如进入壁垒),应该存在一个能够分析企业所拥有资源的竞争程度的互补概念(例如模仿壁垒)。Wernerfelt(1984)意识到企业间基于资源和资源组合的竞争对企业实施产品市场竞争战略以获取竞争优势的能力有重要意义,为资源基础理论的产生与发展奠定了基础。与Wernerfelt从企业拥有资源角度解释企业间绩效差异的观点不同,Rumelt(1984)发表了资源基础领域的第二篇论文,他试图构建一种解释企业为何存在以及经济租金的获取能力的企业战略理论,着重阐述了交易专用性投资的作用。交易专用性投资被资源基础理论的学者视为最可能产生经济租金的资源(Barney,2001)。Rumelt(1984)将企业视为一组生产性资源的集合,指出这些资源的价值会随着其应用环境的变化而发生改变,并且提出企业资源被"隔绝机制"所保护的程度决定了资源的可模仿性,开始探索那些不可模仿的资源的属性,其许多观点均被资源基础理论所沿用。

Barney(1986)与Wernerfelt(1984)的观点相似,认为开发一种基于企业所控制资源属性以解释企业持续卓越绩效的理论是可行的。Barney(1986)在其研究中引入战略性要素市场的概念,将战略性要素市场视为企业获取其产品市场战略所需资源的场所,企业能否获得竞争优势不仅取决于其采取的战略行动能否在产品市场上创造不完全竞争,还取决于企业实施该项战略的成本大小，而这一成本是由战略性要素市场的竞争程度所决定的。若战略性要素市场是完全竞争的，即企业能够无差别地获取实施战略所需的各项资源，那么企业将无法在产品市场上获取持续的竞争优势，因为企业获得竞争优势的战略所需资源能够无差别地被其他企业所获取，其他企业通过战略模仿分享产品市场中的竞争优势，最终导致该战略无法为任何企业带来经济租金。因此，与需要在战略性要素市场上争取资源以支持战略实施的企业相比，基于企业现有的、无弹性供给能力的资源而实施战略的企业更能取得竞争优势，获取经济租金。Dierickx 和 Cool（1989）对 Barney（1986）的研究进行了丰富与扩展，论述了能够为企业带来经济租金的资源的属性，以 Rumelt（1984）有关"隔绝机制"的论述为基础，认为具有路径依赖性、与竞争优势之间因果模糊性、资产存量相互关联性或资产累积效率特征的资源不易受到战略性要素市场竞争的干扰，与其他类型的资源相比，更易为企业带来经济租金。

上述 Wernerfelt（1984）、Rumelt（1984）、Barney（1986）以及 Dierickx 和 Cool（1989）等学者的研究共同塑造了资源基础理论的雏形，Barney（1991）在总结前述研究成果的基础上，正式提出了资源基础理论，阐明了资源基础理论的基本概念、基本假定以及资源与竞争优势的关系，建立了资源基础理论的分析框架。此外，Rumelt（1991）、Grant（1991，1996）、Peteraf（1993）、Amit 和 Schoemaker（1993）、Mahoney（1993，2001）、Spender（1996）、Spender 和 Garnt（1996）以及 Barney（2001）等学者的研究也丰富并发展了资源基础理论。

（二）资源基础理论的分析框架

Barney（1991）在前人研究基础上提出了资源基础理论，明确了企业资源的基本概念，将企业资源视为企业用以制定和实施战略的各种有形资产和无形资产。这是一种广义的资源概念界定，包括物质资本资源（Williamson，1975）、财务资本资源、人力资本资源（Becker，1964）和组织资本资源（Tomer，1990）四大类别。其中，物质资本资源包括企业的固定资产、原材料、区域位置以及有形技术等；财务资本资源包括企业的全部收入；人力资本资源包括企业员工、管理者与所有者个人所具备的教育、经验以及技能等；组织资本资源包括组织文化、组织结构等。

资源基础理论包含两个基本假定：其一，资源的异质性，认为企业所拥有的资源及其组合之间存在差异；其二，资源的不可流动性，认为资源是供给缺乏弹性的或者高模仿成本的，限制了其他企业对同一资源的获取，使得企业之间的资源差异持续存在。这意味着企业如果能通过其所拥有的有价值的资源实施产品市场战略以获取竞争优势和经济租金，那么当这种资源具备不可流动性特征时,企业能够获得持续的竞争优势和经济租金。

并非所有资源都能为企业带来持续竞争优势,在资源基础理论的基本假定下,学者们探讨了资源基础理论的分析框架,即具备何种特性的资源能够成为企业持续竞争优势的来源。Barney(1991,2001)研究指出当企业资源具备价值性(Value)、稀缺性(Rarity)、不可完全模仿性(Inimitability)以及组织性(Organization)属性时方能为企业带来持续的竞争优势,即 VRIO 分析框架。而 Peteraf(1993)则认为具备异质性、对资源竞争的事前限制性、对资源竞争的事后限制性以及不可移动性的资源是持续竞争优势的来源。Amit 和 Schoemaker(1993)认为具有稀缺性、有限移动性、不可完全替代性以及可占用性的资源能够带来持续竞争优势。学者们提出的资源基础理论的分析框架有较大的相似性,其中以 VRIO 分析框架更为全面,只有 Barney(1991,2001)提出了企业的资源只有参与到组织过程中去才可能为企业创造竞争优势与经济租金,即资源的组织性,而闲置资源无法形成竞争优势。因此,本书采用 VRIO 框架进行分析。

然而,资源基础理论的分析框架更多地关注资源属性,而忽视了资源如何转化为企业竞争优势的过程(Priem 和 Butler,2001;Sirmon 等,2007)。资源本身无法产生卓越绩效(Foss 和 Ishikawa,2007;Mckelvie 和 Davidsson,2009),学者们从不同视角分析了企业资源到卓越绩效过程的转化机制。Combs 和 Ketchen(1999)、Klingebiel 和 Rammer(2014)研究发现,企业只有制定并采取适当的战略行动,才能实现从资源到竞争优势以及卓越绩效的转化。

四、委托代理理论

Berle 和 Means 于 1932 年在《现代公司与私有产权》(*The Moden Corporationand Private Property*)一书中,首开代理成本理论讨论之先河,这种成本好像是现代股份公司的必然产物(德姆塞茨,1980)。书中首先讨论了两权分离带来的问题,"所有与控制导致了这样一种局面:所有者和最高经理的利益可能存在不一致,也经常不相一致,在以前限制经理权力的许多制约机制已经消失了"。股东监督管理的成本可能大于获得的收益,在所有权分散和集体行动成本很高的情况下尤其如此。Berle 和 Means 的论点在经济学家中产生了深远的影响。但是公司代理问题直到 1976 年才由 Jensen 和 Meckling 在《企业理论:管理行为、代理成本和所有权结构》中正式提出,并且在经济学领域产生了巨大反响。

委托代理理论认为委托人和代理人之间实际是一种契约关系,委托人由于能力或精力有限，与代理人签订某种形式的契约，赋予代理人一定的管理权限，代理其处理相关事务。理想情况下，该契约应当约定所有情形下，代理人如何行动以符合委托人的期望，这样，最终执行结果与委托人预期之间不会有偏差，资源配置能达到帕累托最优，不存在效率损失。但由于以下原因，委托人和代理人之间并不能达成最优契约，代理问题随之产生：一是现实情况和未来发展是多变的，委托人和代理人之间签订契约并不能约定所有可能发生的情况，在未约定情况下，代理人可能会优先考虑自身利益而不是企业整体利益，造成效率损失；二是信息不对称和目标不一致，委托人作为所有者，并没有参与公司日常经营管理，了解的企业日常经营管理信息是有限的，但代理人参与企业日常经营，能接触到全部日常经营管理的信息，代理人有机会不按照委托人的意愿行事。基于理性经济人假设，委托人和代理人都会基于自身利益最大化来行动，委托人的目标是股东价值最大化或企业价值最大化，而代理人的目标是自身利益最大化，包括工资福利、闲暇时间的最大化，当二者目标冲突时，代理人会做出不利于委托人的决策。委托人和代理人之间由于现实情况复杂多变、信息不对称、目标不一致而不能达成最优契约，次优契约所带来的效率损失就是代理成本。

委托代理理论认为代理成本可以分为三类：一是委托人的监督成本，指委托人加强对代理人的监管所付出的代价；二是代理人的保证成本，指代理人给予委托人一定的保证金，保证其按照委托人的利益行事，保证成本是代理人给委托人的一种风险补偿；三是剩余损失，指代理人与委托人决策不一致导致的效率损失。

委托代理理论的最终目标是寻求减少委托代理问题、降低代理成本的内外部机制。解决委托代理问题的内部机制包括：①对代理人的监督激励机制。委托代理问题产生的一个主要原因是委托人和代理人的目标不一致，建立完善的激励机制能使委托人和代理人目标更加一致。完善的激励机制应该体现管理层和股东共享收益的思想，管理层报酬必须包含风险收入，能够随其努力程度和公司业绩情况而变化，当管理层拥有的剩余求偿权越大，就越有动力努力工作、创造业绩。常见的激励机制如股票期权，企业赋予管理层一定权利，在满足某些条件时，可以在未来规定时间行使这种权利，以低于市场价格的约定价格购买公司一定数量的股票。行权条件可以是公司业绩达到一定标准，也可以是在公司工作达到一定年限，等等。公司通过授予管理层股票期权，使得管理层目标与企业目标一致，管理层不再会为了自身利益做出一些短期的、损害公司利益的行为。②董事会、监事会监督机制。公司治理的组织机构包括股东大会、董事会、监事会、经理层，股东大会选举产生董事会，董事会代表全体股东进行日常经营决策并监督管理层按照全体股东的意愿行事。

解决委托代理问题的外部机制包括：①市场竞争机制。完全竞争的市场会督促管理层努力工作，避免公司破产倒闭给自己带来损失。此外，在完全竞争的经理人市场中，经理人的能力素质、品德信誉是公开的，如果经理人在现有企业偷懒、不作为、损害公司利益，那他很可能葬送掉自己的职业生涯。②控制权市场机制。控制权市场机制指当企业业绩表现较差时就面临着被竞争对手兼并收购的风险，管理层为了保住现有的工作，会积极作为，避免被其他公司收购。③中小投资者保护机制。该机制主要针对第二类代理成本。常见的中小投资者保护机制包括严格的信息披露制度、限制不合理的内幕交易、股东代表诉讼制度等。企业应定期对外披露企业的财务状况、经营成果、关联方及关联方交易、其他各种突发情况等，避免控股股东的"掏空"行为给中小投资者带来损失。

企业研发活动具有高风险性。在这种情况下，在不确定的项目中创新决策可能会增加利益冲突，因为股东和经理之间的风险厌恶程度是不一样的。换句话说，股东愿意承担比经理更高的风险，原因是他们有多元化的投资组合。相比之下，经理愿意选择低风险策略来保障雇佣安全和短期收益，因为经理的财富在很大程度上取决于他所经营的公司的价值，对引进和使用新技术的积极性不高，除非新技术符合管理层利益的需要。这就可能导致重大投资问题即公司资源的有效配置问题，也就是代理成本。

五、公司治理理论

创新战略是公司制度和管理者决策共同作用的结果，良好的公司治理机制能够有效缓解创新过程中的问题，激发公司创新热情，因此，公司治理与R&D活动的关系受到广泛关注。企业技术创新活动是在特定的公司治理结构下进行的，公司治理作为一种个体行为的规范准则，以特定的监控机制和激励机制避免组织中个体行为的不确定性，降低交易成本，从而保证决策的科学性和合理性，因此，公司治理对公司的创新活动具有根本性的决定作用。Charreaus（2000）认为，"新经济的无形性及发挥的创新作用和知识使我们重新考虑公司治理，重新考虑董事会的职能。在生产的新机遇中，董事会促进技能和协助的发展，它有助于创新"。

公司治理理论是治理理论在管理学领域的进一步发展，是以产权理论、代理理论、契约理论和交易成本经济学为基础，由资本市场实践推动而得以形成和发展的理论。其核心问题是在两权分离的条件下，以适当的机制安排解决代理问题，完成公司控制权和剩余索取权的配置并得以制衡，从而保证公司目标得以实现。本书将对公司治理理论的起源与发展、公司治理理论的内容框架以及股权治理这一重要内部治理机制的作用进行系统的分析。

（一）公司治理理论的起源与发展

公司治理理论可追溯至 Smith（1776）在《国富论》中所提及的因信息不对称而引发股东和管理者之间的委托—代理问题，并认为应该设定机制以解决这一问题，由此引发了公司治理的起源及其核心的问题。Berle 和 Means（1932）阐述的"管理—控制"问题开启了金融领域公司治理问题研究的序幕，Jensen 和 Meckling（1976）的代理理论基于契约的不完备性，对所有权结构、缓解代理冲突和降低代理成本等一系列问题进行系统阐述（Alchian 和 Demsetz，1972；Fama，1980；Grossman 和 Hart，1982，1986；Fama 和 Jensen，1983），认为代理理论是一种激励和约束公司参与人行为的制度安排。直至 20 世纪 80 年代"公司治理"作为专业术语以独立形式出现在管理学和商法领域的相关研究中，演化形成了公司治理理论（Greenough，1980；Jemison 和 Oakley，1983；Kripke，1981；Tricker，1984；Cochran 和 Wartick，1988）。

（二）公司治理理论的内容框架

公司治理是公司治理理论的核心概念，亦是现代企业制度的核心概念，学者们从不同利益主体角度探索了公司治理的内涵。早期研究延续 Berle 和 Means（1932）的思想，认为公司治理侧重于最大化单一主体股东的价值，缓解和降低股东与经理人之间的代理冲突。

这部分学者认为公司治理是设计并建立一套服务于股东利益的机制，激励和约束管理者，减少因信息不对称导致的管理者机会主义行为，从而降低代理成本，确保股东价值最大化（Jensen 和 Meckling，1976；Fama 和 Jensen，1983；Myers 和 Majluf，1984；Shleifer 和 Vishny，1986，1997；Stulz，1988；Meyer，1995）。而随后的一些学者对股东利益至上的公司治理观点提出质疑，认为公司治理应兼顾多元主体的预期，明确而合理配置股东、董事会、监事会、经理层和其他利益相关者之间的权责，从而形成有效的制衡关系，维护多元利益主体的利益（Freeman 和 Reed，1983；Cochran 和 Wartick，1988；Goodpaster，1991；杨瑞龙，1999；Monks 和 Minow，2004；李维安，2009）。此外，也有学者认为公司治理是约束和激励利益相关团体的制度安排（张维迎，1999；钱颖一，1995；Rajan 和 Zingales，2000，2001）或是为公司科学合理决策而设计的行之有效的治理结构（吴敬琏，1994；Hart，1995；李维安，2009）。尽管对公司治理内涵的阐述侧重点各不相同，但学者们所提出的公司治理观点均是围绕着"激励约束""监督制衡"和"科学决策"三个核心关键词进行的制度安排（王世权，2011）。

制度的形成和演变具有历史路径依赖性和互补性（Aoki，1996，2001），由于各国家和地区在政治经济文化背景以及企业发展历程和制度演变方面存在差异，导致公司治理在不同国家和地区出现不同形式的制度安排，即公司治理模式的异质性。英美公司治理模式，也称单层制或一元制模式，公司仅设置董事会，集执行与监督职能于一体。英美法系的国家主要建立一元制公司治理模式，英美法系国家的市场机制注重自由竞争，社会关系以规则和契约为裁决标准，倾向关注股东利益（杨斌，2003），最终确立以独立董事行使内部监督职能、外部治理机制发挥重要监督作用的公司治理模式。德日公司治理模式，也称双层制或二元制模式，主要依靠内部结构来实施公司治理机制。部分大陆法系的国家设置二元制模式，德国"二战"后对政治上的反思、日本"崇拜强者"文化以及企业股权结构的演化，还有两国相似的集体思想理念等使得这类国家选择将执行职能和监督职能分别赋予董事会和监事会（王世权，2011）。而我国在借鉴英美模式和德日模式的基础上，形成了具有我国特色的公司治理模式。我国的法律体系基本属于大陆法系（冯果，2010；郭雳，2016），与德日一样具有相似的集体主义思想理念，我国借鉴德日模式，于1993年发布《中华人民共和国公司法》，正式确定了监事会的法律地位，形成了二元制公司治理模式，其后因监事会的功能饱受诟病，于2005年修订的《中华人民共和国公司法》中强化了监事会的职责和权力，同时也借鉴英美模式正式引入独立董事制度，形成了我国特色的公司治理模式。

公司治理的目的是协调利益相关主体的剩余控制权和剩余索取权配置问题、减少代理冲突，对内部人的管理和科学决策施以激励和约束。公司治理机制包括外部治理机制和内部治理机制两个维度，其中内部治理机制是公司治理的主要体现，而外部治理机制的有效性则会影响内部治理机制作用的发挥。外部治理机制主要是指公司投资者（包括股东和债权人）通过外部环境约束对公司内部人加以监督，常见的外部治理因素包括资本市场、产品市场、经理人市场、并购市场和其他约束。而内部治理机制主要是指股东、董事会、监事会和管理者之间权责的配置与均衡安排。在我国，公司治理普遍存在"一股独大"以及内部人控制的现象（马永斌，2010），控股股东利用其对企业的控制权，与管理者合谋结成内部人，通过多种方式占用公司资金，侵害中小股东的利益。因而，企业的股权治理状况对公司治理效率、企业各方参与者的利益以及企业绩效表现的提升都有重要影响。

(三) 股权治理机制的作用

股权结构是公司治理的基础，不同的股权结构决定着企业不同的治理结构，并最终影响企业的经营投资决策与绩效表现（谭庆美和吴金克，2011）。以 Berle 和 Means（1932）为代表的一众学者认为，股权越集中，对企业经营发展越有利。由于企业所有权与经营权分离，分散的股权结构导致股东之间存在"搭便车"现象，不利于监督管理者的机会主义行为，管理者出于自利动机有悖于股东利益最大化原则行事，不利于企业绩效提升。Jensen 和 Meckling（1976）将企业股东分为"用手投票"的内部股东和"用脚投票"的外部股东，认为股权集中于内部股东有助于企业价值提升。当股权较为集中时，股东更有能力监督和控制管理者行为，追求企业价值最大化，从而提升企业绩效（Shleifer 和 Vishny，1986；Claessens 等，1997；Pedersen 和 Thomsen，1999；Thomsen 和 Pedersen，2000；徐二明和王智慧，2000；张红军，2000；陈小悦和徐晓东，2001；Friedman 等，2003；周英豪，2005；徐莉萍等，2006；Riyanto 和 Toolsema，2008；Peng 等，2011；谭庆美和吴金克，2011）。而以 La Porta 等（1998，1999）为代表的学者发现，除英美等少数国家外，其他国家尤其是新兴经济体国家普遍存在股权集中现象，股权向最终控制人单方向高度集中，导致企业大股东侵占中小股东利益，不利于企业价值提升（Demsetz，1983；Shleifer 和 Vishny，1997；Müller，2008；李成和秦旭，2008；李占雷和吴斯，2010；马永斌，2010）。股权过度集中导致大股东利益侵占行为，若企业中存在几个与大股东持股比重相当的股东，能够对大股东侵占行为起到制衡作用（Shleifer 和 Vishny，1997；La Porta 等，1999；Faccio 和 Lang，2002；Edwards 和 Weichenrieder，2004），有助于企业绩效提升。然而，也有可能出现大股东之间合谋利用其对企业的控制权剥削中小股东，损害企业利益（O'Neal，1987；朱红军和汪辉，2004；徐莉萍等，2006；赵晨和章仁俊，2010；陈红和杨凌霄，2012；辛金国和韩秀春，2014）。

随着股权向实际控制人单方向集中，作为企业的大股东，利用其控制权地位掌控股东大会，并能够通过对董事会、监事会以及管理者的任免而集控制权、执行权和监督权于一身，对企业经营投资决策拥有更高的话语权，从而影响企业创新投资决策。由于创新活动投入高、周期长且风险性高，实际控制人持股越多，一旦创新活动失败其承受的损失越大，且企业亦有许多可以快速为实际控制人带来收益的投资项目，出于自利动机，实际控制人更倾向于快速从企业攫取经济利益，从而导致其对创新投资的意愿不足。

六、内部控制理论

企业的研发活动收益与风险并存，风险主要是研发成果的产出和转化率存在极度不确定性。但是在内部控制介入后，会对企业的战略决策和运营风险进行控制并对资源配置进行优化。企业有效的内部控制不仅能够为企业获取更多的融资，更可以通过企业内部的资源优化配置为创新研发活动创造更多的资金资源，有效保证创新研发活动持续稳定的资金资源支持，为后续研发效率和成果转化率提供保障。企业有效的内部控制能够监管各方面资金的投入和使用状况，避免资金资源的挪用和浪费，同时对研发活动的进展和研发人员形成一定的"督促压迫"氛围，有助于研发效率的提升。在企业高效的内部控制下，企业的研发活动一方面控制在依据市场需求和发展需求的基础上进行，保证研发成果的实用性和时效性，另一方面内部控制能够有效控制研发过程的各方面风险，例如技术外泄、技术人员流失等，因此内部控制能够有效提升企业研发投入转化率。

（一）内部控制的概念及特点

由于现代企业的组织结构与规模不断扩大，管理权与经营权分离，企业经营业务的复杂性逐步增大，以"差错防漏"为目标的内部牵制观念逐渐应用于企业经营管理领域，从早期的单纯防止财务造假手段发展到目前的包含成本控制、预算控制以及企业内部审计等方面的制度规范阶段。2017年COSO版《企业风险管理框架》把企业进行内部控制和风险管理工作上升为"一种文化、能力和实践"，用以实现组织创造、实现价值，突出风险导向的管理理念。

尽管内部控制的概念非常重要，但是纵观国内外的理论研究，内部控制的相关概念较多，且由于各国监管部门对内部控制监督范围的不同，内部控制的内涵存在差异。国外对内部控制概念，总体上是在"内部"和"控制"两个概念的基础上进行界定的，但是在具体表述上却存在着很多形式，而且管理学家和会计学家对它的理解也不一致。管理学家对于内部控制的概念进行界定时，多是从控制程序、控制步骤和目标实现角度进行的；会计学家主要把内部控制作为会计信息的保证系统和资产安全保证系统看待，内部控制是与防止舞弊、保证会计信息的真实性联系在一起的（李连华，2007）。

事实上，从20世纪40年代到现在，对于内部控制的研究主要是美国注册会计师协会（AICPA）和内部控制专门研究组织COSO两个组织进行的，所有重要的研究成果也都是出自他们之手。内部控制的第一个正式概念是1949年美国注册会计师协会的前身——美国会计师协会在《内部控制——一种协调制度要素及其对管理当局和独立注册会计师的重要性》的报告中提出的，首次对内部控制作出如下权威定义："内部控制是企业所制定的旨在保护资产、保证会计资料可靠性和准确性、提高经营效率，保证管理部门所制定的各项政策得以贯彻执行的组织计划和相互配套的各种方法及措施。"1988年美国注册会计师协会的定义认为"内部控制包括组织机构的设计和企业内部采取的所有相互协调的方法和措施。这些方法和措施都用于保护企业的财产，检查会计信息的准确性，提高经营效率，推动企业执行既定的管理政策"。

之后内部控制的概念几经发展，1992年COSO给出了目前为止较为权威的内部控制定义："内部控制是由企业董事会、经理阶层和其他员工实施的，为营运的效率效果、财务报告的真实性、相关法令的遵循性等目标达成而提供合理保证的过程。"该定义将内部控制分为控制环境（Control Environment）、风险评估（Risk Assessment）、控制活动（Control Activity）、信息与沟通（Information and Communication）、监督（Monitoring）五个要素。2004年，COSO对内部控制的认识更加宽泛化，将内部控制扩展到风险管理领域，在其研究报告《企业风险管理综合框架》（Enterprise Risk Management Framework，ERM）中将内部控制要素进一步扩展为内部环境、目标制定、事项识别、风险评估、风险反映、控制活动、信息与沟通、监控8个要素。

从以上介绍可以看出，在国外人们对于内部控制概念的认识是不断发展变化的，在20世纪90年代之前，主要是从控制程序、控制政策的角度定义内部控制，这是一种静态的思维观和认识观。20世纪90年代之后，人们开始把内部控制定义为一个"合理保证"的过程，其所反映的是一个过程论和动态观。

国内对内部控制的系统性研究大致开始于20世纪80年代末，我们初期没有专门研究内部控制的类似于COSO这样的专业组织，内部控制的研究主要是由学术界和会计审计职业管理机构进行的，直到2006年7月15日我国企业内部控制标准委员会成立。总体上看，国内学术界对于内部控制的认识受国外影响比较大，有关内部控制的概括和定义同美国具有比较高的同质性。这和我国处于内部控制研究的后发阶段以及对于国外研究成果的引进有较大的关系。在实务界，中国企业内部控制标准委员会于2006年11月发布的《企业内部控制基本规范》征求意见稿中，将内部控制定义为由企业董事会（或者由企业章程规定的经理、厂长办公会等类似的决策、治理机构）、管理层和全体员工共同实施的，旨在合理保证实现以下基本目标的一系列控制活动：①企业战略；②经营的效率和效果；③财务会计报告及管理信息的真实可靠；④资产的安全；⑤遵循国家法律法规和有关监管的要求。上海证券交易所2006年《上海证券交易所上市公司内部控制指引》第二条规则中对内部控制的定义如下：内部控制是指上市公司（以下简称公司）为了保证公司战略目标的实现，而对公司战略制定和经营活动中存在的风险予以管理的相关制度安排。它是由公司董事会、管理层及全体员工共同参与的一项活动。深圳证券交易所 2006 年《深圳证券交易所上市公司内部控制指引》中第二条规则将内部控制定义为：上市公司（以下简称"公司"）董事会、监事会、高级管理人员及其他有关人员为实现下列目标而提供合理保证的过程：①遵守国家法律、法规、规章及其他相关规定；②提高公司经营的效益及效率；③保障公司资产的安全；④确保公司信息披露的真实、准确、完整和公平。

2008 年 6 月，由五部委联合发布的《企业内部控制基本规范》对内部控制定义为：内部控制是由企业董事会、监事会、经理层和全体员工实施的，旨在实现控制目标的过程。该定义的对象是企业运营的过程（或流程），其主要是源自 COSO-IC 和 COSO-ERM 的定义，同时在 COSO 的三大目标基础上补充了企业资产安全性以及实现企业发展战略的两大目标，将控制目标扩展到五大类：合理保证企业经营管理合法合规、资产安全、财务报告及相关信息真实完整、提高经营效率和效果、促进企业实现发展战略，是将 COSO-IC 和 COSO-ERM 的控制目标全部糅合起来。对于内部控制要素的划分，《企业内部控制基本规范》把内部控制划分为内部环境、风险评估、控制活动、信息与沟通及内部监督五要素，这与 COSO 的划分有细微区别，以"内部环境"替换了"控制环境"，"内部监督"替换了"监督"，风险评估、控制活动、信息与沟通三要素则保持一致。

《中国注册会计师审计准则》（2010 年版）把内部控制定义为"被审计单位为了合理保证财务报告的可靠性、经营的效率和效果以及对法律法规的遵守，由治理层、管理层和其他人员设计和执行的政策和程序"，该定义参照了美国 COSO 的观点。

综合以上观点，可以总结关于内部控制的两个主要特点：

（1）内部控制是一个系统过程，是需要企业所有员工含董事会、监事会、管理层等共同实施的旨在实现控制目标的一系列程序，是目标与过程的结合体。

（2）从内部控制涉及的方面看，已经涉及目标设定、事项识别、风险评估、风险应对等多方面，其最终目的都是保证公司经营与财务风险在可容忍程度内，规范企业流程，提升企业运营效率，以促进企业战略目标的实现。

（二）内部控制的发展阶段

内部控制理论经历了五个不同的发展阶段，分别是内部牵制阶段、内部控制系统阶段、内部控制结构阶段、内部控制整合框架阶段以及内部控制风险管理整合框架阶段。内部牵制阶段的控制方式大体包括三个方面：一是分权牵制，即公司的不同经营业务由不同的人员来负责；二是实物牵制，即资产各部分如现金等变动由具体人员负责；三是簿记牵制，即公司会计事项都需拥有原始凭证，凭借科目间系统联系进行控制。内部控制阶段时间大致为 1940~1980 年，这一时期公司的主要特征是委托代理关系的产生，这种委托关系要求内部控制必须由早期的牵制阶段发展为关乎公司结构、人员素质和内部审计等方面的内部控制系统阶段。在这一阶段，内部控制被分为两部分：会计控制与管理控制，会计控制即公司对于财务资产等各方面的控制活动，管理控制通常是对于公司治理结构、经营管理等各方面的控制。自 1980 年以来，因内部控制系统阶段对控制活动的分类处理不贴合具体事务，1988 年 AICPA 发布的《审计准则公告第 55 号》把内部控制结构分为了三个内部控制要素，也就是控制环境、会计系统与控制程序，首次以"结构"代替"系统"，继而明晰了公司需要建设的各项控制活动部分。1992 年，COSO 发布的《内部控制——整合框架》标志着内部控制的整合阶段将要开始。这个报告对内部控制做出一个最权威的定义："内部控制是由主体的董事会、管理层和其他员工实施的，旨在为经营的效率和有效性、财务报告可靠性、遵循使用的法律法规等目标的实现提供合理保证的过程。"这个报告也对内部控制的详细内容做出了描述，大体包括：内部环境、风险评估、控制活动、信息与沟通以及监督，这五个方面又被认为是内部控制的五要素。现在最广为接受的定义也是来自第四个阶段。第五个阶段最知名的是 2002 年美国 SOX 法案以及 2004 年 COSO 发布的《公司风险管理——整体框架》，这个阶段把内部控制由公司的控制活动上升到全面风险管理的高度。

（三）内部控制的有效性

与内部控制的定义相同，虽然各方都在探讨内部控制有效性，但并没有就其给出一个确切的定义。Doyle 等（2007）美国学者以披露实质性漏洞与否作为内部控制有效性的判断标准，发现企业规模小、业务复杂、财务状况较差的公司更可能存在实质性漏洞。Hoitash 等（2009）进一步认为实质性漏洞与董事会质量成反比，可由董事会规模、独立董事比例等方面来反映董事会质量。国内学者陈汉文、张宜霞（2008）认为内部控制派生于企业经营管理，其有效性是为实现相关目标的保障程度，且其变动范围在 0~100%。张颖、郑洪涛（2010）认为内控为企业目标的保障程度越高，内部控制越有效。杨洁（2011）把内部控制的制度计划和完成程度作为内部控制有效性衡量标准。2010 年我国财政部等五部委联合发布的《内部控制评价指引》突出了内部控制评价工作应当如实反映内控的设计及运行有效性，准确反映经营管理风险。

有关内部控制有效性概念的界定虽没有统一，但目前学术界比较认可的是 COSO 报告在基于企业价值目标实现的保证程度视角下给出的定义。COSO（1992）认为内部控制有效性既要包含设计有效又要包含执行有效，只有同时发挥作用才能实现内部控制的目标。该报告指出如果企业的董事会和管理层能够对其经营目标、财务报表内容、法律法规的遵守等做出有效合理的保证,我们可以认为该企业内部控制是有效的。其有效性不但要保证与企业目标价值一样,也要注重内部控制执行效率水平。因为一个企业内部控制即使设计得非常完美、毫无漏洞,但如果没有有效的落实执行,或执行效率不高,甚至不执行等,会使原本可实现更高的绩效目标大打折扣,进而影响企业价值的提升。

衡量内部控制有效性的标准有很多,主要包括:①依据上市企业是否自愿披露内控信息以及披露的内控信息报告是否经外部审计,结合其披露的相关信息,通过结合五要素或者内部控制目标等,采用定性或者主成分分析方法衡量内部控制是否有效。这种方法的优点在于比较容易获取,缺点是一方面企业可能出于自利,发布的信息片面或者存在隐瞒,误导信息使用者;另一方面是有的上市企业不披露相关信息,导致搜集到的企业内部控制信息有限。②通过设计问卷,调查内部控制是否有效。这种方法具有较强针对性,可以根据研究的具体需要进行灵活的设计,但在问卷发放、填写、收回以及统计等各个环节上存在不足,工作量不仅大还容易出错,并且数据本身不能进行重复使用,也不利于纵向比较等。③利用上市企业综合信息进行衡量,构造其内部控制指数。这是目前研究中使用方法最多的。我国目前衡量上市企业内部控制指数有两套比较权威的体系,一个是厦门大学内部控制课题组发布的,另一个是深圳迪博企业风险管理技术有限公司发布的。前者内部控制指数侧重于从内部控制五要素角度研究,更多的是强调服务于理论研究,而后者内控指数衡量的标准是从企业的五个目标入手,综合考虑了企业整体经营效果和财务报表相关数据,并根据内部控制存在的缺陷对其基本指数进行修正,最后得到一个由基础指数和修正指数相结合的统一指数。该指数可以更全面地反映一个企业内部控制执行效果好坏、风险把控能力强弱等,更具科学合理性,也与企业价值目标相契合。

第二节 相关文献综述

一、创新绩效相关文献综述

(一)创新绩效的含义

创新的概念最早来源于《经济发展理论》一书,该书认为创新是企业家对生产要素的新的组合。之后,众多学者也逐渐从不同角度对创新进行研究。

学者们最初认为创新是采用一种新想法、新实践或重大知觉改变（Rogers 和 Shoemaker，1983），后来又延伸到想法的采用与执行的过程中。20 世纪以后，学者们在特定的情境中对创新进行研究，创新被看作是一种聚焦于组织情境下的创造力，即产生创新思想并使其产生结果的过程。

"绩效"一词源自管理学。依据字面意思对该词进行分拆解释，绩效是"绩"和"效"的结合，"绩"指成果，"效"指效率，绩效的基本含义是"成绩和效果"。国外的相关研究中，"绩效"一词官方翻译为"Performance"，很多时候也被直接翻译为"Output"，意为产出，二者同义。凡有活动，就会有结果，即绩效。

学术界对绩效的界定主要基于结果、行为和能力三种视角，研究视角不同，绩效的含义也就更丰富。Bernadin 根据行为结果对创新绩效进行定义；Murphy 也指出绩效就是指一定目标下组织的行为结果；而 Campbell 同样指出绩效的行为性，但不同于 Murphy，其认为绩效应与结果分开来看，因为结果会受到很多系统或非系统因素的影响，很难反映真正的绩效；Brumbrach 则认为，对于绩效的定义需要结合行为和结果两个方面的原因，这是因为行为是完成结果的过程，结果实现预定目标。

创新绩效概念的雏形来源于最早由 Farrell（1957）提出的技术效率的概念。随着企业创新驱动的不断发展，创新绩效越来越受到学者们的关注，并成为国内外的研究热点。学者们分别从国家、区域、产业和企业四方面展开广泛研究。其中微观层面基于企业视角的研究与本书更为相关，因此这里的创新绩效主要是从企业层面理解的。创新绩效是衡量一个企业创新活动的重要指标，可以直接反映企业创新活动的程度。由于创新活动的复杂性，关于创新绩效的内涵学术界仍未达成一致。

从绩效的来源角度理解，创新绩效是对企业创新活动效率和效果的评价，因此，创新绩效主要有两种定义：一种定义是指创新效率，投入产出比就是技术创新绩效的体现，投入产出比越高代表技术创新绩效越好；另一种定义则认为，技术创新绩效是创新效果的体现，认为技术创新绩效应该关注产品、专利等产出绩效。

一些西方学者的研究认为，创新绩效有广义和狭义两种定义。Hagedoorn 和 Cloodt（2003）认为，狭义的创新绩效是企业将发明和创新引入市场的结果，即结果绩效，而广义的创新绩效则是指从产生概念与想法到生产出新产品的全过程的绩效，即过程绩效。

还有学者认为，创新绩效可以分为研发创新绩效和非研发创新绩效。从字面上理解，是企业通过各种技术上和非技术上的改进、创新等活动后，获得的一个可以反映这些活动效率的指标。非研发创新绩效指管理创新绩效。

（二）创新绩效衡量指标

对于创新绩效定义的界定，国内外学者具有不同的看法和理解，不同类型的理解和定义的方式，所得出绩效的测量结果也不尽相同。由于创新活动的复杂性，关于创新绩效的衡量，亦没有形成一个公认的评价指标体系，指标的构建维度上还存在着较大差异。

研究初期，多数学者多采用单一指标来衡量技术创新绩效，如 Arundel（1998）以及 Kabla、Fleming 和 Sorenson（2001）等的研究，最多采用的指标是研发投入、新产品数、新产品产值占销售额的比重以及专利数。Nelson（1982）强调研发投入对企业后续开展创新活动的刺激作用，从而促进企业专利数量、新技术或者企业收益的增长。同时 Kim（1997）认为在高新技术行业用研发投入衡量创新绩效效果更显著。相对于重视企业研发投入的影响，还有一些学者认为只有专利数量才是可能引起企业创新绩效增长的因素（Freeman 等，1998）。然而企业的专利是否能引起市场化的效果进而影响创新绩效，还需要考虑专利产品化程度，基于此，学者们的研究重点开始从创新投入转向创新产出。Hitt 等（1996）认为应该采用新产品占比指标来衡量。Cordero（1990）则从企业是理性经济人的角度出发，认为企业进行创新活动主要是以产出或者收益为目的，因此用企业市场价值衡量企业的创新绩效。

上述研究主要是从"投入—产出"单一角度来衡量企业创新绩效的，如何同时考虑这两方面的影响，采用综合评价指标衡量创新绩效，成为研究突破的方向。Hagedoorn 等（2003）用研发投入衡量企业投入阶段，同时考虑专利数量和专利质量，然后用新产品衡量企业的产出阶段。我国学者多是借鉴多指标评价体系来衡量企业的创新绩效，不过多指标的选择存在差异性。陈劲和刘振（2011）认为研发投入仅代表企业在初始阶段创新资源的投入，与最终企业的绩效并不具有直接或者因果关系，因此侧重对创新产出阶段的衡量，同时选取专利数量、新产品数目、新产品收入在总收入中比例等指标，重视企业创新活动的市场化收益。

相对于采用新产品销售收入来反映企业专利数量的经济效益，池仁勇（2007）采用更客观的销售收入增长率或者利润增长率指标，重视企业创新活动经济产出对企业总体发展的贡献。姜滨滨和匡海波（2015）基于"效率—产出"的概念框架，从"投入—产出"出发，用创新效率来衡量企业在这一过程中的创新能力，然后衡量企业创新产出的市场化效果。而且他们对企业的创新产出进行了细分，专利数量是企业技术产出的重要形式，而新产品销售收入、占比或企业市场价值是企业的经济产出。企业的研发投入与专利数量这一路径反映企业的创新效率，而企业的经济产出反映企业开展创新活动带来经济收益的增加。

综上所述，国内外学者对创新绩效的指标选定由单一指标或少量指标，发展到多投入多产出等多元指标体系，由只关注创新产出绩效延伸至创新的过程、经济和社会效益等方面。目前对创新绩效指标的确定主要有以下几种观点：

（1）经济合作与发展组织于1992年推出的《技术创新统计手册》，简称《奥斯陆手册》，其中采用"创新产品总数占企业产品数量的比例"来表示企业的创新绩效，此后的学者大多采用这个指标或在此指标上进行延伸，国外学者 Hagedoorn 和 Cloodt（2003）以近1200个国际企业为样本，用 R&D、申请的专利数、引用的专利数和新产品发布数四项指标来评价创新绩效。

（2）在定义上，狭义观点认为，创新绩效是指真正引入市场的发明，如专利、新产品、新工艺流程等；广义观点认为，企业创新绩效是指从产生创意到新产品创造过程中取得的成就。有部分学者在此定义的基础上对绩效指标进行了拓展。从广义观点出发，彭灿、杨玲（2009）和廖诺等（2016）主要从产品创新和工艺创新两个角度来衡量创新绩效。陈劲、陈钰芬（2006）从产品创新和过程创新两个方面构建了一套绩效评价指标，其中包含了新产品销售率、专利申请数、科技论文数等九个产出绩效和研发部门与客户交流度、研发人员占比等11个过程绩效，充分显示了过程和结果两个方面的创新绩效。高歌（2013）运用 DEA 模型基于产权视角把创新过程分为知识创造过程和知识商品化过程，以不同的测量标准表示两个阶段的创新绩效，其中，以专利申请数作为知识创造过程创新绩效的衡量指标，以新产品产值作为知识商品化过程创新绩效的衡量指标。从狭义观点出发，李光泗和沈坤荣（2013）以企业平均新产品开发项目数和发明专利数衡量企业的创新绩效；付敬和朱桂龙（2013）以专利申请量作为不同创新模式下创新绩效的测量指标。

（3）还有学者认为创新绩效应该表现为新产品、新工艺等创新成果给企业带来的财务绩效、经济效益和社会效益等多种效益。胡恩华和单红梅（2002）用创新的社会效益和经济效益衡量创新绩效，以创新对社会就业率的提升和创新对社会的贡献率、积累率等六个指标表示社会效益，用创新产品销售收入、创新产品单位成本等10个指标表示经济效益。Laursen 和 Salter（2013）从创新新颖性角度分别用三个代理变量衡量探索式创新和开发式创新的财务绩效。盛亚和孔莎莎（2012）选用经济指标、新产品销售率和专利授权量来测量技术创新绩效。国内学者解学梅（2011）以新产品销售收入比例、产品创新比例和工艺创新比例作为企业创新绩效评价指标。

借鉴相关文献，结合对创新绩效的定义概述，本书将创新绩效界定为企业进行技术创新活动的直接成果产出，强调创新的效果，因为所有的创新最终都会反映到新产品的产出之中，从而影响企业的盈利和业绩增长。陈劲等（2006）也持有相似观点，认为创新绩效是能客观测度和感知的技术创新活动产出的成果绩效，包含创新产生的直接经济效益（如新产品利润率、新产品销售率等），也包括间接经济效益（如技术诀窍、专利等）。王立岩（2013）指出国外学者在研究创新绩效时更多地关注新开发的产品产出量，聚焦于新产品的产出结果，学者们大多以专利数量、新产出销售收入或新产品产值比等指标作为对创新绩效的测度。但现实中，由于企业对新产品相关数据披露不充分，故新产出销售收入或新产品产值比等指标很难获得，本书以样本公司当年专利发明量作为对创新绩效的直接测度。吴延兵（2006）和葛仁良（2010）的研究也表明技术创新绩效不仅能为企业带来以可观经济利益为体现的现实的有形收益，还能通过促进企业技术的积累和增加来提升其竞争力，为企业带来无形经济利益，并指出专利产出是技术创新绩效较好的衡量指标。

二、创新绩效影响因素的相关文献综述

早在 20 世纪"创新"概念产生之时，学者们就对是什么因素导致了创新的产生，哪种因素对创新的产生发挥了最大的作用产生了极大的兴趣。随着更加深入的研究，很多学者发现企业自身的规模、所处的市场环境会对技术创新绩效产生很大的影响。众所周知，著名的"熊彼特假说"就对这两种不同的因素进行过论述，一方面，规模大的企业可以产生规模经济，可以分担更多的风险，有更多的渠道进行融资，与小企业相比可以创造出更多的新技术和新产品；另一方面，企业开展研发活动需要大量的资金投入才能保证活动的正常进行，因此在市场中占据垄断地位的企业可以创造出更多的新技术和新产品。随着更多的学者对其进行研究，发现当时的熊彼特没有全面考虑其他方面对技术创新的影响，具有一定程度上的局限性。因此有些学者根据自己的研究提出了不同的观点。

（一）公司财务对创新绩效的影响

1. 资本结构的影响

对企业而言，研发投入作为企业非常关键的投资之一，会受到企业资本结构方面的影响。由于负债现象具有两面性，资本结构对企业投资决策及其发展同时具有负面及正面的影响。

Himmelberg 和 Petersen（1991）的研究认为，企业股东以及债权人由于相关信息传导和接收中带来的信息不完全、不准确和不及时导致企业的创新投

资与财务杠杆之间呈现负相关关系。Williamson（1975，1985）认为，一般情况下，创新资源投入较大的企业，会比其市场中同行业的竞争者带来更多的专有资产，然而由于其资产的高度专有性的性质，在一定的范畴和程度上制约了创新企业的举债能力。基于此，此类企业的负债水平大多较低。Long 和 Malitz（1985）指出，企业的创新投资会增加其无形资产，但大多专有资产是难以出租、抵押和交易的，由此造成了企业举债能力下降。Li 和 Simerly（2002）研究后发现，创新项目给企业创造的或者说带来的成果均属于资产类中的无形资产，而在创新项目中的举债流程中债权方为了安全性的需要，必须提供抵押品，大多倾向于得到企业的实物资产。由于创新项目很难提供有形资产作为抵押，则企业会在资金配置上，将更多债务资金倾向固定资产投资（唐清泉等，2010）。国内外学者研究得出了一个结论，即只要是专用性较强的创新项目投入，在企业创新项目的财务指标上和财务杠杆上都将明显存在着负相关关系。一般财务杠杆较低时，企业才会有较高的创新投入（Vincente 和 Lorente，2001；Bah 和 Dumontier，2001；汪晓春，2002；李青原和王永海，2006；戴跃强和达庆利，2008；柴斌峰，2011）。Hadlock 和 Pierce（2009）实证研究发现，企业的负债率越高，则意味着其再融资的成本越高，融资约束也就越严重，继而影响到企业的创新。鞠晓生等（2013）也通过实证研究得到一样的结果。蔡斌峰（2011）在对民营上市公司考察的基础上，立足于企业的四个方面，研究其对企业创新投资意愿的作用。其研究发现，企业债务融资与其创新的投资意愿显著负相关。李汇东等（2013）使用我国上市企业的经验数据进行实证研究，结果表明，企业债务融资对其创新投资的影响不显著。钟田丽等（2014）使用了相关数据（上市公司创业板的数据），对创新项目中的投资要素和创新项目融资结构的相互关系进行研究，结果证明，两者之间存在着负相关关系。孙早等（2016）使用中国战略性新兴产业上市公司相关数据对企业的融资结构与企业自主创新的关系进行研究，结果发现，企业债务融资对其创新研发投入具有一定程度的抑制作用。

2. 现金流的影响

Himmelberg 和 Petersen（1994）研究表明，企业研发创新投入主要依赖企业自有利润积累等内源融资方式。同时，研发活动多采用现金支付，企业研发投入需要持续稳定的现金流做支撑，现金流是企业研发投资活动中最为重要的影响因素。但是在不同产权性质的企业中，现金流对于研发投资的影响不同。在非国有产权性质企业中，由于企业面临的融资约束问题带来的企业现金流水平不高，企业投入活动较弱。但此时，适当提高企业现金流水平可以正向促进企业的研发活动，进而提高研发绩效。而在国有产权性质的企中存在严重代理问题带来的企业研发投资不足，企业研发绩效不高的情况。卢丹及陈海声（2010）对非国有控股及国有控股上市企业研究后，也注意到在非国有控股上市企业中，现金流量及实际研发投入水平间存在着显著性的正相关关系，然而国企中并不能体现此种相关性。Gugleretel（2003）分析了奥地利的相关企业后注意到企业中的现金余额及研发投入存在着正相关关系。各个学者分析各个国家的具体数据时，获得的结论也是截然不同的。

3. 盈利能力的影响

当前企业财务管理中奉行"现金为王"的基本原理——任何经营管理活动均需获得现金的有力支持，如果现金较多，会加大企业自身的机会成本，如果现金比较少，可能会对企业的资金周转乃至于正常经营产生巨大影响。从相关研究来看，盈利能力能够积极地推动公司的研发投入水平，营业收入、现金流、资产报酬率及净利润等都属于分析和判定企业盈利水平及能力的关键性指标，然而借助净利润、营业收入及现金流等各种指标，对其进行衡量时，所得的研究结果也不一样。原慧丽、周明（2015）以 2010~2014 年深交所中小板上市公司为样本，对不同行业分别进行当期回归和滞后回归分析，结果表明中小板企业研发投入整体呈上升趋势，总体上研发投入强度与盈利能力正相关，但不同行业的相关程度不同。刘桂平和尹宗成（2017）以沪深两市 A 股安徽省上市公司为研究对象，得到安徽省上市公司的研发投入对公司的盈利能力具有显著的正向影响且具有滞后性的结论。

4. 公司规模的影响

关于公司规模对创新绩效的影响有两种观点：一种观点是大规模企业研发投入多，继而创新绩效高。著名的"熊彼特假说"即是如此。Lall（1992）认为研发活动必须获得稳定、长期的资金支持，整个过程中存在零收益的较高风险，所以和小企业相比大规模企业担负研发投入的能力及抗风险水平更强。从国内来看，徐康宁和朱有为（2006）对我国高科技产业实际的研发效率进行了实证研究后，认为随着企业平均规模的持续增大，企业自身的研发效率也会稳步提升，即平均规模会对其形成积极、显著的正面影响。此外，罗凯、周黎安（2005）及达庆利（2007）等学者的研究成果表明，与小规模企业相比，大规模企业具有更强的创新积极性。

另一种观点认为，小规模企业研发投入多。Ernst（1998）认为小企业在灵活性和反应速度方面具有优势，而且企业开展的创新活动在不同行业中的研发投入存在很大的差异，所以小企业也有可能创造出更多的新技术和新产品。吴延兵（2007）基于四位数产业的相关数据，进行理论分析和实证分析，最终结果表明企业的规模与 R&D 投入存在显著的正向相关，但企业所具有的不同性质的产权对 R&D 投入的激励程度存在很大的差异，而且拥有确定的产权结构比不清晰的产权结构更能促进 R&D 的投入。聂辉华等（2008）通过研究发现，企业的创新与企业规模的大小有着非常紧密的关系，是呈倒"U"形的，与市场竞争也具有相同的关系，而且处于某种程度的企业规模和一定的竞争更能促进企业展开创新活动，这些结论都是不支持"熊彼特假说"的。

5. 企业成长性的影响

王维等（2017）认为，成长性不同的企业利用环境资源的能力不尽相同。企业成长性代表企业的可持续发展能力，是衡量一个企业未来发展趋势的重要指标，也是企业对资源利用效率的反映。路天浩（2016）也认为企业成长性是企业发展的潜力，成长性越高，企业核心竞争力越强，企业想要获得可持续的高速发展就更注重创新活动，进而获得竞争优势。马红（2016）研究发现，企业成长性与研发投入存在显著正向关系，相对低成长性企业，高成长性企业的研发投入更多。苏武康（2003）研究表明，高成长性企业的创新绩效表现较好。刘涛（2016）认为，在高成长性企业中，由债务融资导致的偿债压力会因为较高的收益率得到缓解。因而，一般认为，与高成长性的企业相比，低成长性企业的经营者做出研发投资的决策更为谨慎。Lang、Ofek 和 Stulz（1996）研究发现，在低成长性企业中，企业的研发支出与负债水平显著负相关，而在高成长性企业中这种关系并不显著，即负债不会降低那些具有较好成长机会的企业的研发支出。Aizazian（2005）以加拿大的上市公司为研究样本，实证分析发现负债比率与企业的研发投资之间的负相关关系在低成长性企业中更加显著。

（二）公司治理对创新绩效的影响

1. 产权性质与结构的影响

文芳（2010）认为，与直属于中央政府的国有企业相比，民营企业中的诸多控股股东对企业的研发投入更加关注，但是前者对企业研发投入的关注程度超过了地方性国有企业。姜涛（2012）等学者对 2007~2009 年医药生物制品业、电子业和信息技术业三个行业的上市高新技术企业进行研究后发现最终控制人为国有性质的公司，高管薪酬激励与 R&D 投入之间呈倒"U"形关系，最终控制人为非国有性质的公司，高管薪酬激励与 R&D 投入不相关；高管股权激励在两种实际控制人类型的公司都能显著提高 R&D 投入，但非国有控制公司股权激励效应强于国有控制公司。张娜（2017）等学者对 1998~2011 年高技术产业技术创新的影响因素进行实证分析，表明研发经费投入是影响我国高技术产业技术创新的最重要因素，但过度增加的政府投入降低了技术创新产出，国有产权比重提升对行业技术创新也具有显著的负面影响。

Parrino (2005) 认为当企业的股权集中度较大时，大股东有绝对的控制权，更倾向于进行创新活动；反之，当中小股东在企业中的话语权较大时，不利于提高企业的创新绩效。任海云（2010）在认同上述观点的同时，提出保持适当的股权集中度对企业的创新活动才是最恰当的，"一股独大"的极端现象将很不利于提高企业的创新绩效，并得出只有适当的股权集中度才与企业的 R&D 投入具有显著的正相关的研究结论。腾飞（2015）以高新技术企业为例，认为股权集中度和创新绩效的正向关系并没有其他企业显著，而且认为企业股权结构中国有股的比例对企业仍有一定的促进作用，但是比例不可以过高。

2. 董事会结构的影响

Mallette 和 Fowler（1992）在实证研究后注意到，如果董事长兼任总经理，能够协助公司管理人员做出更准确的创新决断。Lanel（1998）等学者证明了 Mallette 和 Fowler 的结论是正确的，董事长兼任总经理有助于企业增加自身的研发投入。而 Baysinger（2001）借助实证研究注意到，企业内部董事及投资者能够推动本企业的研发投入。国内多数文献对董事会结构的分析主要采用的是独立董事比例，因为独立董事不是本企业的职工或者权益方，通常情况下独立董事能够确保董事会自身的独立性，做出对公司有利的经营决策，以维护股东的合法利益。陈隆（2005）等学者立足于董事会结构，具体地阐述了国内现行公司治理结构促进企业自主创新能力提高的作用机制，并提出当前国内上市公司独立董事制度的缺陷及建立健全独立董事制度的重要性。张宗益、张湄（2007）研究得到独立董事在公司董事会中占比越大，则该企业的研发投资力度及强度越大。王晓红（2014）将西安市高新技术企业用 OLC 回归模型实证研究后发现独立董事比例与研发投入显著正相关。叶志强、赵炎（2017）选择我国 2003~2014 年 A 股上市公司，从委托代理理论出发得到独立董事比例提高能够显著地促进研发投入的增加。与此同时，孙莹（2016）对 2013~2015 年 1038 家战略性新兴产业上市公司研究后得出董事会规模和独立董事比例与企业研发投入没有显著相关关系。赵立韦（2012）对 2007~2010 年制造业、信息技术业上市公司进行研究后认为独立董事比例与研发投入有显著的负相关关系，会明显降低企业的研发投入。

3. 管理层激励的影响

企业高管作为公司决策的实际执行者，他们是否支持公司进行研究创新，将对企业研发投入起关键作用。但从实际情况上看，产品研发的不确定性使得企业研发投入风险较高，这将会对企业绩效，特别是短期的企业绩效产生重大影响。为了避免这种风险，不少企业高管通常会降低企业在研发方面的投入,从这一角度来看,管理层激励将会在很大程度上影响企业自身的技术创新。

Jianfeng Wu 和 Rungting Tu(2007)对四个研发密集型行业面板数据进行研究后表明,当企业的资源丰富或企业绩效较高时,CEO 股票期权支付对研发支出的积极影响更为突出。杨勇、周勤和达庆利(2007)对江苏省内建立了省级以上技术中心的上市公司进行实证分析后得出:公司激励高层管理者的力度越大,公司在创新方面的投入就会越多,反之则反是。戴维和熊莉(2013)认为管理者在公司中拥有的股份越多,就会更加注重其长期发展的要求和需求,因此管理者获得的薪资酬劳和企业获得的业绩水平表现出显而易见的正相关关系,这样一来管理人员为了获得更高的回报,乐意担负一定的风险比例,在研发及技术创新活动方面投入力度更大。徐宁(2013)运用2007~2010年中国高科技上市公司的面板数据进行实证检验后认为股权激励对 R&D 投入具有促进效应,但高管股权激励力度与 R&D 投入之间存在倒"U"形关系,采用适度的高管股权激励是促进高科技公司技术创新的有效手段。张淑英(2016)对2011~2014年304家民营上市公司运用 Tobit 模型分析得到高管持股比例越大,研发投入越多;对高管进行长期激励有利于增加民营企业研发投入,而短期报酬激励与研发投入没有显著相关关系的结论。

(三)公司组织特征对创新绩效的影响

1. 高管特征的影响

在有关高管特征对企业创新绩效的影响研究中,大多是从高管年龄、性别、任期、职业背景、教育背景五个方面来研究。不过相关的观点并不一致。多数学者认为,高管年龄越大越保守,不会对创新持有较大热情,如 Bark 和 Mueller。与此相反,有学者认为高管年龄越大,相关的职业经验越丰富,会以更专业的态度决定是否开展创新活动。康艳玲(2011)等对沪深两市2003~2006年高技术产业的公司进行研究后得出结论:高管年龄与研发投入显著负相关;高管学历、总经理任期与研发投入显著正相关;高管规模、高管性别与研发投入关系不显著。曾萍、邬绮虹(2012)以中国创业板企业为研究对象进行研究后得到女性高管参与对于企业技术创新具有显著的促进作用,在科技与电信行业企业中女性高管参与对于企业技术创新的积极作用更为明显。余恕莲(2014)等使用2009~2011年创业板企业数据实证分析得到高管的专业背景对研发投入有明显的促进效应。张盟盟和段海燕(2015)以高层梯队理论和委托代理理论为基础,研究了2012年深沪交易所创业板356家公司后发现:高管团队的平均年龄、任期、女性高管的参与比与研发投入呈负相关;高管成员的受教育水平、技术专业背景、团队规模、股权激励和高管薪酬与研发投入呈正相关。蔡春妮（2016）等学者以2013~2015年浙江上市公司为样本得到高管年龄与研发投入显著负相关；高管学历和高管任期与研发投入显著正相关；高管性别与研发投入关系不显著。叶红雨（2016）以2011~2013年沪深两市124家民营企业为研究样本，检验得到高管年龄与企业研发投入负相关，高管受教育水平与企业研发投入正相关。

按照Hambrick和Mason（1984）的讨论，企业高管的个人特征决定着他们对企业经营环境的认知水平，从而影响企业经营决策。由此可以推断企业的R&D投资强度以及R&D活动产生的效果也会受到企业家冒险承担倾向的影响。风险偏好型的企业家由于对自身的能力和认知很有信心，就会坚定地认为自己的判断是正确的，从而会依托自身的冒险精神以及由此形成的战略决策能力，推动公司的内部技术创新活动，提高企业创新绩效。Hirshleifer、Lowa和Teoh（2012）利用美国上市公司的实证研究表明偏好风险的CEO更多地投资于创新项目，其创新成功率较高，并且进一步研究表明高科技行业中偏好风险的管理者能够获得更好的创新成果。马富萍、郭晓川（2010）以及张宏如（2013）等学者研究发现企业家精神、高管团队异质性、高管团队行为等与高管风险偏好相关的因素皆为影响企业创新活动的因素。汤颖梅等（2011）、刘华和杨汉明（2018）研究发现，相比厌恶风险的企业家，偏好冒险的企业家有更强烈的动机关注企业研发投资和创新绩效。

2. 企业家精神、企业文化的影响

Schumpeter（1942）认为企业家通过创新进行一系列创造性的破坏活动，不断打破原有平衡进而建立新平衡，利用此冲击创造新的机会，以此来获取正利润。Nelson（1991）也认为，正是由于企业家采取了创新性行为，才作为行业内的先行者获得了后来者暂时无法模仿的垄断利润来获取高额回报。Drucker（1985）认为创新作为企业家精神最根本的特征，对企业创新绩效产生正向影响。故而兼具这种精神的企业家对新的思想、策略以及技术知识都会更有兴趣，积极倡导并大力引进。同时这种精神也会激发企业家的创新创业的欲望，并在潜移默化中产生影响，进而转化为创新行为来影响创新绩效（陈红涛，2013）。许秋红（2009）研究了企业家精神对创新绩效的影响，研究结果显示企业家创新精神对企业创新绩效有直接正向的影响，企业家的创新精神是企业能否成功创新的重要因素。俞仁智、何洁芳等（2015）从组织层面研究了环境不确定因素下企业家精神对创新绩效的作用。Audretsch D. B.、Link A. N.（2012）也研究了企业家精神对创新绩效的作用。

企业文化具有凝聚、导向、约束、整合、激励、创新的功能，不少学者认为，企业文化功能的发挥能有效提升企业自主创新能力，企业文化可以作为企业自主创新的前置变量。吕玉芳（2008）认为创新力的形成须由企业与个人共同努力，但是企业也可营造适当的环境来激励企业内的创新活动。邓乐园（2008）认为，自主创新能力强弱的问题，从表面上看是科学技术发展水平高低的问题，是"物"的问题，从深层看则是"人"的问题，是制度和文化的问题，因为一定的"物"是处在一定制度条件和文化环境中的"人"创造出来的。张钢、许庆瑞（2016）通过分析不同类型的企业文化、组织结构和它们之间协同作用的物理性质的变化，发现特定文化下不同的企业文化所形成的企业技术创新能力也不同，企业文化和企业技术创新能力相匹配能够使企业达到持续创新并在市场激烈的竞争中遥遥领先。李海军（2015）指出具有创新氛围的企业文化对企业技术创新能力有很大的推进作用，能够让企业保持动力，增强活力，在竞争中保持战斗力。浙江大学创新与发展研究中心的调查问卷显示，当前我国大中型工业企业的创新意识非常淡薄，缺乏浓厚的创新文化氛围是导致我国企业自主创新绩效不佳的一个重要原因（郑刚，2004）。

3. 内部控制的影响

自 2001 年美国安然、世通等大企业财务丑闻被揭发，内部控制被认为是公司治理理论后的又一重要机制。Simons（1995）研究表明，通过打造良好内部环境，运用科学的风险评估，采取完善的控制措施，保持畅通的信息与沟通，制定严格的监控制度、预算制度和考核机制，能有效抑制创新活动中不合理研发项目的泛滥、研发过程混乱、研发资金使用低效等代理问题，进而提高创新投资绩效。钟凯等（2016）也认为，公司内部控制质量的提高将有助于增强抵御外部风险的能力，抑制企业的财务风险，进而对公司创新投资绩效产生正向影响。王运陈等（2015）、许瑜和冯均科（2017）的研究也表明，企业创新与研发中心的内部控制执行水平越高，对提高创新绩效的全过程管理和控制越严谨，创新投入才越能得到市场的认可，创新投资绩效越高。综上所述，内部控制质量不同，创新投入对创新绩效存在差异，而高质量的内部控制可有效提升创新绩效。Dougherty D. 和 Hardy C.（1996）以及 Verona G.（1999）研究验证了"内部控制促进论"，认为内部控制越好的公司，其创新产出率将会越高。

4. 学习能力的影响

组织学习能力对企业自主创新的正向影响在学术界也备受关注，企业在开放经济条件下具备了持续的学习能力和组织能力，才有可能具备自主创新能力，从而提升自主创新绩效。State（1989）发现，组织学习可促进创新，随着学习活动的进行，伴随知识的分享与利用可以不断提高创新能力。Joaqul

和 Ricardo（2008）认为创新是个人和集体在解决问题时的学习过程，公司的自主创新能力取决于对知识的学习、分享和使用的能力，高水平的组织学习能力（OLC）推动高水平的产品创新绩效。孙林杰（2004）通过研究海尔公司发现，优秀的组织学习能力能够为企业的技术创新提供激励和支持，从精神、制度、行为、物质四个方面影响和促进着企业的技术创新。魏江（2010）指出组织学习能力的提高直接表现为创新绩效的提高。钟敏（2008）认为良好的组织学习与交流其基本目的就是突破原有资源（能力）的限制，打破历史形成的组织惯性和惰性，从而推动企业自主创新能力的提升。Laursen 等（2006）认为企业能够由外部学习来促进知识集聚，促进创新活动的产生，此外，通过相互学习可以减少创新活动过程中存在的风险，进而不断提升企业创新绩效。Alegre 和 Chiva（2013）指出组织学习能力对企业创新绩效有显著的正向作用。

5. 企业年龄的影响

企业年龄对研发投入的影响主要是通过企业的成长性来反映的。Alex Code 和 RekhaRao（2008）表明处于成立初期的企业的研发投入对企业成长的正向影响不如成熟期企业明显，顾艳辉等（2011）也证实了这一结论。当然，也有学者认为企业研发投入与企业年龄之间不存在正向影响，Giulio（2001）对世界医药行业排名前 150 家的公司进行研究，但结果并未发现研发投入与企业年龄之间有影响，Alex Code（2010）进一步佐证了 Giulio 的结论。

（四）资源对企业创新绩效的影响

1. 人力资本的影响

Hurwitz（2002）等从企业人力资本如何影响企业的创新活动这一角度出发，认为当企业的科学家或者高质量人才越多时，企业对某一技术的运用越充分，从而表现在企业绩效上。文芳（2008）通过分析得出公司中科技人员的素质及数量对其创新研发能力具有直接决定性作用，科技研发人员的素质越高、数量越多，在研发过程中越可能在技术创新领域取得重大突破，进一步增强了其研发能力。

与上述学者观点相反，仍有一部分学者通过研究认为人力资本和企业创新绩效的相关性并不一定是同向的。张璐（2015）对我国装备制造业上市公司研发投入效率进行研究后发现我国装备制造业整体效率水平偏低，处于投入过量但产出不足的状态，技术人员比重与研发投入效率负相关。郑婕（2016）对沪深两市 2010~2014 年上市公司区分国有和非国有前后进行研究发现，研发人员比例均与 R&D 强度正相关。Yu Shun Chen（2006）、张炜（2007）、邹艳和张雪华（2009）也分别从企业层面上研究了人力资本与创新绩效的显著关系。

2. 财政补贴、税收优惠的影响

王一卉（2013）运用中国高技术企业的面板数据对于企业研发创新项目受政府补贴的影响进行了细致的分析，发现就国有制企业而言，政府补贴会使其创新绩效下滑，并且对比较缺乏经验的企业提供政府补贴，有着明显的提升企业创新绩效的作用，并且在研发投入与企业创新绩效之间，政府补贴存在显著的负调节作用。陆国庆、王舟和张春宇（2014）研究认为政府补贴对于企业创新绩效的影响是显著的，但是创新的外溢效应也较明显，政府应当进一步改善补贴的方法和效率。杨晔等（2015）以380家创业板上市企业为样本，研究认为政府补贴可以在一定程度上降低研发活动的风险，激励企业开展研发活动，增加新产品的产出，可以提高企业的创新绩效。杨洋、魏江和罗来军（2015）采用工业企业数据库数据，研究发现利用政府补贴来提升民营企业创新绩效的效果较好；政府补贴在要素市场扭曲程度低的地区对企业创新绩效的促进作用更大。邹彩芬、刘双等（2014）就市场需求、政府补贴对创新投入产出的作用进行了研究，得出市场需求、政府补贴都能显著促进企业创新投入和创新产出的增加。

税收优惠对企业创新绩效影响的现有研究还很少，我国学者大部分都认为税收优惠政策可以有效提升企业的创新绩效。夏利（2012）在研究了179家创业板上市公司税收优惠政策对企业技术创新的影响的数据后，发现提高企业研发经费的投入和增加企业专利数量可以降低企业所得税税率。孙莹（2015）通过301家企业问卷调查数据研究得出，税收优惠政策对企业创新绩效有显著的正向效应，创新投入是税收优惠政策影响企业创新绩效的完全中介变量。刘振艳（2016）通过对我国中小型高新技术企业创新绩效的研究得出，合理的税收优惠政策可以有效地推动企业创新，促进企业产业结构调整，提高企业创新绩效。

3. 技术引进、技术信息获取能力的影响

为了应对日益激烈的市场竞争，企业必须不断提升创新能力，在经济全球化背景下提升创新能力的主要途径有内部R&D和外部技术引进。因此，关于企业R&D能力、技术引进与创新绩效的关系一直是学术界关注的热点，但已有研究并没有给出一致的结论。Hagedoorn（1993）认为，随着产品生命周期缩短和技术日益复杂，单纯依赖内部R&D不能满足企业创新需求，只能通过引进外部技术和吸收外部知识来提升创新绩效。他还发现，随着企业R&D成本的增加，引进外部非核心技术可以节省大量的R&D成本。Lavie（2006）认为，只要企业有能力获取所期望的技术并不需要拥有R&D能力，通过技术引进完全可以为企业提供足够的技术支持。而 Chesbrough 和 Teece（1996）认为，虽然企业可以通过引进外部知识和技术降低研发成本和提升创新绩效，但不能完全依赖技术引进，应该通过内部和外部两种渠道提升企业的创新能力（Chesbrough 等，2006），因为技术引进可以补充内部研发资源以提高创新绩效（Becker 和 Dietz，1992）。Cassiman 和 Veugelers（2006）也发现内部 R&D 与外部技术引进相结合可以在更大程度上提升企业创新能力。然而也有学者提出了不同的观点。Bettis 等（1992）认为，如果企业对外部技术引进形成了路径依赖，则外部知识流量减缓将会阻碍企业内部知识存量增加。Audretsch 等（1996）发现，在较低 R&D 密度的行业中，内部 R&D 与外部技术引进是相互替代的关系。Laursen 和 Salter（2006）认为过度追求外部知识对企业创新具有负面影响。

在国内，学者们也从不同方面研究了技术引进对创新绩效的影响。李正卫和池仁勇（2010）通过对 2003~2005 年浙江 111 家高技术企业的调查数据研究发现，技术引进对企业的 R&D 能力没有显著影响。还有学者认为，购买国外技术不仅未实现工业企业经营业绩的提升，反而对多项经营业绩指标产生了负面影响（李姝、刘殿和，2012）。然而王青等（2010）提出了相反的观点，他们使用 2000~2007 年的高技术产业数据发现，技术引进是促进技术创新的主要途径，自主创新的作用则不显著。支燕和白雪洁（2012）使用我国高技术产业数据也得出了相似结论。傅元海（2012）认为，技术引进对高层次技术创新能力的促进作用小于对低层次技术创新能力的促进作用。朱平芳和李磊（2006）发现，技术引进对国有企业的生产率有显著正向影响，对其他内资企业的生产率没有显著影响。

由于技术变革加速，技术信息获取逐渐成为技术战略实施和构建竞争优势的重要因素。过往研究文献主要关注技术信息获取渠道的选择对创新绩效的影响，如知识溢出、研发联盟与非正式交流等。聂珊珊等（2015）研究发现知识流的高效流动对企业创新绩效有显著的正向促进作用。然而，Gilbert 等（2008）却发现，集群企业可以获取更多技术溢出，并有较快成长与更好的创新绩效，但是较高绩效并非知识溢出所致。

（五）其他因素对创新绩效的影响

除上述四方面外，学者们还从不同角度对创新绩效进行了研究。解雪梅等（2015）认为企业主体、协同机制、知识与技术、社会关系网络及协同网络都将对企业的创新绩效起到积极的影响。在合作关系方面，张宏（2010）研究发现合作关系的形成有利于提高创新绩效。周芳（2012）发现供应链企业的社会资本和知识共享都有助于增加创新绩效。Arrow（1962）在某种特定条件下通过数据分析发现，在竞争性较高的产业中外部环境的压力更能激励企业去进行创新活动，从而加强自己的竞争优势以更好地发展，这也说明了占据垄断地位的企业由于没有多少竞争对手而没有强烈的研发新技术和新产品的意愿。Aghion 等（2009）通过研究发现，企业所展开的创新活动与所处于行业的企业数量呈倒"U"形关系，由于创新活动存在高风险、高收益和不确定性，说明激烈的竞争会促使企业开展更多的创新活动从而获得高于市场的利润，同时会导致企业因为盲目地开展创新活动而造成很大的损失，从而削弱企业的创新意愿。Funk（2014）研究证实地理邻近对企业创新绩效的影响受到组织内网络结构的调节，组织内网络的黏合有利于信息的处理、知识的整合，而组织内网络的无效则有利于保持知识多样性，它们分别对企业创新产生不同效应。Ozer 和 Zhang（2015）认为地理邻近增加了企业的利用式产品创新，同时阻碍了探索式产品创新，企业的网络链接则调节了这两种效应。

总的来说，学者们对创新绩效影响因素的研究中，由于研究目的不同，研究的影响因素也较为繁多，这不仅反映出创新绩效涉及的内容广泛，影响因素复杂，评估难度高，也从侧面体现出目前学术界对于企业创新绩效研究的重视程度，因此本书对于创新绩效的研究具有重大意义，且应当从合适的理论角度切入，从而对企业创新绩效展开不同层面和深层次的研究。

从创新主体——企业的角度来说，创新绩效的影响因素既包括外部影响因素，又包括内部影响因素。内部因素主要包括企业的公司规模、股权结构、产权性质、高管特征、人力资本等。外部因素主要包括政府投入、政策支持、税收政策引导、地理位置与集群关系以及环境规制政策的影响等。本书认为，企业提升创新绩效，应当先从可控因素入手，抓住主要矛盾，才能有效实现提升目标。因此本书研究的影响因素主要着眼于内部因素，对财政补贴、税收优惠等外部因素主要考虑的是对这些优惠政策的充分利用问题。

三、创新绩效影响因素作用机理的相关文献综述

国内外学者关于影响因素作用机理的研究一般从中介作用和调节作用两个角度展开。

（一）影响因素的中介作用

学者们通过研究表明，很多因素通过中介作用对绩效产生影响。Kraiczy（2015）指出高管团队的特征对企业的创新行为和绩效水平具有重要影响。研发投入在高管团队与企业成长能力之间存在完全中介作用。

梁伟真、高小平（2015）采用 2010~2012 年中国创业板制造业上市公司

的截面数据，考察了科技型中小企业资本结构、研发投入与企业绩效间的作用机理，研究结果表明：研发投入在企业资本结构对企业创新绩效的作用机制中具有显著的部分中介作用。

邵毅平（2015）以 2011~2013 年我国创业板上市公司数据为研究样本，从董事会治理视角进行实证研究，最终得出：R&D 投资在董事会资本与企业绩效间具有中介效应。叶红雨、王勋（2017）利用 2013~2015 年中国创业板 357 家高新技术上市企业的面板数据，实证分析了高管激励、企业研发投入和企业绩效的影响关系，最后研究发现：研发投入在高管激励与企业绩效之间起部分中介作用。潘洁（2017）以 340 家上市的中小企业为对象，选择连续三年共计 1020 个研究样本，最终研究得出 R&D 在高管团队异质性与企业绩效之间存在中介效应。何卫红、陈燕（2015）以我国创业板高新技术企业为研究对象，实证研究发现：技术创新对高管激励与企业绩效存在部分中介传导效应。朱焱和张孟昌（2013）对 200 家制造上市公司进行了实证研究，最终证明：研发投入在管理团队特征与企业创新绩效的关系中存在中介传导作用。罗红霞、李红霞（2014）从投资效率出发，研究了高管特征、研发投入与企业创新绩效三者的关系，实证结果表明研发投入在高管特征与企业创新绩效之间起到中介传导作用。张璇（2015）以 2012~2014 年沪深 A 股上市公司为研究对象，以研发投入为切入点，通过实证结果表明：研发投入在 CEO 特征与创新绩效关系中起到部分传导作用。

武志勇、王则仁（2018）以 2012~2016 年东北高端装备制造上市公司面板数据为样本，实证分析了政府研发补助对企业创新绩效的作用，同时分析该作用路径下企业研发投入的作用，研究发现：政府研发补助对企业研发投入与创新绩效均有显著正向作用，企业研发投入在政府研发补助与企业创新绩效关系中起完全中介作用。李凤梅、柳卸林（2017）通过对我国光伏产业政策的梳理，以 A 股 90 家光伏上市企业自 2007 年以来的面板数据为研究样本，进行回归分析得出：在国内市场环境及政策环境趋于稳定的情况下，政府补贴显著促进企业创新绩效，企业的研发投入在政府补贴对企业创新绩效的影响中起到中介作用。张莹（2018）以计算机、通信与其他电子设备制造业上市企业为研究对象，分析政府支持对企业创新绩效的影响，以研发投入为中介变量，搜集了 2013~2015 年的相关数据，通过研究发现：政府补助与税收优惠通过影响企业的研发投入来影响企业的创新绩效。李维安（2016）以 2009~2013 年我国上市民营企业的面板数据，通过实证研究发现，税收优惠在一定程度上提升了企业的创新绩效，创新投入在其中起到完全中介作用。政府补助与税收优惠减少了企业在研发活动中的现金流出，增强了企业为研发活动筹集资金的能力，使企业具备更高的创新绩效。

罗明新（2013）选取 2009~2011 年中国创业板上市公司数据进行分析，发现政治关联与技术创新绩效呈现显著的负相关关系，研发投资在其中起到完全中介作用。

（二）影响因素的调节作用

还有许多学者研究表明，很多因素在影响绩效的复杂关系中起着调节作用。Lee M.（2000）以 110 份韩国企业的调查问卷为基础，展开研究得出，企业文化在研发投入与创新绩效间起调节作用。Wang、Guidice（2009）以 142 家浙江民营制造业企业为研究对象，通过实证研究得出：企业文化在研发投入与创新绩效间存在调节效应。Albert Hu（2001）以北京海淀区科技型企业为样本，以产权性质作为调节变量，采取调节变量回归分析方法，研究得出国有产权对 R&D 投入与企业绩效的关系是一种反向调节作用。Chung 等（2003）利用 1448 家企业 1991~1995 年的面板数据为研究样本，选取独立董事比例和机构投资者为公司治理指标，得出结论：独立董事比例对 R&D 与企业创新绩效的关系起正向调节作用。Hall 和 Oriani（2006）以欧洲三国制造业上市公司 1989~1998 年的面板数据为样本，研究企业 R&D 支出与创新绩效之间的关系，结果表明：大股东控制在研发投入与创新绩效间有调节作用。Lee（2006）研究了外部治理机制对 R&D 支出与企业绩效关系的调节作用，考虑了 R&D 投入的滞后性，实证结果表明：外部独立董事比例在 R&D 投入与企业创新绩效间具有调节作用。Yeh（2008）利用 116 家台湾上市公司公布的 229 个增加 R&D 投资的信息为样本，研究结果显示：董事会规模在研发投入和创新绩效间具有反向调节作用。Chang（2009）将内部治理机制作为调节变量进行分析，研究结果显示：具有良好的内部治理机制的企业增加 R&D 投入时，更能提高创新绩效。Chen S.、Bu M.（2015）等通过研究得出公司治理在研发投入与技术创新绩效间起调节作用。

国内学者单春霞、仲伟周（2017）以 2013~2015 年深市中小板上市的 581 家公司为对象，研究企业成长性在技术创新与企业绩效间的作用，最终得出：企业成长性在技术创新与企业绩效关系间存在调节效应。李佳霖（2018）通过研究得出：资本结构对企业研发投入与创新绩效的正相关关系具有负向的调节作用。宋佰涛（2017）以我国创业板制造业企业为研究对象，选取 2010~2015 年的相关数据为研究样本，研究资本结构对研发投入和企业绩效之间关系是否具有调节效应，并选取资产负债率作为其中一个调节变量，研究发现资本结构对研发投入和企业绩效之间的关系具有调节效应。梁京（2018）以我国 2012~2016 年的创业板高新技术企业数据为样本，通过实证得出：股权集中度在教育程度异质性与企业创新绩效之间起正向调节作用，独立董事比例在年龄异质性与企业创新绩效之间起负向调节作用。李伟（2014）以 2011~2013 年深交所的中小板上市公司数据作为研究样本，将公司治理作为调节变量来研究技术创新对企业创新绩效的影响，通过实证研究得出：第一大股东持股比例在技术创新与企业绩效关系间存在负向调节作用。国内学者也对董事会结构的作用进行研究，赖辉（2013）研究了公司治理对研发投入与创新绩效关系的影响，实证结果表明：董事会平均年龄和董事会薪酬水平对 R&D 投入与企业绩效的关系有负向调节作用。

林木西、张紫薇（2019）以 2009 年以来的创业板上市公司为研究对象构建 Tobit 模型。实证结果表明，风投上市公司既存在鼓励企业研发投入的行为，同时也存在满足自身利益诉求的短期逐利行为，且两者间存在挤出效应。企业家精神能够鼓励企业创新，同时在研发投入与创新绩效间存在调节作用。靳妍（2018）采用问卷调查的方式获取数据，通过对数据进行信度分析、效度分析、相关性分析和回归分析，最终得出企业文化对研发投入与企业绩效关系具有显著调节作用。张仁江（2010）利用 251 份有效问卷，采用因子分析、路径分析、中介效应分析和结构方程模型对研究假设进行了实证检验，最终研究得出企业文化在研发投入与企业绩效间发挥了调节效应。许婷、杨建君（2017）以 182 家中国制造业和高新技术企业数据为样本，通过实证研究得出：企业创新型文化正向调节股权激励与高管创新动力间的关系，官僚型文化负向调节股权激励与高管创新动力、高管创新动力与高管创新能力间的关系。

孙自愿、王玲（2019）选取 2011~2015 年沪深上市样本公司，探讨内部控制的调节作用，通过实证检验发现：内部控制有效性能够调节两者之间的关系，内控有效性削弱了对研发投入当年企业绩效的负向影响，强化了对研发投入后一年企业绩效的正向影响。王书珍、俞军（2016）基于沪、深两市 A 股上市公司数据，采用结构方程以及回归分析方法实证分析了企业内部控制、融资和研发活动之间的相互关系，研究发现内部控制在融资约束与研发活动间起到调节作用，可以缓解融资约束对企业研发创新的抑制效应，对小企业的缓解作用更大。武志勇、于国章（2016）选取 2013~2015 年 A 股上市公司为研究对象，实证分析了高管激励在研发投入强度与企业绩效间的作用，经实证分析得出，内部控制对上市企业研发强度与企业绩效关系产生了显著正向调节作用。

王一卉（2013）通过实证研究发现：政府补贴对研发投入与企业创新绩效之间关系有显著的负向调节作用，这种调节作用在富有经验的企业中不明显。王一卉（2013）运用中国高技术企业的面板数据对于企业研发创新项目受政府补贴的影响进行了细致的分析，发现就国有制企业而言，政府补贴会使其创新绩效下滑，并且对比较缺乏经验的企业提供政府补贴，有着明显的提升企业创新绩效的作用，并且在研发投入与企业创新绩效之间，政府补贴存在显著的负向调节作用。邱玉兴等（2017）选取2015年国有上市公司为研究对象，发现管理层薪酬激励对国有上市公司研发强度和财务绩效关系起到显著的正向调节作用。

梳理相关文献发现，学者们一般从中介作用和调节作用角度，探讨了创新绩效各种影响因素的作用机理，但就同一影响因素究竟是哪种作用或者作用的程度并未达成一致结论。本书以创业板高新技术企业样本公司为例，探讨所识别出的关键影响因素对创新绩效的作用机制。

第三章

创业板高新技术企业创新活动现状

在国家创新战略的引领下,高新技术企业近几年得到了快速发展。《中国火炬统计年鉴》(2018)显示,高新技术企业的营业收入由 2015 年的 193837.4 亿元提高到 2017 年的 261093.9 亿元,上升了 35%,上升趋势较为明显;工业总产值的绝对值由 2015 年的 175106.4 亿元上升到 2017 年的 212268.8 亿元,绝对值增加了 37162.4 亿元。2016 年我国的高新技术企业的数量已经突破 10 万大关,达到了 100012 家,相对于 2015 年的 74683 家,在 2015~2017 年基本是每年增长 1 万家,但 2016 年一年相对于 2015 年就增长了 2 万多家,增长率达到了 30%。

自 2009 年 10 月 30 日创业板上市以来,创业板上市企业的发展也呈现稳步上升的趋势。这些企业对我国的创新发展做出了重要的贡献。据官方数据统计,在创业板上市的企业中高新技术企业高达 91%,截至 2017 年底,创业板高新技术企业共 690 家。基于样本数据的完整性、可获得性,本书选取 295 家创业板的高新技术企业为研究对象,整理样本企业的数据后发现,295 家企业以制造业为主,占到全部样本量的 74%;其次为信息传输、软件和信息技术服务业,约占 17%;其他类型的企业占比约为 9%。此结果也与之前学者们对创业板企业进行研究时的抽样结果类似。

要研究创新绩效问题,首先要掌握企业创新活动的开展情况,本书就选定的 295 家创业板高新技术企业近三年的创新活动开展情况进行总结。

第一节 创新活动投入现状

从资源的角度出发，研发投入是企业在进行研发活动时所投入的资金、人力和设备等，所以本书认为研发投入包括研发经费投入、研发人员投入和固定资产投入。上市公司的公司年报中会披露研发费用、研发人员的数量和期末固定资产总额。

一、R&D 资金投入

研发经费是企业创新活动中投入的资金，是衡量企业研发投入的重要指标。研发经费投入总计是某个行业所有企业研发经费投入的总和，它能够用来很好地评价该行业研发经费投入的总体情况；研发经费投入均值是某个行业所有企业研发经费投入总和除以该行业的企业数量，它能够将不同行业企业研发经费投入的大概情况与全创业板高新技术企业的平均水平进行比较；研发投入强度是研发经费投入与营业收入的比值，它反映的是各企业研发费用投入的相对程度，可以对不同行业企业的研发经费投入大概情况进行横向比较。因此，本书选取这三个指标来分析创业板高新技术企业研发经费投入的现状。

（一）研发经费总投入

创业板高新技术企业以具备高科技的初创企业为主，企业性质也决定了创业板企业的研发投入水平一直维持在较高的水平上，并且创业板不断地吸纳新兴产业的创新企业进入其中，促进了经济增长新动能的加速形成。创业板企业的研发投入强度也在逐年递增，位居三个板块之首。从图3-1可看出，样本企业2015年的研发经费投入总计为163.37亿元，2016年的研发经费投入总计为216.41亿元，截至2017年，样本企业的研发经费投入已经超过260亿元，达到262.10亿元。总体来看，样本企业的研发费用绝对额呈现上升趋势。研发经费投入均值也呈逐年上升趋势，2015年为0.55亿元，2016年为0.73亿元，2017年为0.89亿元。

从图3-2可以看出，研发投入强度从2015年的7.22%下降到2017年的6.76%，呈现下降趋势。原因可能是企业的营业收入中由创新活动以外的生产活动带来的收益显著增长，进而导致研发费用的绝对额虽然呈现上涨趋势，而研发投入强度呈现下降趋势。因此，更应该充分发挥研发投入的利用效率，从而提升企业的创新绩效。虽然研发投入强度略有下降，但2015~2017年三年的研发投入强度平均水平均高于5%，已有研究表明，当研发投入强度高于

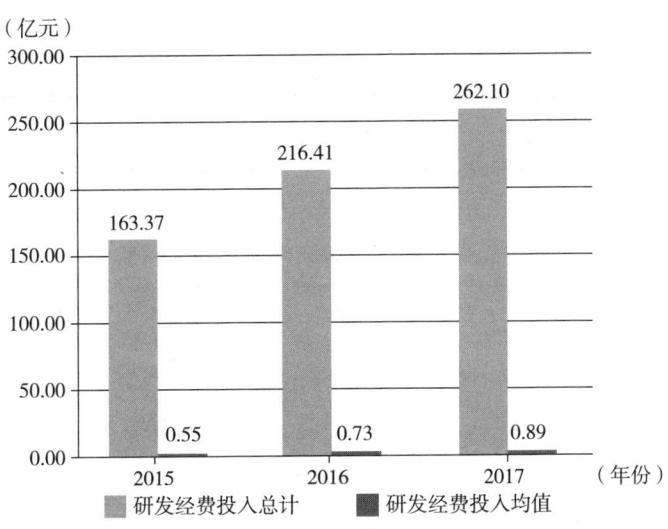

图 3-1 研发经费投入总计和均值

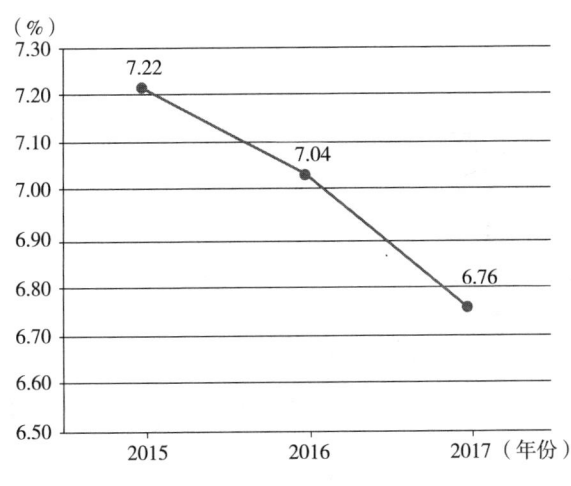

图 3-2 研发投入强度

5%时,说明研发投入强度已经具备一定的竞争力,因此,从图 3-2 中可看出样本近三年来的研发活动达到较高水平,这与我国近年来大力支持创新有着密不可分的关系。

(二)分行业研发经费投入

从图 3-3、图 3-4、图 3-5 可以看出,2015~2017 年研发经费投入总计最多的行业是制造业,信息传输、软件和信息技术服务业次之。制造业企业

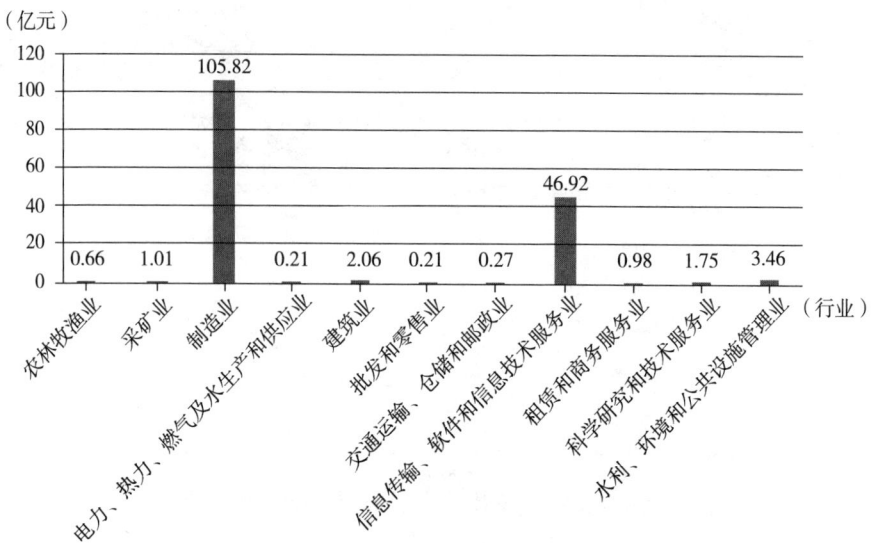

图 3-3　2015 年分行业研发经费投入总计

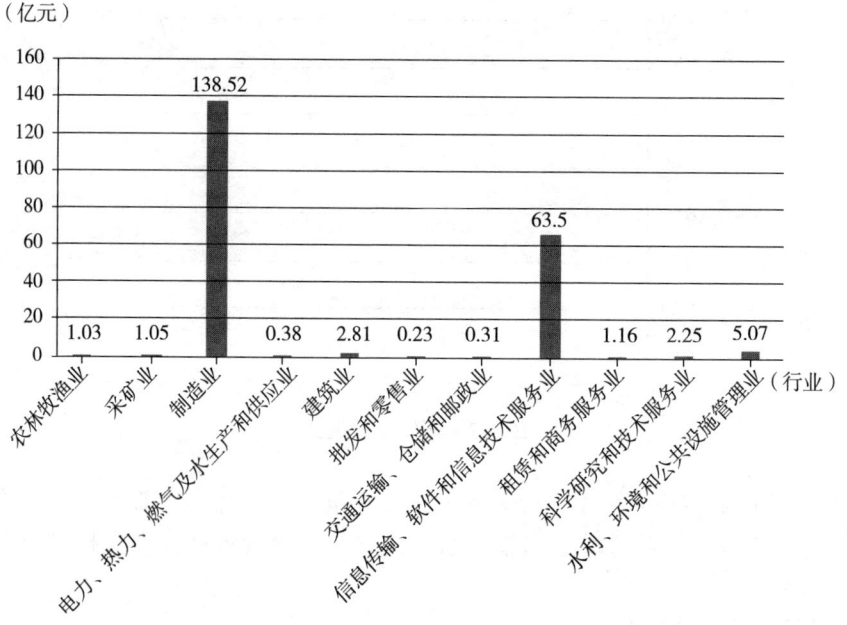

图 3-4　2016 年分行业研发经费投入总计

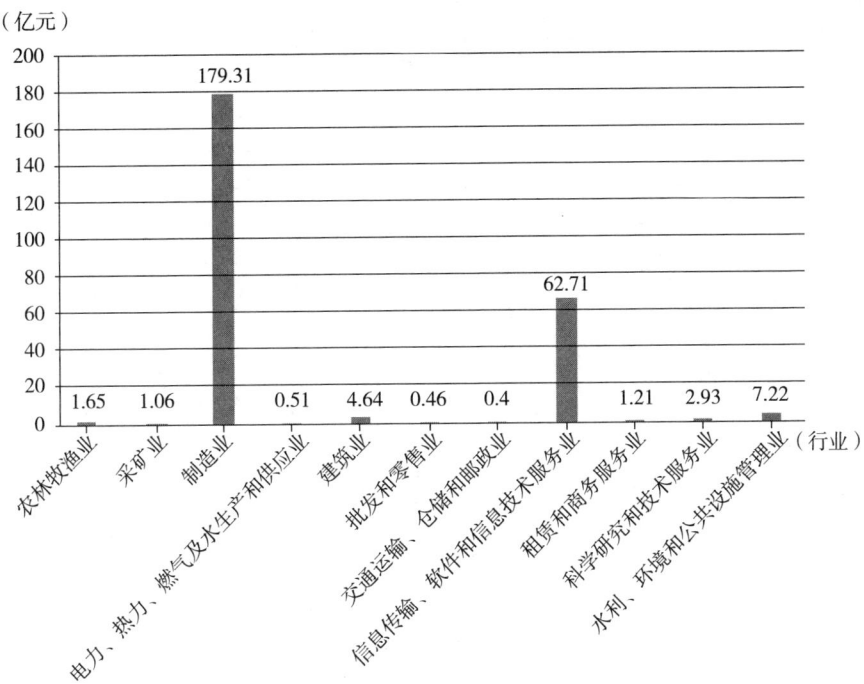

图 3-5　2017 年分行业研发经费投入总计

2015 年研发经费投入为 105.82 亿元，2016 年为 138.52 亿元，2017 年为 179.31 亿元，呈现逐年上升趋势；信息传输、软件和信息技术服务业企业 2015 年到 2016 年研发经费投入有一个大幅度的上升，2017 年略有下降，可见这两个行业研发经费投入变化趋势与样本企业总体变化趋势基本相同。2015~2017 年连续三年研发经费投入最少的三个行业分别为电力、热力、燃气及水生产和供应业，批发和零售业以及交通运输、仓储和邮政业，这可能是因为本书所选取的样本企业中该三个行业企业样本数比较少。

首先，通过图 3-6、图 3-7、图 3-8 可知，2015~2017 年研发经费投入均值排名前三的行业有信息传输、软件和信息技术服务业，建筑业和水利、环境和公共设施管理业。虽然制造业研发经费投入总计在 2015~2017 年连续三年排名第一，但其研发费用投入均值并没有名列前茅，这主要是因为本书所选取的样本企业中制造业企业数量较多，数量上的优势导致其研发经费投入总额最多。通过与图 3-1 对比可知，信息传输、软件和信息技术服务业与建筑业企业每年研发经费投入均值远高于高新技术企业全行业的平均水平，这可能是因为信息技术业和房地产业为了跟上现代化发展的步伐，在日新月异的市场中获得竞争力，非常注重对研发资金的投入，以获取较多的创新产品。

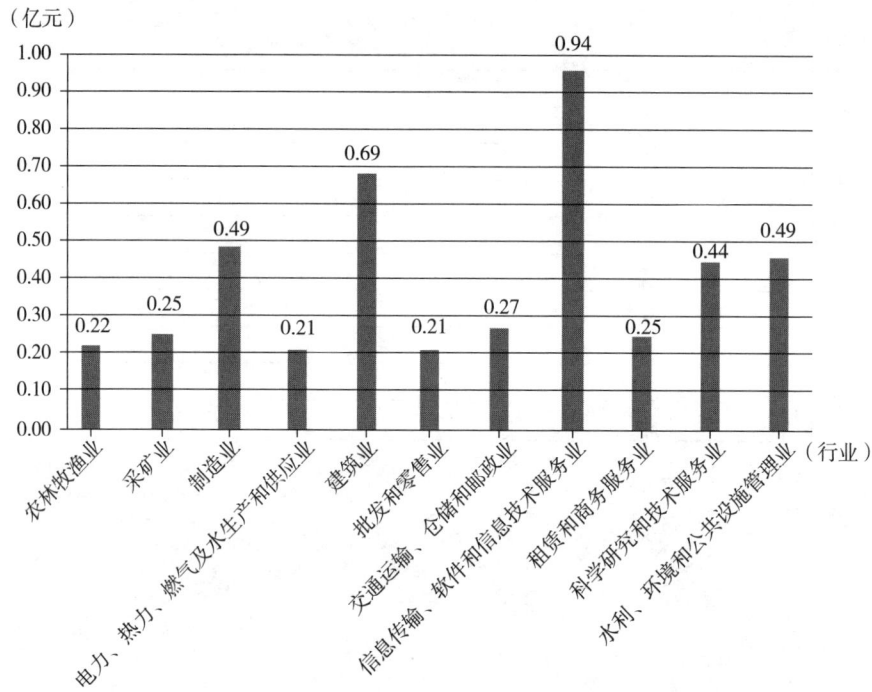

图 3-6　2015 年分行业研发经费投入均值

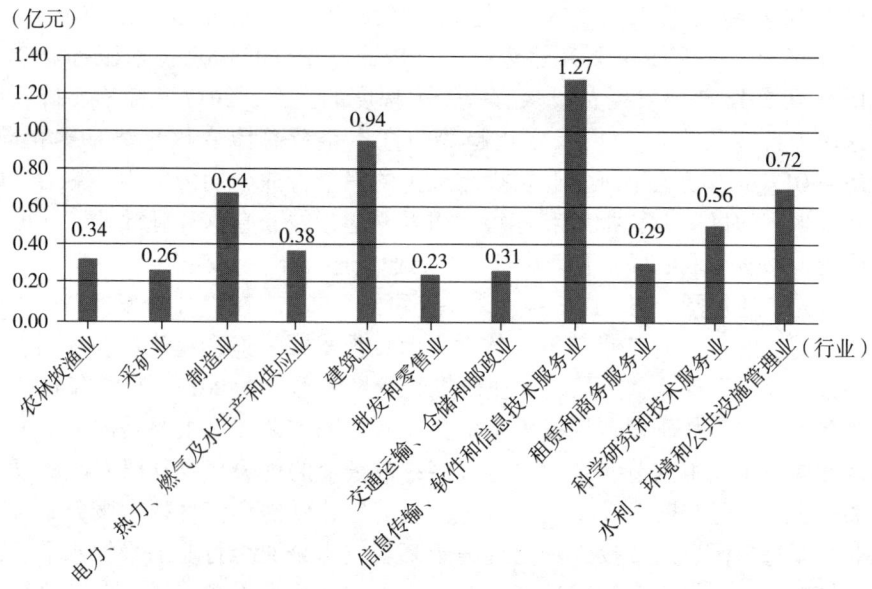

图 3-7　2016 年分行业研发经费投入均值

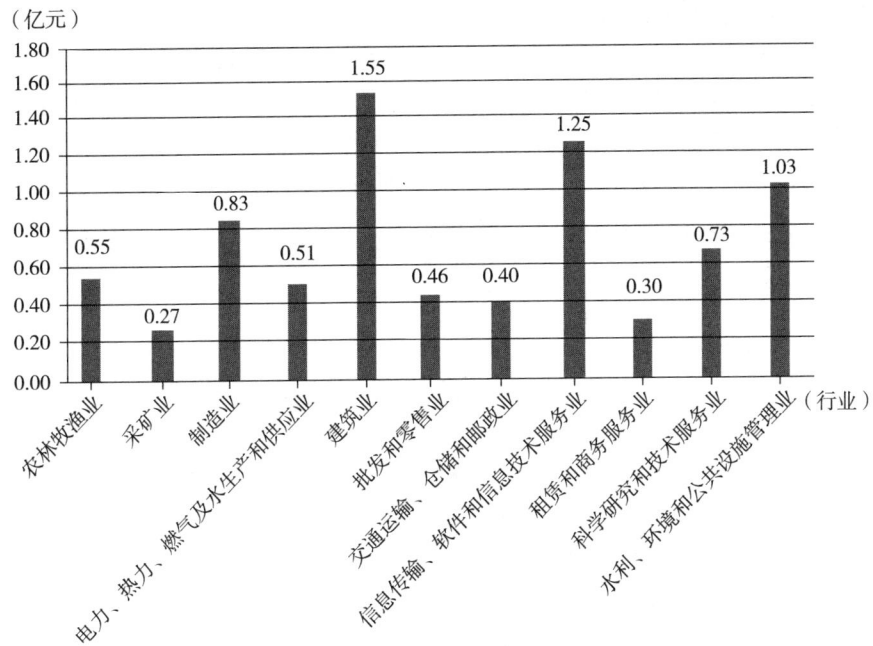

图 3-8　2017 年分行业研发经费投入均值

其次，2015~2017 年连续三年研发经费投入均值都较少的行业有电力、热力、燃气及水生产和供应业，批发和零售业，采矿业，租赁和商务服务业，说明这些行业对研发经费投入的重视度还不够，可能是这些行业的性质决定了研发费用显著低于样本企业的平均水平。

二、研发人员投入

研发人员是企业开展创新活动的主力军。研发人员投入总计是某个行业所有企业研发人员投入的总数，它能够用来很好地评价研发人员投入的总体情况；研发人员投入均值是所有企业研发人员投入总数除以企业数量，它能够用于不同行业之间的比较；研发人员投入强度是研发技术人员数量与员工总数的比值，它反映的是各企业研发人员投入的相对程度，可以对不同行业企业的研发人员投入大概情况进行横向比较。因此，本书选取这三个指标来分析样本企业研发人员投入的现状。

（一）研发人员总投入

企业的创新活动需要企业投入大量的资源予以支持，这些资源不仅包括研发经费，还包括企业的科技人员、研发人员。研发人员是企业进行创新活动的主力军，能为企业带来源源不断的创新活力。从图 3-9 中可以看出，样本公司研发人员投入从 2015 年的 84724 人增加到 2016 年的 104904 人,再增加到 2017 年的 122102 人,研发人员投入增加了 44.12%。总体来看,近三年中每年样本公司中的研发人员数量都在增长,这说明企业越来越重视研发活动。从研发人员投入均值来看,2015 年为 287 人,2016 年为 356 人,2017 为 414 人,样本公司研发人员投入均值也呈上升趋势。从图 3-10 中可以看出,样本公司 2015~2017 年连续三年的研发人员投入强度的平均值分别为 21.38%、

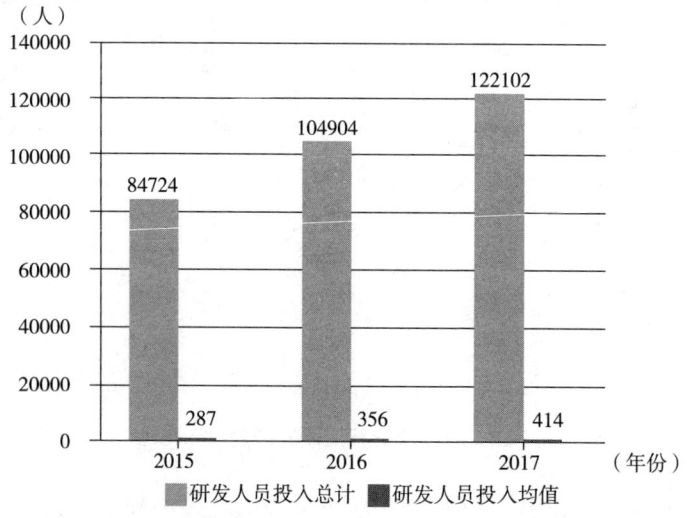

图 3-9　研发人员投入总计和均值

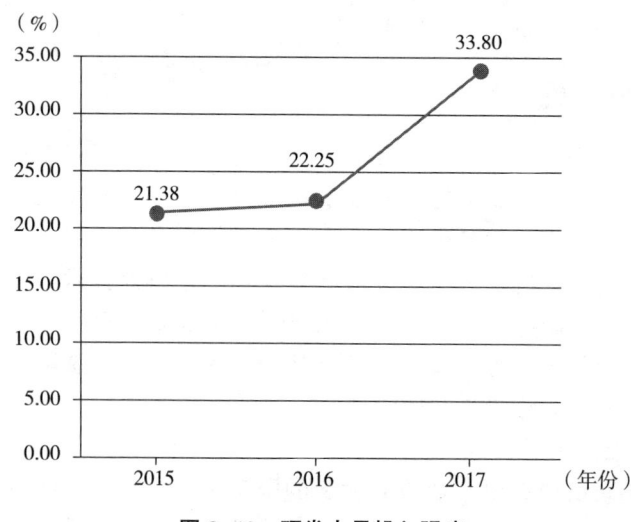

图 3-10　研发人员投入强度

22.25%、33.80%，呈现上升趋势，这表明样本公司在研发人员投入方面的力度较大。

（二）分行业研发人员投入

从图 3-11 到图 3-13 中可以看出，同研发经费一样，2015~2017 年研发人员投入总量最多的行业是制造业，信息传输、软件和信息技术服务业次之。且研发人员投入最多的制造业企业 2015 年研发人员投入为 52191 人，2016 年为 63386 人，2017 年为 76312 人，每年增长 1 万多人；且信息传输、软件和信息技术服务业企业 2015 年研发人员投入为 27761 人，2016 年为 35896 人，2017 年为 38809 人，也呈逐年上升趋势，可见这两个行业研发人员投入变化趋势与创业板高新技术企业总体变化趋势相同。2015~2017 年连续三年研发经费投入最少的行业除了样本量最少的电力、热力、燃气及水生产和供应业，批发和零售业以及交通运输、仓储和邮政业这三个行业外，还有农林牧渔业，这可能是由于我国第一、第二产业向第三产业转移的经济发展现状所导致的，农林牧渔业作为第一产业，其整体的就业规模在逐步减小，且从业人员教育水平往往较低，因而研发人员数量不多。

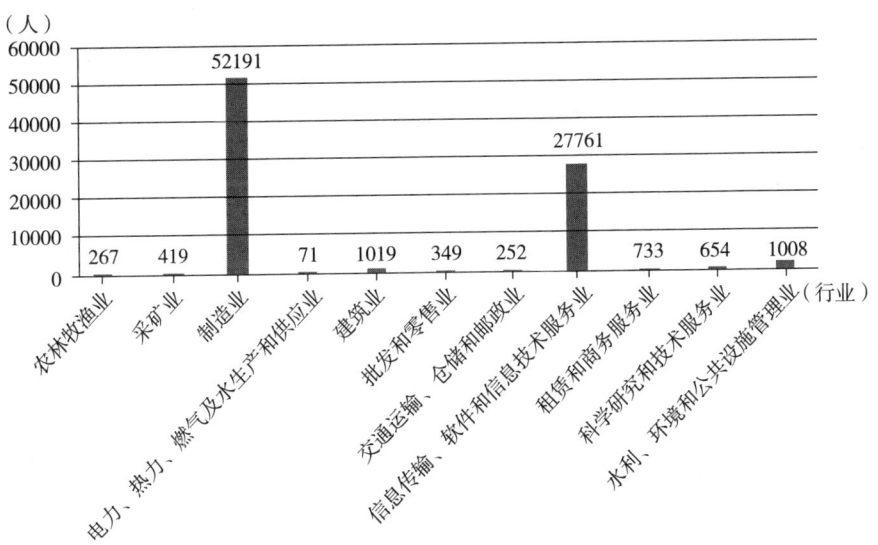

图 3-11　2015 年分行业研发人员投入总计

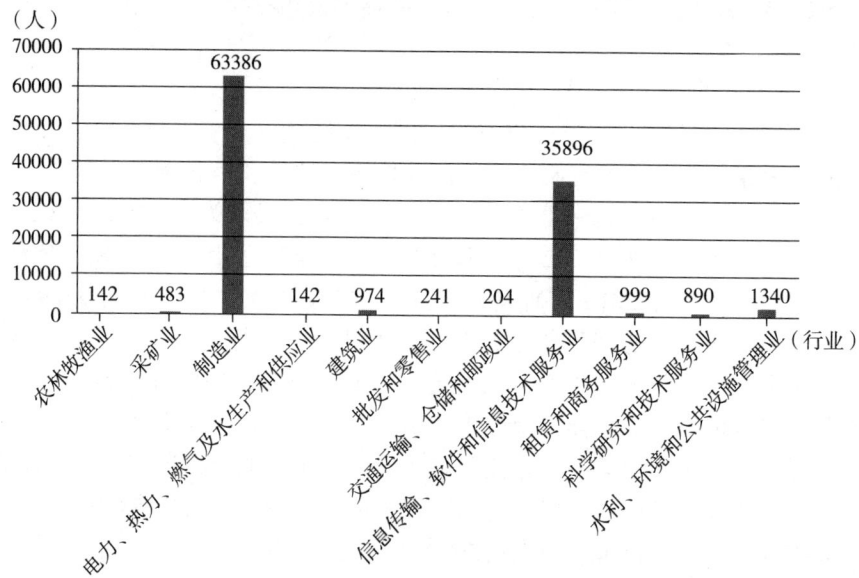

图 3-12 2016 年分行业研发人员投入总计

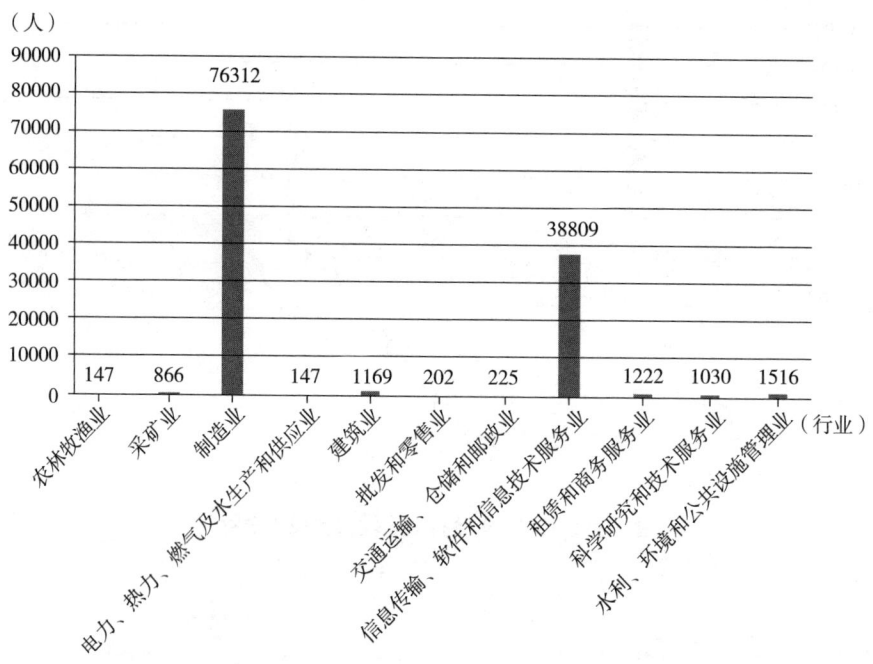

图 3-13 2017 年分行业研发人员投入总计

首先，通过图 3-14 到图 3-16 可知，2015~2017 年研发人员投入均值最高的行业是信息传输、软件和信息技术服务业，虽然制造业研发人员投入总计在 2015~2017 年连续三年排名第一，但其研发人员投入均值并没有名列前

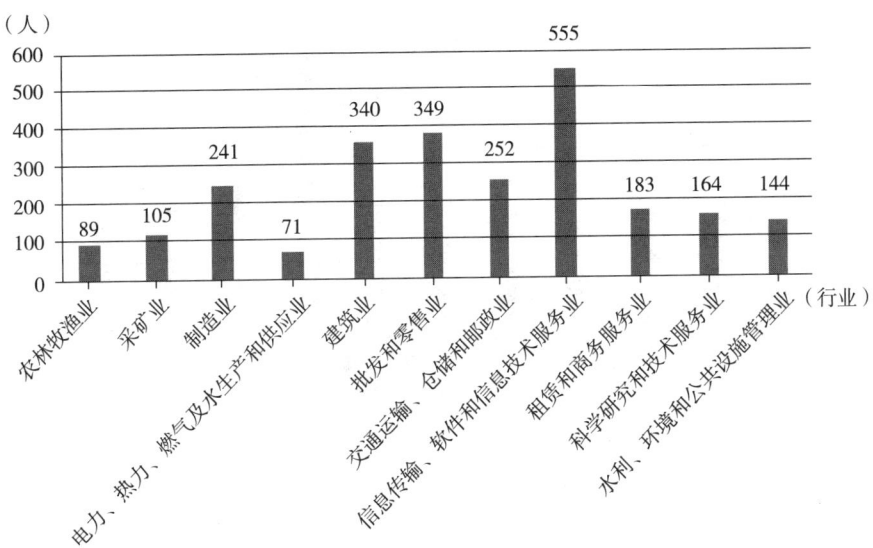

图 3-14　2015 年分行业研发人员投入均值

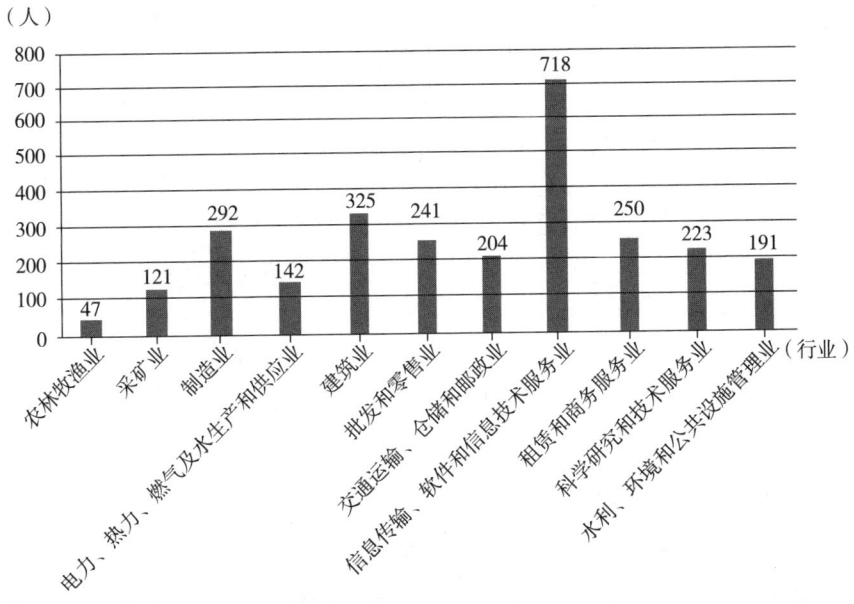

图 3-15　2016 年分行业研发人员投入均值

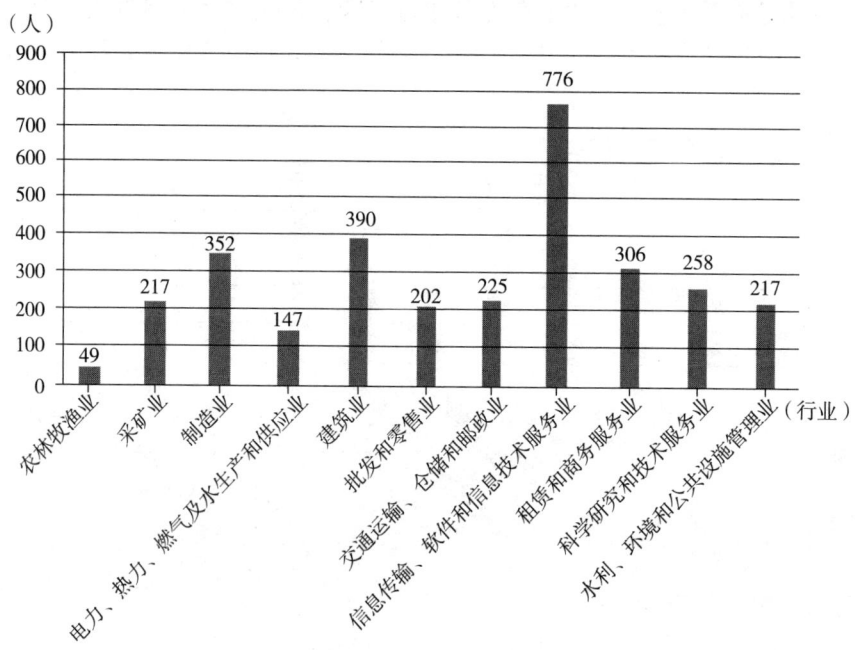

图 3-16　2017 年分行业研发人员投入均值

茅,这主要是因为本书所选取的样本企业中制造业企业数量较多,数量上的优势导致其研发人员投入总计最多。从图 3-14~图 3-16 可以看到,信息传输、软件和信息技术服务业企业 2015 年研发人员投入均值为 555 人,2016 年为 718 人,2017 年为 776 人,而从图 3-9 可知,样本企业行业平均研发人员投入水平,2015 年为 287 人,2016 年为 356 人,2017 年为 414 人。通过对比可知,信息传输、软件和信息技术服务业企业每年研发人员投入均值是全行业平均水平的两倍左右,说明在信息化时代,研发活动是该行业的重中之重。其次,2015~2017 年连续三年研发人员投入均值都较少的行业有农林牧渔业,电力、热力、燃气及水生产和供应业,采矿业,这可能是我国第一、第二产业向第三产业转移的发展趋势使得这些行业整体的从业人员不断减少所导致的。

三、固定资产增长率

企业研发投入水平还能体现在为了进行创新活动的设备投入上,但是由于我国企业并未将所有设备的用途进行披露,因此最为准确的进行创新活动的设备投入额无法获得。而固定资产包括企业为进行研发活动而投入的设备,并且固定资产在企业年报里都有披露，容易获得，于是本书采用固定资产投入额来分析企业研发设备投入的现状。其中，固定资产投入总计是某个行业所有企业固定资产投入的总和，它能够用来很好地评价该行业固定资产投入的总体情况；固定资产投入均值是某个行业所有企业固定资产投入总和除以该行业的企业数量，它能够将不同行业企业固定资产投入的大概情况与全创业板高新技术企业的平均水平进行比较；固定资产投入增长率是与上年同期相比，企业固定资产投入增加值（减少值）与上年同期固定资产投入的比值，它反映了企业固定资产投入的增长情况。

（一）总体固定资产投入现状

企业固定资产投入的不同会影响各企业的创新能力，从图3-17中可以看出，创业板样本公司固定资产投入从2015年的1151.02亿元增加到2016年的1416.60亿元，再增加到2017年的1691.80亿元，固定资产投入额每年增长将近300亿元。总体来看，近三年中每年样本公司的固定资产投入额都在增长，这说明企业对生产设备投入的重视。从固定资产投入均值来看，2015年为3.9亿元，2016年为4.8亿元，2017为5.73亿元，样本公司固定资产投入均值也呈上升趋势。从图3-18中可以看出，2015~2017年的固定资产投入增长率为23.04%、19.28%、16%。固定资产投入增长率从2015年的23.04%下降到了2016年的19.28%，又下降到了2017年的16%，可以看出创业板高新技术上市公司固定资产投入增速放缓。

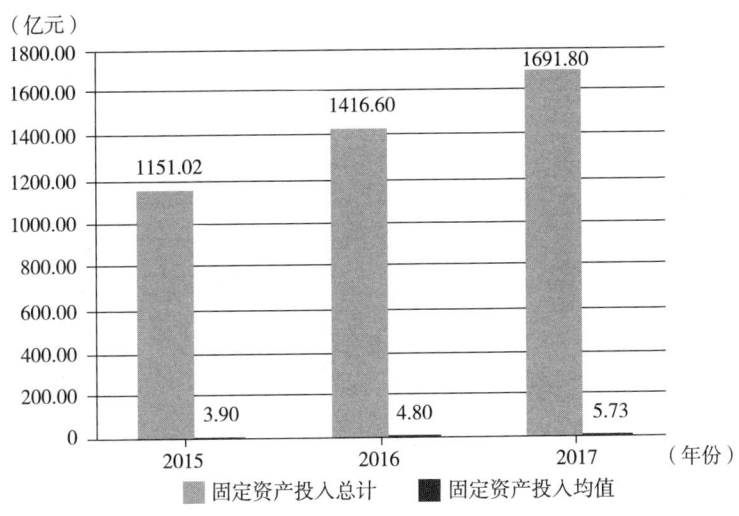

图3-17　2015~2017年固定资产投入总计和均值

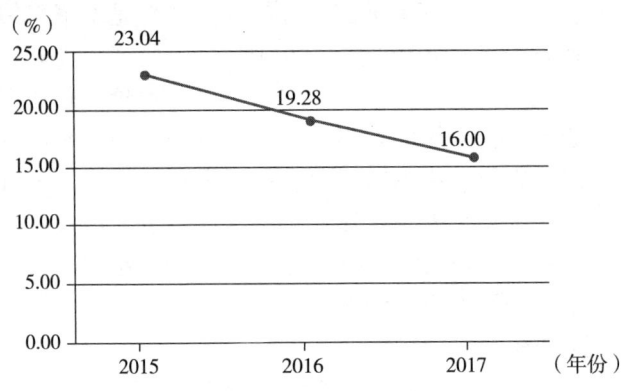

图 3-18　2015~2017 年固定资产投入增长率

（二）各行业固定资产投入现状

从图 3-19 到图 3-21 可以看出，2015~2017 年固定资产投入总额最多的行业是制造业，信息传输、软件和信息技术服务业次之。且固定资产投入最多的制造业企业 2015 年固定资产投入为 986.96 亿元，2016 年为 1212.79 亿元，2017 年为 1438.34 亿元，呈现逐年上升趋势；且信息传输、软件和信息技术服务业企业 2015 年固定资产投入为 64.48 亿元，2016 年为 93.39 亿元，2017 年为 122.33 亿元，也呈显著上涨趋势。可见这两个行业固定资产投入变化趋势与样本总体变化趋势基本相同。2015~2017 年连续三年固定资产投入

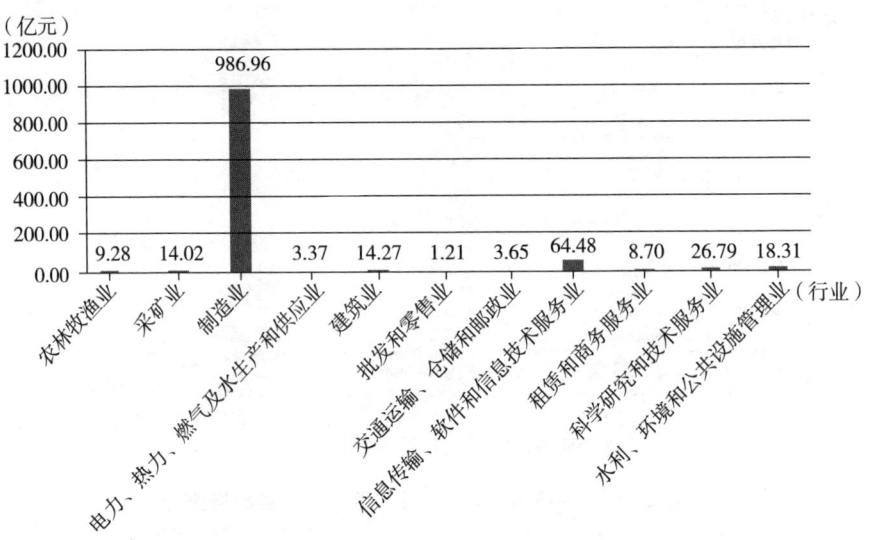

图 3-19　2015 年各行业固定资产投入总计

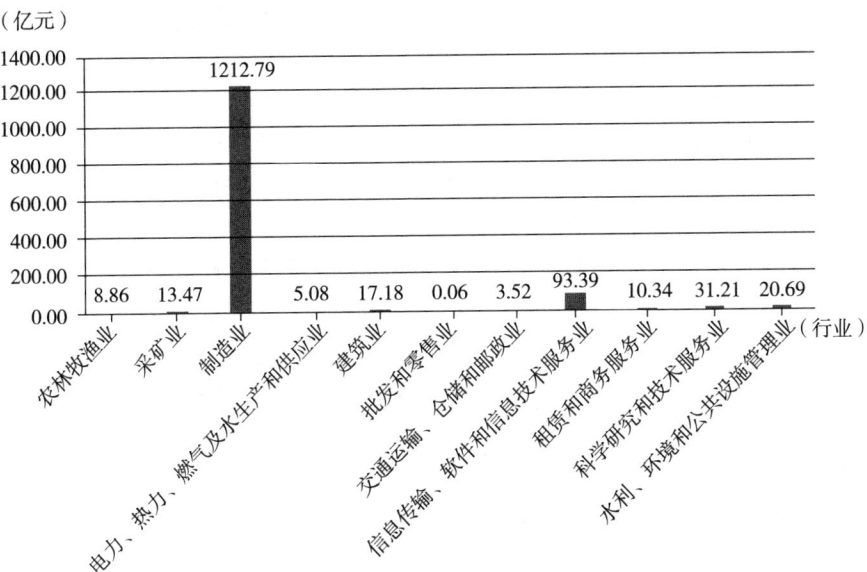

图 3-20 2016 年各行业固定资产投入总计

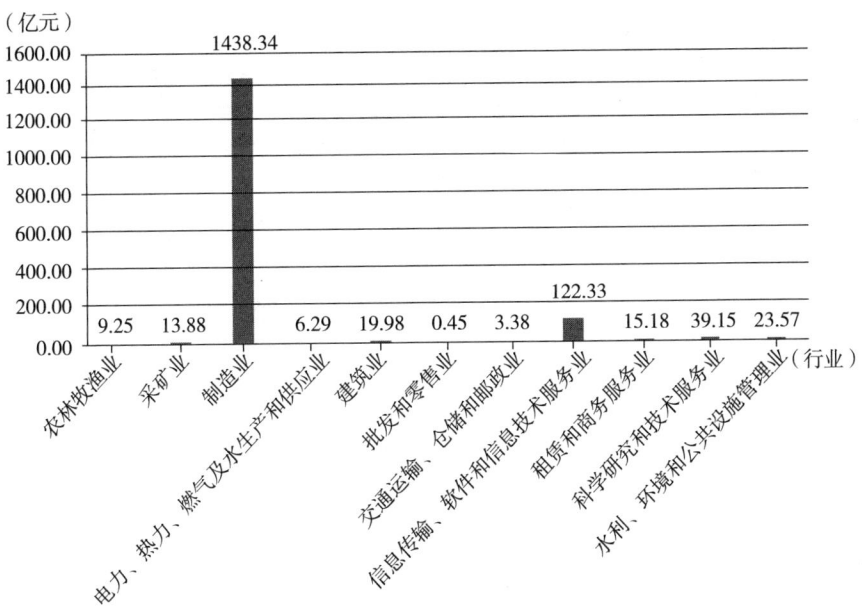

图 3-21 2017 年各行业固定资产投入总计

最少的三个行业分别为批发和零售业，电力、热力、燃气及水生产和供应业以及交通运输、仓储和邮政业，这可能是因为本书所选取的样本企业中该三个行业企业样本数比较少。

首先，通过图3-22到图3-24可知，2015~2017年固定资产投入均值较多的行业有科学研究和技术服务业，建筑业，制造业以及电力、热力、燃气及水生产和供应业，虽然制造业固定资产投入总计在2015~2017年连续三年排名第一，但其固定资产投入均值并没有名列前茅，这主要是因为本书所选取的样本企业中制造业企业数量较多，数量上的优势导致其固定资产投入总额最多。通过与图3-17对比可知，科学研究和技术服务业、建筑业和制造业企业每年固定资产投入均值都高于高新技术企业全行业的平均水平，这可能是因为行业性质决定了其需要的机器设备较多。其次，2015~2017年连续三年固定资产投入均值都最少的行业为批发和零售业，因为一般情况对机器设备的大量应用主要在前期的生产阶段，销售阶段对机器设备用量较少，所以批发和零售业企业固定资产投入量较少。

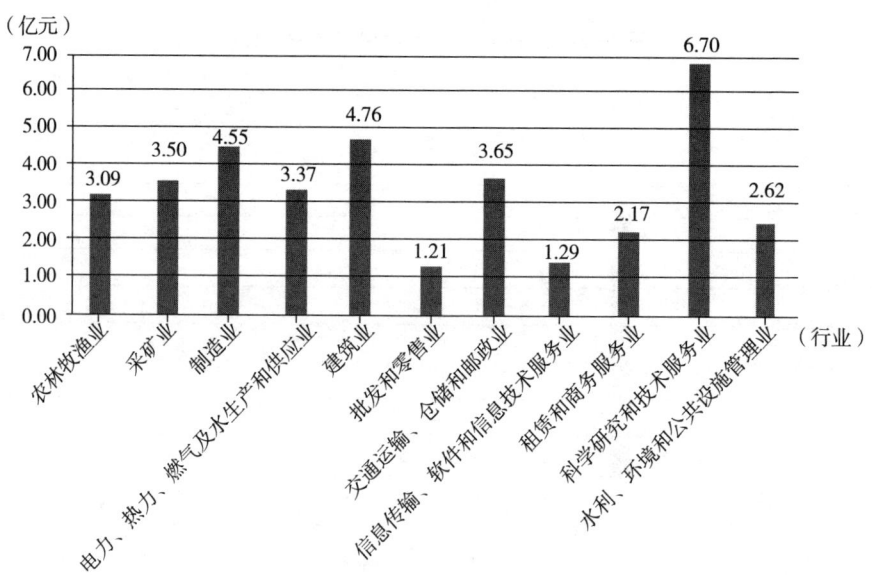

图3-22 2015年各行业固定资产投入均值

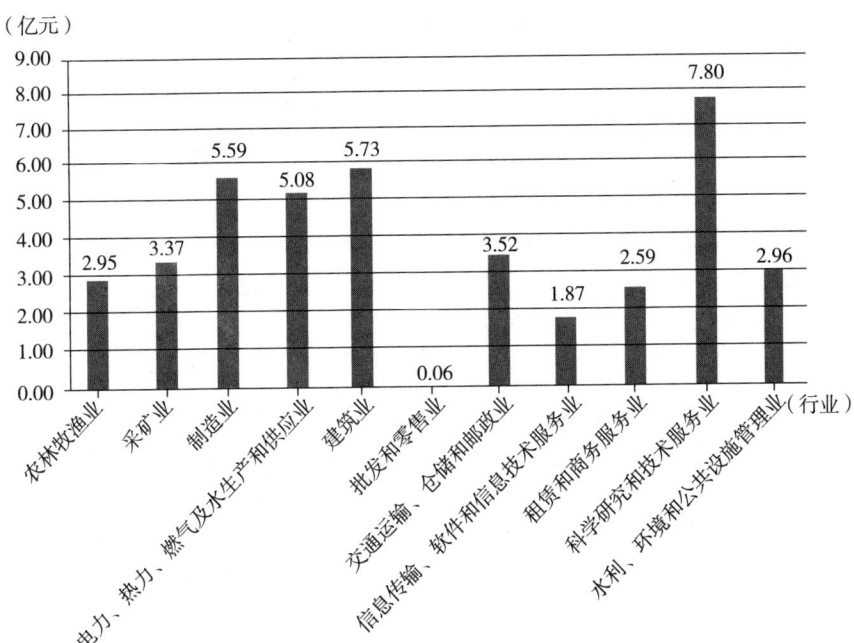

图 3-23　2016 年各行业固定资产投入均值

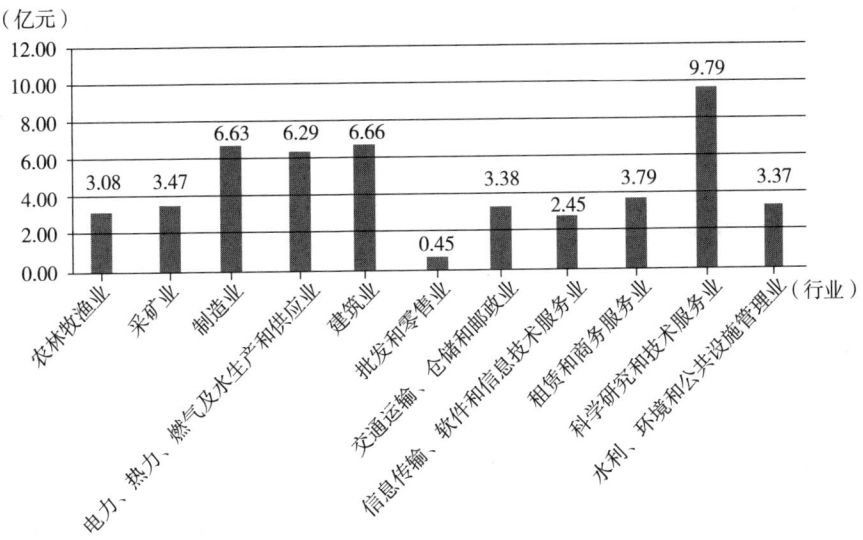

图 3-24　2017 年各行业固定资产投入均值

通过对 2015~2017 年我国创业板高新技术企业研发投入数据的分析，考察了研发经费投入、研发人员投入和固定资产投入的现状。根据 2015~2017 年现状分析，可以对样本企业创新投入活动的发展状况进行如下总结：

从研发经费投入情况看，样本企业的研发经费是逐年上升的，但研发经费投入强度总体呈下降的趋势。所以企业可能存在着研发资金投入不足的情况。从行业分布上看，样本企业研发经费投入较多的行业是建筑业，信息传输、软件和信息技术服务业，说明这两个行业非常注重研发创新活动。

从研发人员投入情况看，样本企业的研发人员数量三年来增加了 44.12%，研发人员投入强度也是呈逐年上升趋势。这说明创业板高新技术在企业技术人员投入方面力度是越来越大的，已经比较注重创新型人才的引入。从行业分布上看，信息传输、软件和信息技术服务业的平均研发人员数量是最多的，说明在信息化时代，研发活动是该行业的重中之重。

从固定资产投入情况看，固定资产投入额每年增长将近 300 亿元，呈现稳步增长态势。从行业分布来看，2015~2017 年科学研究和技术服务业、建筑业和制造业企业的平均固定资产投入额较高，且高于全行业平均水平。

第二节　创新活动产出现状

创新活动的产出成果，可以表现在研发成果上，也可以表现在财务成果上。研发成果可以用企业发明创造专利数量来表示，该数据可以从国泰安数据库和企查查网站中获得。财务成果应当用新产品相关指标来衡量，但企业一般不单独披露新产品的收益数据，因此，本书用涵盖新产品收益的营业收入增长率和资产收益率来表示。

一、专利产出

一般将创新产出作为企业创新活动产出的衡量方法，主要包括代表科技产出的专利数以及代表经济产出的新产品产值、新产品销售收入等。创新产出的第一个环节即为专利，其中，发明创造专利多为企业原创，是公认科技含量最高的，最能反映出一个企业的创新能力和创新水平。相较于发明创造专利，实用新型和外观设计两类专利对产品现有技术突破要求并不高，仅需部分改进即可，所含科技含量亦不如发明创造专利。因此，通过企业发明创造专利数量来分析企业专利产出现状。其中，专利产出总计是某个行业所有企业发明专利数量的总和，它能够用来很好地评价该行业专利产出的总体情况；专利产出均值是某个行业所有企业发明专利数量总和除以该行业的企业数量，它能够将不同行业企业发明专利数量的大概情况与全创业板高新技术企业的平均水平进行比较。

（一）专利产出总体情况

从图 3-25 可以看出，样本企业发明创造专利产出数量 2015 年为 1162 件，2016 年上升为 1444 件，2017 年又上升为 1607 件。从总体的数据趋势上可以看到，企业每年的发明专利数量逐年递增，企业的研发产出能力逐年增强。三年的发明专利产出数量增长率为 37.70%，增长速度较为缓慢。从图 3-26 同样可以看出，创业板高新技术企业每年专利数量均值也是呈逐年递增趋势的。

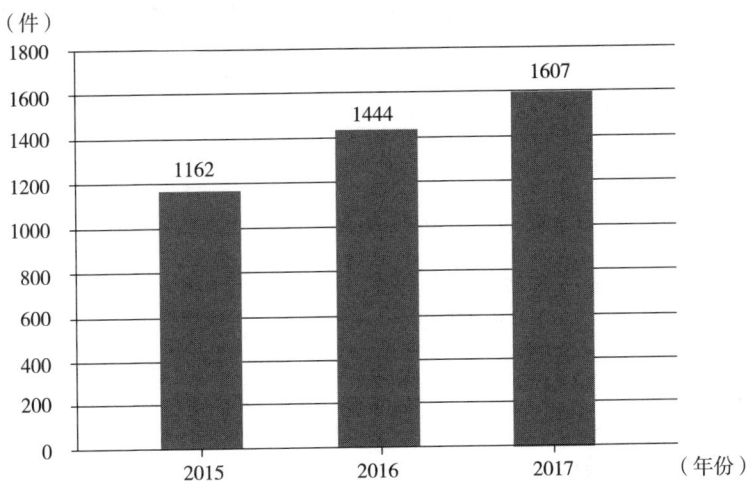

图 3-25 专利产出总计

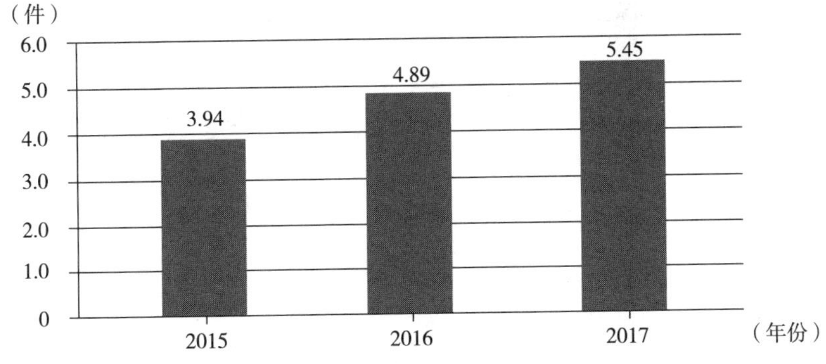

图 3-26 专利产出均值

（二）各行业专利产出

从图 3-27 到图 3-29 可以看出，2015~2017 年专利产出总数最多的行业是制造业，信息传输、软件和信息技术服务业次之。专利产出最多的制造业

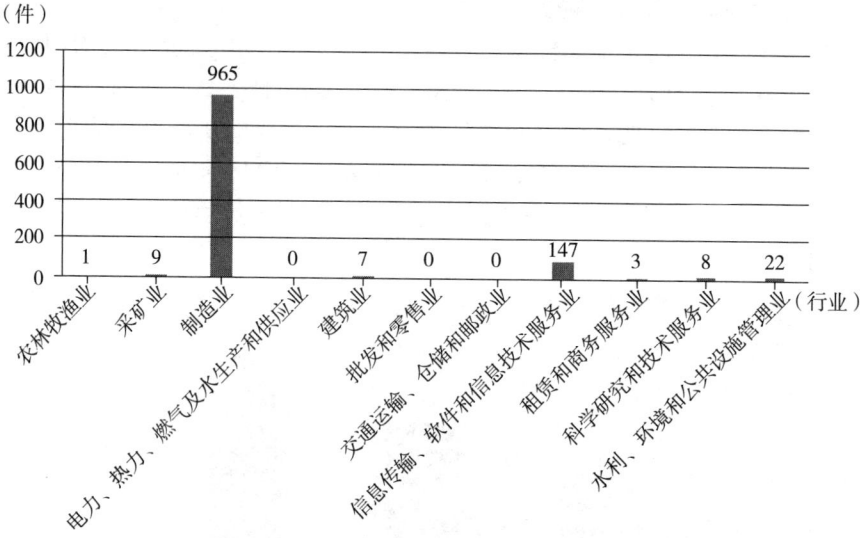

图 3-27　2015 年各行业专利产出总计

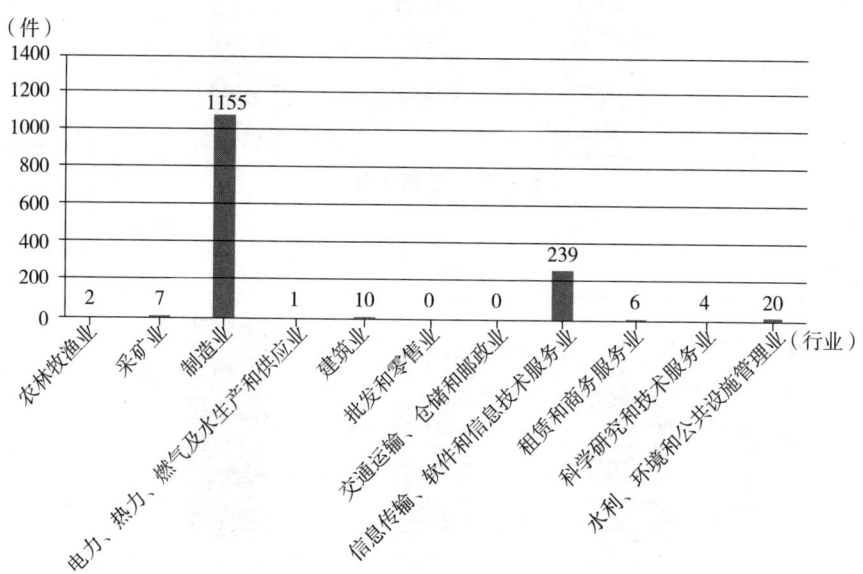

图 3-28　2016 年各行业专利产出总计

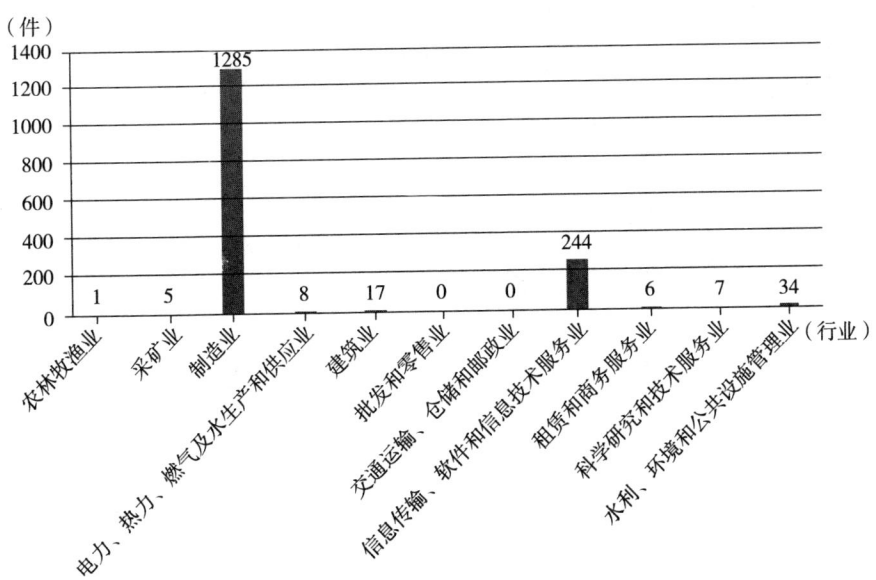

图 3-29　2017 年各行业专利产出总计

企业 2015 年发明创造专利数量为 965 件，2016 年为 1155 件，2017 年为 1285 件，呈现逐年上升趋势；信息传输、软件和信息技术服务业企业 2015 年发明创造专利数量为 147 件，2016 年为 239 件，2017 年为 244 件，也呈逐年上升趋势。这两个行业专利产出数量的变化趋势与样本企业总体变化趋势相同。从图 3-27 到图 3-29 中还可以看出，批发和零售业以及交通运输、仓储和邮政业在 2015~2017 年连续三年都没有专利产出数量，该行业研发投入量很少，因此其创新产出成果也不高。

通过图 3-30 到图 3-32 可知，2015~2017 年专利产出均值较高的行业有制造业，建筑业，信息传输、软件和信息技术服务业以及水利、环境和公共设施管理业。其中，制造业企业 2015 年专利产出均值为 4.45 件，2016 年为 5.32 件，2017 年为 5.92 件，呈现逐年上涨趋势，且每年均值均高于全行业的平均水平。建筑业企业 2015 年专利产出均值为 2.33 件，2016 年为 3.33 件，2017 年为 5.67 件；信息传输、软件和信息技术服务业企业 2015 年专利产出均值为 2.94 件，2016 年为 4.78 件，2017 年为 4.88 件。这两个行业企业的专利产出均值也呈逐年上升趋势，且与全行业的平均水平基本持平。

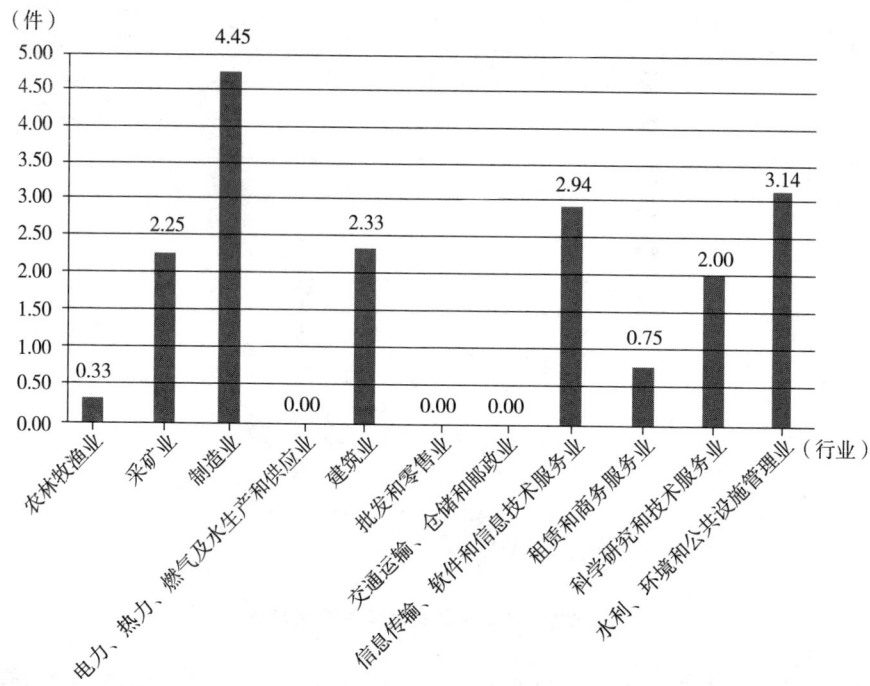

图 3-30　2015 年各行业专利产出均值

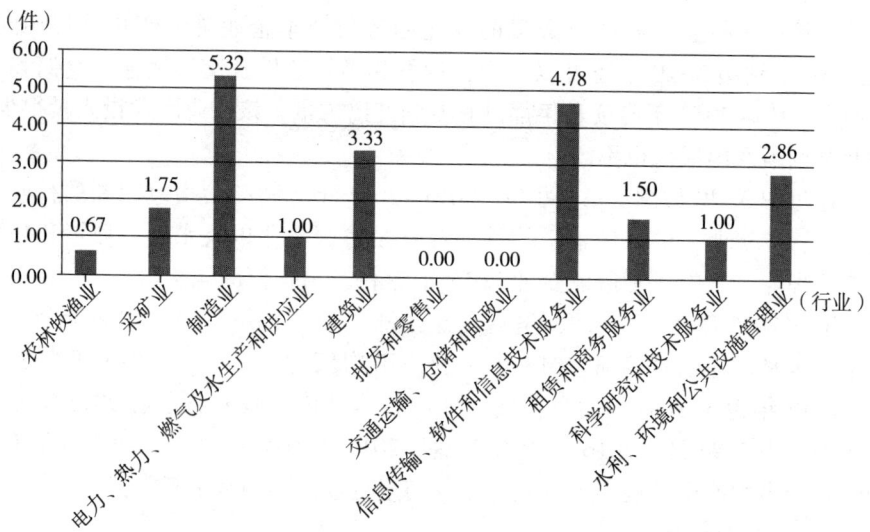

图 3-31　2016 年各行业专利产出均值

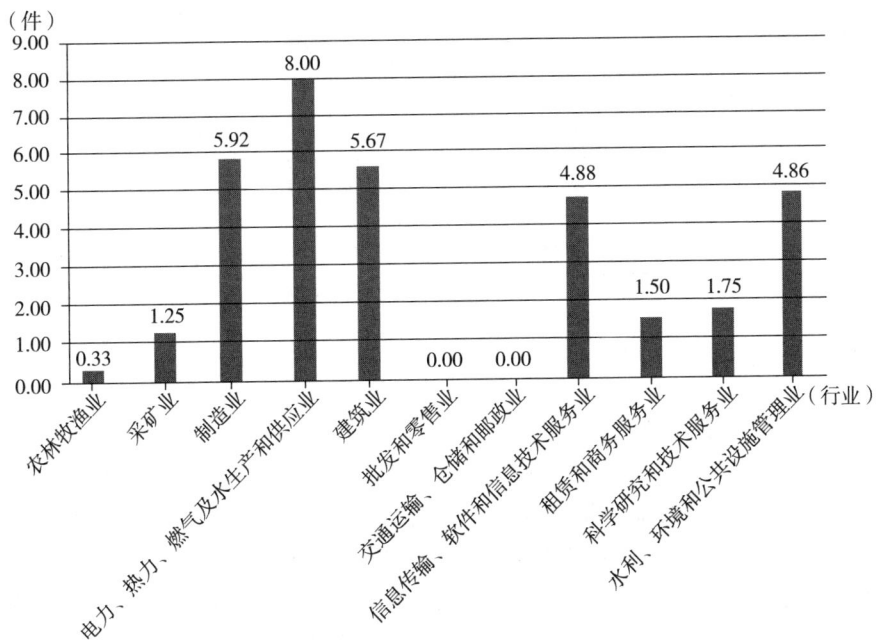

图 3-32　2017 年各行业专利产出均值

二、营业收入增长率

源源不断的营业收入是企业赖以生存和发展的基础保障。营业收入增长率是企业营业收入增长值（减少值）与上年同期营业收入的比值，反映了一个企业生产和发展的情况，该值越大表示企业的营业状况越好，市场的占有率逐年提升，对企业市场的发展看好。本书用这个指标来分析我国创业板高新技术企业上市公司的创新活动产出现状。

（一）总体营业收入增长率

营业收入增长率能够很好地评价企业的相关状况，如企业的市场占比、成长情况和创新活动产出情况等。如图 3-33 所示，样本企业 2015 年平均营业收入增长率高达 29.59%，2016 年为 34.12%，2017 年为 38.69%，三年来上升了近 10 个百分点。创业板高新技术企业的盈利能力、成长性不断提升，为国家新经济发展注入了强劲的动力。

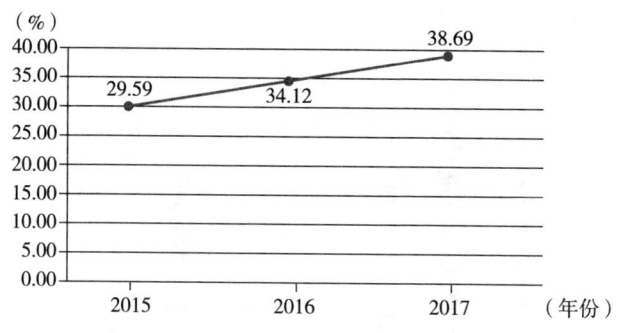

图 3-33　2015~2017 年营业收入增长率

（二）分行业营业收入增长率

首先，通过图 3-34 到图 3-36 可知，2015~2017 年营业收入增长率较高的行业有批发和零售业，租赁和商务服务业，电力、热力、燃气及水生产和供应业。其中，批发和零售业企业 2015 年营业收入增长率高达 260.93%，2016 年下降为 138.35%，2017 年又下降为 75.27%，呈现明显的下降趋势；租赁和商务服务业企业 2015 年营业收入增长率为 128.28%，2016 年下降为 108.53%，2017 年下降为 63.31%，也呈明显的下降趋势。一方面，批发和零售业，租赁和商务服务业，电力、热力、燃气及水生产和供应业营业收入增

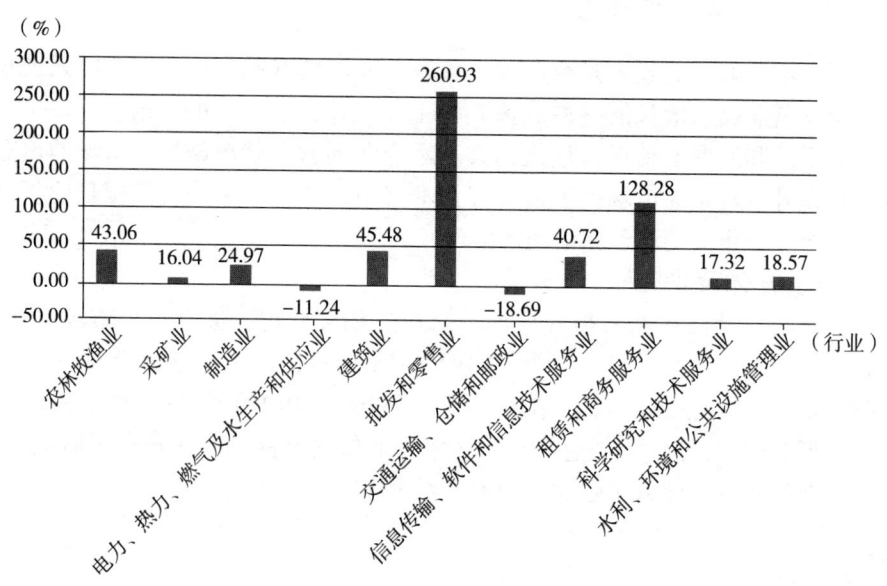

图 3-34　2015 年分行业营业收入增长率

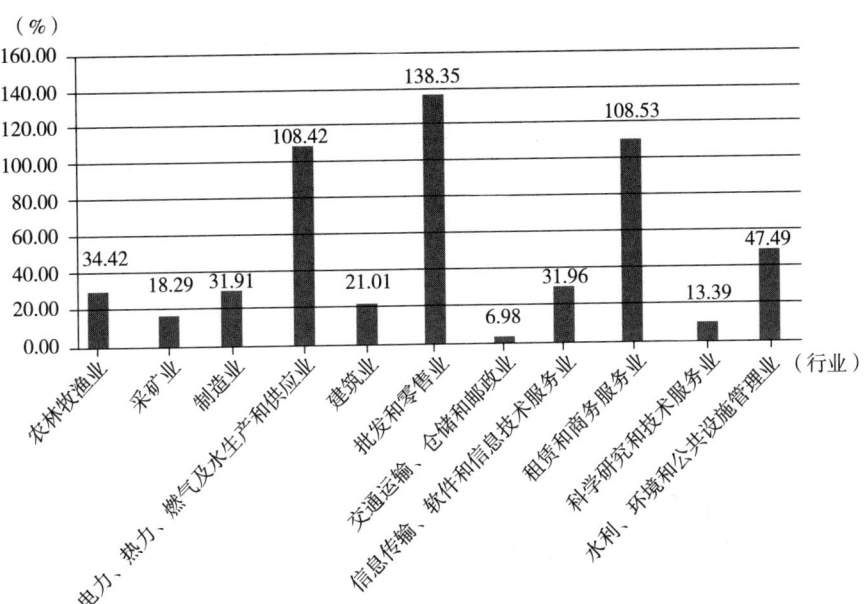

图 3-35　2016 年分行业营业收入增长率

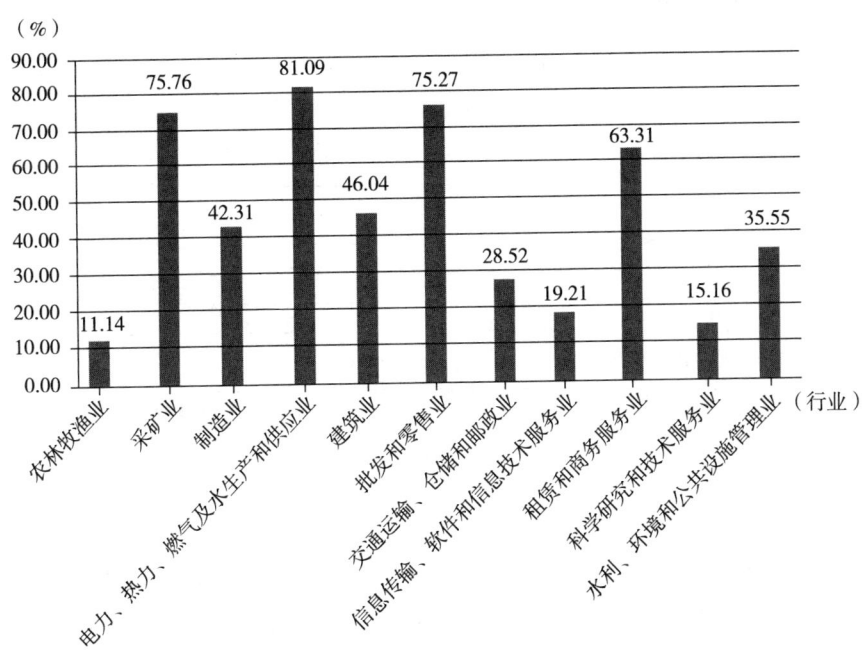

图 3-36　2017 年分行业营业收入增长率

长率处于最高水平,说明我国传统行业的营业收入情况还是非常好的,市场占有率较高;另一方面,营业收入增长率呈显著下降趋势,顺应了我国由传统产业向第三产业转型的经济发展趋势。其次,研发投入较多的建筑业 2015 年营业收入增长率为 45.48%,2016 年略有下降,为 21.01%,2017 年又上升为 46.04%,基本上也高于全行业平均水平。从 2015~2017 年的数据可以看到,虽然各行业营业收入增长率有所波动,但总体上呈现提升状态。

三、资产收益率

企业的财务绩效一般可以通过资产收益率来衡量,资产收益率是用来衡量每单位资产创造多少净利润的,计算公式为净利润除以平均资产总额。该指标越高,表明企业盈利能力越好。本书选取这一指标来分析创业板高新技术企业财务的现状。

(一)总体资产收益率

资产收益率可以很好地表示企业的盈利能力,从图 3-37 中可以看出,2015~2017 年平均资产收益率为 4.71%、4.81%、3.63%。平均资产收益率从 2015 年的 4.71% 上升到了 2016 年的 4.81%,又下降到了 2017 年的 3.63%,整体上呈先上升后下降的趋势,但是资产收益率在 4% 左右波动,表明样本公司总体的盈利能力是良好的。

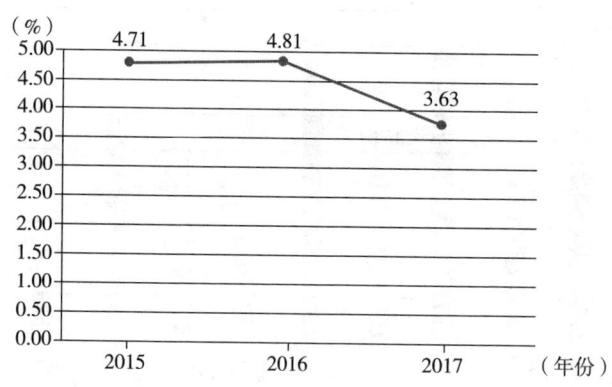

图 3-37　2015~2017 年资产收益率

(二)分行业资产收益率

从图中 3-38 到图 3-40 中可以看出,2015~2017 年每年各行业资产收益率波动比较大。2015 年,资产收益率较高的行业有科学研究和技术服务业、水利、环境和公共设施管理业,信息传输、软件和信息技术服务业,较少的行业为农林牧渔业和采矿业。2016 年,资产收益率较高的行业为批发和零售

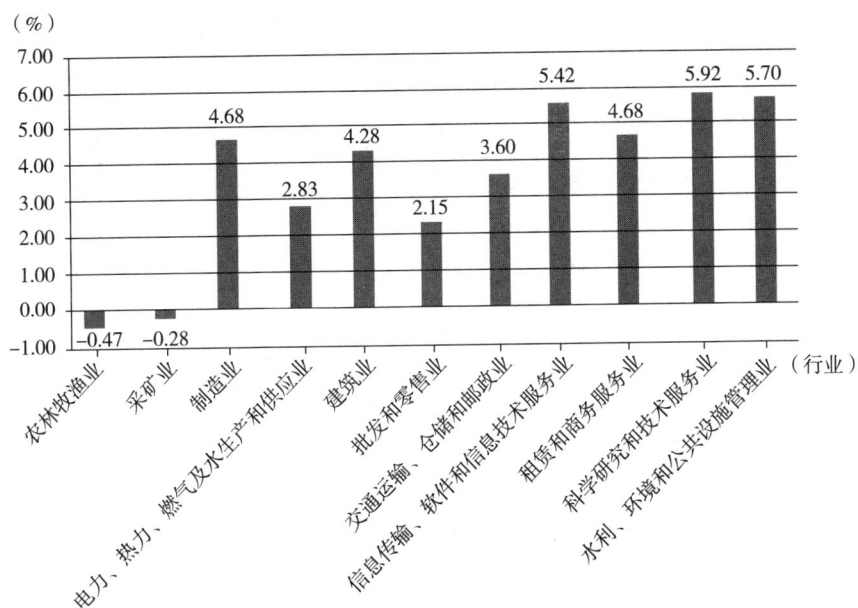

图 3-38　2015 年分行业资产收益率

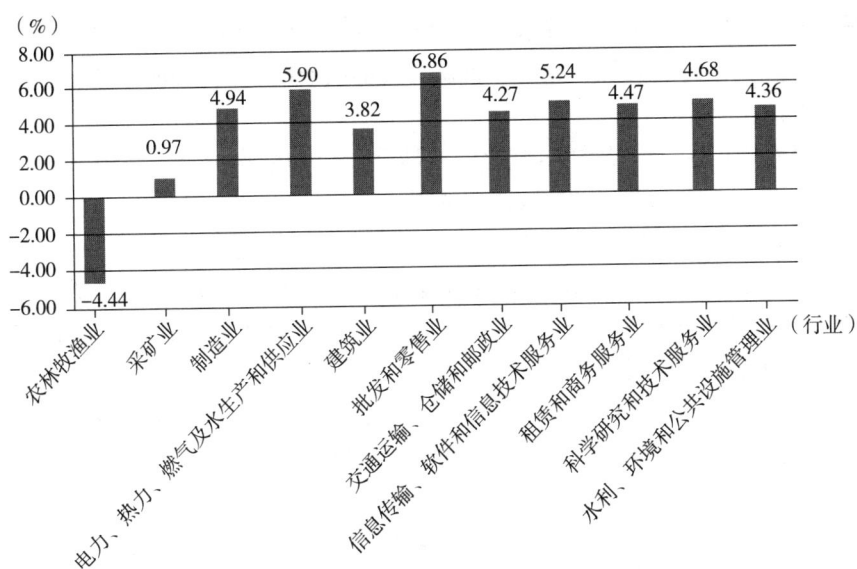

图 3-39　2016 年分行业资产收益率

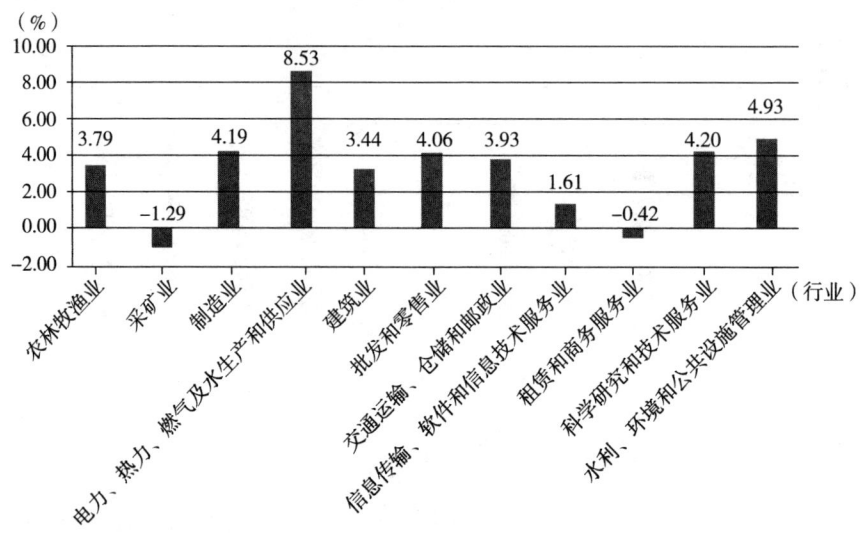

图 3-40 2017 年各行业资产收益率

业,电力、热力、燃气及水生产和供应业,信息传输、软件和信息技术服务业,较少的行业仍然为农林牧渔业和采矿业。2017 年,资产收益率较高的行业为电力、热力、燃气及水生产和供应业,较少的行业有采矿业与租赁和商务服务业。2015~2017 年,除农林牧渔业,采矿业,租赁和商务服务业资产收益率出现负值外,其他行业资产收益率大都在 4% 左右,表明这些行业盈利能力良好。

通过对 2015~2017 年样本企业创新活动产出的数据分析,考察出了专利产出、营业收入增长率和资产收益率的现状。

从发明创造专利的产出角度来看,企业的发明创造能力需要进一步得到提高。样本企业发明专利数量虽然呈逐年上升趋势,但是三年的增长率为 37.70%,增长速度较为缓慢。从行业分布来看,制造业,建筑业,信息传输、软件和信息技术服务业每年的平均专利产出数量最高,其中建筑业,信息传输、软件和信息技术服务业企业在研发经费投入和研发人员投入上也是最多的,说明这两个行业在研发投入和研发成果产出上都表现良好。

从营业收入增长率情况来看,创业板高新技术企业的盈利能力、成长性不断提升。2015~2017 年三年来我国创业板高新技术企业的营业收入增长率上升了近 10 个百分点,营业收入增长迅猛,盈利能力不断提升。其中,批发和零售业,租赁和商务服务业,电力、热力、燃气及水生产和供应业的营业收入增长率较高,说明这些行业的市场占有率较高。

从资产收益率情况看，样本公司的盈利状况良好，2015~2017年三年间整体上呈先上升后下降的趋势，资产收益率在4%左右波动。各行业的资产收益率波动较大，除农林牧渔业、采矿业、租赁和商务服务业资产收益率出现负值外，其他行业资产收益率大都在4%左右，表明这些行业盈利能力良好。

第四章

创新绩效的影响因素的识别与确定

第一节 创新绩效影响因素的初步确定

要想提高企业的创新绩效,就要掌握哪些因素对创新绩效产生影响。本书确定影响因素的方法是:通过梳理文献、实地调研、专家访谈,初步确定影响因素变量表,再采用问卷形式,主要发放给高新技术企业,根据回收的有效问卷,对问卷做信度效度分析,最终确定影响因素变量。

一、问卷设计与小样本预测试

(一)问卷设计

问卷调查法是实证研究必不可少的环节和内容,调查问卷设计的合理性、规范性和完整性,将直接影响调查的结果,合理的问卷设计也是保证研究深入开展的重要条件。对创新绩效影响因素的假设是建立在已有研究基础之上的,因此需要通过发放问卷来检验本书设计的问卷是否符合客观情况。

针对问卷设计的基本原则,马庆国(2002)提出:①问卷设计的题项必须能反映研究的目的;②根据调查者的特性设置问题;③设计问题要能得到一个较准确的回答;④对于一些问题,可以采取其他变更的方法对其进行提问。

为保证样本数据的真实可靠,本书将调查问卷的设计分成以下几个步骤:

(1)明确调查问卷的具体调查内容。本书主要对创新绩效的影响因素、影响因素对创新绩效的作用机理进行研究。因此，调查问卷的内容应包括调查对象的基本特征及其与创新绩效影响相关的信息，如企业基本信息及被调查人员对公司财务方面、公司治理方面、组织特征方面、资源支持方面的变量影响创新绩效的态度。根据研究需求，通过翻阅梳理国内外大量有关创新绩效影响因素的文献，选取文献中与本书研究内容和目的高度相关的变量，通过仔细推敲，认真分析，整理得到本书的初始调查问卷。

（2）变量的选择和题项的完善。本书对研究涉及的公司财务、公司治理、组织特征、资源支持等方面变量对创新绩效的影响进行了收集、整理和比较，并结合本书的研究目的和背景确定量表来源。为保证量表的有效性，本书所采用的量表大多为较成熟的量表。本书将借鉴的量表纳入研究中，为保证在调查中被访者能够更容易理解调查的问题，本书在不改变已有题项主要内容的基础上对已有量表进行了进一步的完善和修订。通过与在问卷设计方面有经验的老师们交流，并咨询当地企业及与本研究方向相关的学术界专家，对所设计的问卷逻辑关系、题项设计、语言描述等进行仔细推敲，反复修正后形成初始调查问卷。

（3）问卷结构的设计。本书设计的调查问卷包含标题、企业基本信息、相关变量的信息和结束语四部分。调查问卷的标题设计简洁明确，让被访者很容易了解调查的目的和内容。为了保证调查数据的真实性和严谨性，在标题下面还设计了说明和指导语，强调此问卷获取数据的用途和引导被访对象做出真实的回答。企业的基本信息包括企业规模、年龄、性质、行业，以用于研究中变量数据的获取。相关变量的信息是调查问卷的主要内容，包括公司财务、公司治理、组织特征、资源支持等方面变量的各题项。各题项的计分采用李克特（Likert）五级计分法。结束语体现对调查对象的感谢。

李克特量表的测度方法重视问题的"内在一致性"，即题项和潜在变量之间存在较强的关系。因此，本书的问卷设计采用较为通用的李克特标准五分量形式，即量表中运用1~5表示被调查者对所陈述内容的认可程度，"5"为"完全重要"；"4"为"比较重要"；"3"为"一般"；"2"为"比较不重要"；"1"为"完全不重要"（见表4-1）。运用此量表进行测度既能充分考虑到本书研究的范围和规模，同时可有效地保证数据在统计检验上的良好区别。

表 4-1　李克特量表

1	2	3	4	5
完全不重要	比较不重要	一般	比较重要	完全重要

通过以上步骤设计出的变量测量表如表4-2所示。

表4-2 变量初始测量表

变量维度	题项号	题项	依据
公司财务	CF1	盈利能力能够积极推动企业的研发投资，进而提高创新绩效	Ernst（1998） 周方召等（2014）
	CF2	财务杠杆对企业的正面影响大于负面影响	
	CF3	充足的现金流有利于研发支出	
	CF4	研发投入强度对企业的创新绩效产生直接影响	
	CF5	企业对资金管理效率影响创新绩效	
	CF6	创新促进企业成长，企业成长支持创新	
	CF7	大规模企业担负研发投入的能力和抗风险水平较强	
公司治理	CG1	股权性质决定企业的经营环境，进而影响企业创新绩效	Carmen C.（2005） Parrino（2005） 鲁桐（2014）
	CG2	良好稳定的股权制衡度能够减少大股东与中小股东的冲突，提高企业的创新绩效	
	CG3	适度的股权集中度有利于企业创新绩效的提升	
	CG4	大董事会规模能降低创新风险，但管理成本增加	
	CG5	管理层持股对创新绩效起激励作用，能实现管理层和股东利益的趋同	
	CG6	适度的独立董事比例有利于创新绩效的提升	
	CG7	适度的高管薪酬，既能激励高级管理人员，又能保持合理的管理成本，有利于创新绩效的提升	
组织特征	OC1	冒险倾向不同的企业家会对R&D投资做出不同的决策，进而产生不同的投资效果	Audretsch D. B. 和 Link A. N.（2012） Alegre 和 Chiva（2013） 俞仁智等（2015）
	OC2	企业家是创新的原生动力，促进创新是企业家精神最重要的特质	
	OC3	组织学习能力能够高效地将引入的新技术和新知识整合应用到产品开发中，从而提升技术创新绩效	
	OC4	良好的内部控制能有效降低非效率投资，资本性投资效率和技术创新产出率会提高	
	OC5	高管团队学术背景影响创新绩效	
	OC6	高管团队行为整合程度影响创新绩效	

续表

变量维度	题项号	题项	依据
组织特征	OC7	企业年龄是企业内部资源和能力的代表,不同年龄的企业采取的创新战略也不相同	
	OC8	具有主观能动性的人将企业文化的精神力量转化为企业行为,间接影响创新绩效	
资源支持	IR1	企业创新活动获得政府税收优惠	Yu Shun Chen(2006)Hurwitz(2002)邹彩芬等(2014)
	IR2	财政补贴有效降低企业研发风险,对企业技术升级成本的减少有直接作用	
	IR3	高质量的研发人才越多,企业对技术的开发、运用越充分	
	IR4	资源整合能力影响企业创新绩效	
	IR5	技术信息获取不但可以为从外部开发技术资源提供信息,也利于企业实施内部创新	
	IR6	技术引进有利于促进企业技术创新能力	

(二)预调研

为保证调研数据的有效性,在正式调研前要进行小范围的预调研,根据问卷的回收情况和问卷的填写内容对问卷的设计进一步优化完善,尽量避免正式调研过程中出现语句理解歧义等问题,对调查结果造成不利影响,从而最终影响企业创新绩效关键影响因素的识别结果。经过试调研后形成本书的正式调研问卷。

小样本调查于 2017 年 3 月进行,历时 45 天。通过实地调研、参加会议、委托兄弟高校同事同学、委托已经就业的毕业生等形式发放并回收。调查对象面向政府、高等院校、科研院所进行创新管理研究的专家、学者,本地创业板高新技术企业的管理人员、技术人员。在问卷发放渠道上,为保证问卷的可靠性和代表性,共发放 80 份问卷,其中收回 73 份,去掉有漏项等不符合要求的问卷 9 份,最终得到有效问卷 64 份。

(三)信效度检验

量表数据的信度和效度分析是检验调研数据质量高低的重要内容,良好的信度效度是验证理论模型和研究假设的前提。小样本的信效度分析主要是为了修正量表。

1. 信度检验

量表的信度是描述调研结果(数据)的一致性或稳定性的指标。信度,指测量结果的一致性、稳定性和可靠性,即采用同一种方法对同一对象进行相同或者相似问题进行测量时所得结果的一致性程度，因为被调查者可能会受到时间或环境等一些外在因素的干扰而对题项有着与之前不同的理解，从而导致结果的差异性。信度分析又称为可靠性分析，通过一致性指标验证问项题目间的相互关系，考察题目是否衡量同一概念维度的内容；通过稳定性指标考察相同问卷对相同或相似受试者的重复测量所得到测量结果的可靠性。

信度检验主要有四种方法，分别是重测信度法、复本信度法、同质性信度法和Cronbach's α（克朗巴哈）系数法。在这四种方法当中，Cronbach's α系数法克服了部分折半法的缺点，是目前社会科学研究中最常使用的信度分析方法。它由Cronbach于1951年创立，用于检测问卷各题项得分间的一致性以及内部结构的合理性，这种方法尤其对态度、意见式问卷（量表）的信度分析有效。本研究未进行相似被试的重复测量，因此，选择Cronbach's α系数作为信度衡量指标。

采用Cronbach's α系数检验的方法进行量表的内部一致性分析，Cronbach's α系数越高则表示量表的信度越高。观测值包含了实际值和误差值两项，实际值不会对信度产生影响，而误差值会对信度产生影响，这意味着信度越高误差值越小，也就说明测量的信度越大。

关于量表信度可以被接受时Cronbach's α信度系数至少要达到多大，不同的学者有不同的观点，一般沿用Nunnally（1978）提出的考量标准，当系数值达到0.7以上时，则证明该量表信度较好。一般情况下认为可接受的最小信度值为0.8。因此，本书也以0.8作为量表的Cronbach's α系数基本要求。当Cronbach's α的系数高于0.8时，说明小样本的信度良好；当Cronbach's α的值位于0.6与0.8之间时，说明小样本的信度可以接受，此时的量表是可以接受的。

对量表进行修正，需要考虑剔除项的问题。Smith在研究中给出建议，通过计算量表问项的总相关系数值（CorrectedItem–Total Correlation，CITC）、Cronbach's α值以及在量表中剔除该问项后的值，可以更有效测量量表问项的信度，达到净化量表的效果。在实际操作中，问项的CITC值要求至少大于0.35，若大于0.5则表示更为适合，问项设置合理；Cronbach's α系数值需达到0.7以上表明测量量表的信度较高；剔除该问项后的Cronbach's α系数值需小于原Cronbach's α值，才可以使该问项得以保留，否则认为表示该问项是冗余的，并降低了量表的整体信度。本书的小样本信度检验如表4-3所示。

表 4-3 小样本测试的信度检验

测度变量	题项	删除该题项之后的 Cronbach's α 值	Cronbach's α 值	CITC
公司财务	CF1	0.782	0.854	0.661
	CF2	0.813		0.702
	CF3	0.779		0.554
	CF4	0.822		0.511
	CF5	0.863		0.528
	CF6	0.764		0.694
	CF7	0.780		0.573
公司治理	CG1	0.793	0.835	0.631
	CG2	0.762		0.596
	CG3	0.803		0.617
	CG4	0.759		0.634
	CG5	0.732		0.678
	CG6	0.845		0.670
	CG7	0.791		0.612
组织特征	OC1	0.809	0.851	0.585
	OC2	0.763		0.546
	OC3	0.785		0.643
	OC4	0.824		0.675
	OC5	0.873		0.534
	OC6	0.769		0.554
	OC7	0.820		0.714
	OC8	0.756		0.620
资源支持	IR1	0.798	0.827	0.525
	IR2	0.769		0.550
	IR3	0.731		0.571
	IR4	0.835		0.645
	IR5	0.820		0.664
	IR6	0.737		0.561

在表4-3中，各变量的Cronbach's α值均大于0.8，说明变量量表的整体信度较好，量表可以接受。其中，公司财务的题项CF5，剔除该项后的Cronbach's α值为0.863，高于现有的Cronbach's α值0.854，说明剔除该项后会提高公司财务的信度值。公司治理的题项CG6，剔除该项后的Cronbach's α值为0.845，高于现有的Cronbach's α值0.835，说明剔除该项后会提高公司治理的信度值。组织特征的题项OC5，剔除该项后的Cronbach's α值为0.873，高于现有的Cronbach's α值0.851，说明剔除该项后会提高组织特征的信度值。同理，资源支持的题项IR4，剔除该题项后的Cronbach's α值为0.835，高于现有的Cronbach's α值0.827，说明剔除该项后会提高资源支持的信度值。其他各项的CITC值都在0.5以上，且剔除后不会使量表信度更高，因此在CITC值上没有剔除项。综上，在信度检验中剔除题项CF5、CG6、OC5和IR4。

2. 效度检验

效度指量表的有效性程度，即量表对其要测量的要素的反映程度，考察测量量表对所研究变量的准确性和有用性，因此效度分析也称为正确性分析。在实际研究中，学者们大多从内容效度和结构效度两方面进行量表效度分析。

内容效度反映的是量表内容的适当与贴切程度，主要测试量表是否为想要测量的行为的代表性样本。内容效度通常难以量化评价，多通过主观方式进行评判。

结构效度反映的是量表能够测度出理论概念特征的程度，包含收敛效度（也称聚合效度）和判别效度（也称区分效度）两方面，其中收敛效度可以通过探索性因子分析计算量表的KMO值（Kaisrt-Meyer-Olkin）、巴特利特球形检验显著性程度、因子载荷以及变量公因子累计解释方差百分比。研究表明，有效的收敛效度要求KMO值大于0.6、巴特利特球形检验显著，且因子载荷不小于0.5，累计解释方差达到30%以上。量表的区分效度可以通过题项间的相关系数进行检验，有效的区分效度要求各题项间具有显著的相关性，且相关系数置信区间不能包含1。小样本效度检验结果如表4-4所示。

表 4-4 小样本测量的效度检验

测度变量	题项	KMO	Bartlett 球形检验			因子载荷	共同度
			近似卡方	df	sig.		
公司财务	CF1	0.904	1465.45	243	0.000	0.865	0.765
	CF2		1234.54	223		0.843	0.755
	CF3		1476.34	212		0.867	0.762
	CF4		1234.65	232		0.856	0.752
	CF5		1232.32	221		0.232	0.287
	CF6		1345.54	242		0.864	0.712
	CF7		1232.43	213		0.866	0.745
公司治理	CG1	0.854	1243.76	276	0.000	0.877	0.732
	CG2		1234.65	243		0.865	0.654
	CG3		1167.89	215		0.863	0.673
	CG4		1243.21	216		0.834	0.768
	CG5		1124.43	233		0.854	0.765
	CG6		1123.43	212		0.278	0.256
	CG7		1234.65	265		0.865	0.754
组织特征	OC1	0.789	1363.76	254	0.000	0.876	0.734
	OC2		1437.65	237		0.865	0.657
	OC3		1298.54	254		0.877	0.687
	OC4		1265.43	221		0.854	0.743
	OC5		1265.76	216		0.283	0.291
	OC6		1123.43	221		0.254	0.276
	OC7		1287.65	287		0.856	0.243
	OC8		1187.54	218		0.867	0.543
资源支持	IR1	0.845	1167.43	264	0.000	0.876	0.765
	IR2		1432.23	214		0.864	0.753
	IR3		1343.23	298		0.838	0.789
	IR4		1265.32	265		0.243	0.266
	IR5		1456.32	283		0.865	0.765
	IR6		1573.54	276		0.839	0.761

（1）公司财务指标的效度分析。公司的财务指标包括7个题项，对公司财务指标的初始量表进行因子分析后发现，KMO 值为 0.904，Bartlett 球形检验 sig.=0.000；旋转元件矩阵中，CF1、CF2、CF3、CF4、CF6、CF7 在主因素上的因子载荷均在 0.8 左右，而 CF5 的因子载荷为 0.232，小于 0.5 且远小于主因素对其他 6 个题项的解释度，并且其共同度为 0.287，也较低。所以，根据探索性因子分析的结果，剔除公司财务指标中的题项 CF5，得到修正后的公司财务测度量表，包含 CF1、CF2、CF3、CF4、CF6、CF7 共 6 条题项，可以用于大规模的问卷发放。

（2）公司治理指标的效度分析。公司治理指标包括7个题项，对公司治理指标的初始量表进行因子分析后发现，KMO 值为 0.854，Bartlett 球形检验 sig.=0.000；旋转元件矩阵中，CG1、CG2、CG3、CG4、CG5、CG7 在主因素上的因子载荷均在 0.8 左右，而 CG6 的因子载荷为 0.278，小于 0.5 且远小于主因素对其他 6 个题项的解释度，并且其共同度为 0.256，也较低。所以，对于探索性因子分析的结果，剔除公司治理指标中的题项 CG6，得到修正后的公司治理测度量表，包含 CG1、CG2、CG3、CG4、CG5、CG7 共 6 条题项，可以用于大规模的问卷发放。

（3）组织特征指标的效度分析。组织特征指标包括8个题项，对组织特征指标的初始量表进行因子分析后发现，KMO 值为 0.789，Bartlett 球形检验 sig.=0.000；旋转元件矩阵中，OC1、OC2、OC3、OC4、OC7、OC8 在主因素上的因子载荷均在 0.8 左右，而 OC5、OC6 的因子载荷分别为 0.283、0.254，均小于 0.5 且远小于主因素对其他 6 个题项的解释度，并且其共同度分别为 0.291、0.276，也较低。所以，对于探索性因子分析的结果，剔除组织特征指标中的题项 OC5、OC6，得到修正后的组织特征测度量表，包含 OC1、OC2、OC3、OC4、OC7、OC8 共 6 条题项，可以用于大规模的问卷发放。

（4）资源支持指标的效度分析。资源支持指标包括6个题项，对资源支持指标的初始量表进行因子分析后发现，KMO 值为 0.845，Bartlett 球形检验 sig.=0.000；旋转元件矩阵中，IR1、IR2、IR3、IR5、IR6 在主因素上的因子载荷均在 0.8 左右，而 IR4 的因子载荷为 0.243，小于 0.5 且远小于主因素对其他 6 个题项的解释度，并且其共同度为 0.266，也较低。所以，对于探索性因子分析的结果，剔除资源支持指标中的题项 IR4，得到修正后的创新资源测度量表，包含 IR1、IR2、IR3、IR5、IR6 共 5 条题项，可以用于大规模的问卷发放。

（四）量表修正

通过对 64 份有效问卷的信效度检验，最终确定保留初始量表的 23 个题项，从而形成正式量表，最终修正的量表结果如表 4-5 所示。

表 4-5 量表修正结果

测度变量	初始量表题项数量	修正后量表题项数量
公司财务	7	6
公司治理	7	6
组织特征	8	6
资源支持	6	5
合计	28	23

根据信度与效度分析结果，修正调查问卷，得到大样本调查问卷（见附录1）。

二、大样本调查与检验

（一）大样本调查

1. 问卷发放与回收

本书的大规模调研时间集中于 2017 年 7 月初至 2018 年 7 月末，用时一年。调研组包括笔者在内还有 5 名硕士生共计 6 名成员，以 2 人一组共分为 3 小组展开调研。

问卷发放之前，根据最终问卷包含的内容，先对所有参加外派调研的小组成员进行了集中培训。培训内容包括告知调研人员本次调研的背景知识、调研目的、调研内容和采纳的调研形式等。由于调研小组成员研究方向接近，背景知识和调研内容相对较容易理解，故培训内容主要集中在调研过程中应该使用的沟通技巧、交流方式等具体操作事宜上。

受研究问题所限，本书的调查对象主要以高新技术企业为主。又由于研究论题涉及企业战略层面，故每家企业仅选择与创新活动相关的高层领导、管理者和研发人员三类企业专家填写问卷，以确保被调查者对创新活动的理解力与熟悉度。问卷填写人员提供信息的质量通过三个相关因素进行控制：受访者在企业的权力位置；受访者对创新活动的熟悉程度；受访者在企业的工作年限。

调查形式以邮件发放与回收问卷为主，现场发放与回收问卷为辅。现场调研时，调研人员在与受访对象约定好时间后携带调查问卷到调查企业现场，为问卷填写者解释清楚调研目的和答题注意事项后，请填写者答卷并现场回收问卷。没有条件到达调研企业现场时，采用邮件形式发放与回收问卷，并在邮件中详细注明调研目的和答题注意事项,以提高问卷有效性。

此外,为降低企业实况由个人代表填写可能带来的数据变量内生性,对于现场发放与回收的问卷,在条件允许情况下,受访管理者多以组织相关工作人员小规模商讨,得出统一结论后再填写的方式答卷;对于邮件发放与回收的问卷,在邮件往来中注明问卷答案是整合企业不同层级服务业务相关工作人员观点后由管理者执笔,以确保问卷答案是可代表企业实况的综合结论。

经过调研小组成员的齐心协力以及被调查企业的积极配合,采用现场和邮件方式合计发放问卷498份,成功回收问卷452份,回收率为90.76%。剔除漏填、错填、空白等问题问卷39份,最终得到有效问卷413份,有效率达91.37%。

2. 样本描述

对调查结果初步统计发现,如表4-6所示,约54%的受访者为研发人员。受访者中,超过91%的被调查者接受过本科及以上学历教育,基本能够保证对所回答问卷中的问题有正确理解。并且,受访者一半以上在被调查企业的平均工作年限在6年以上,能够保证对被调查企业的发展历史、当前现状以及未来规划有充分的了解。受访者所处行业为制造业者占比为45.03%,为信息、软件和信息技术服务业者占比为33.90%,而在其他行业的总占比为21.07%,这与高新技术企业行业分布特征一致。

表4-6 受访者特征统计

项目	类别	数量	占比(%)
受访者工作岗位	科研人员	223	54
	管理人员	190	46
	其他		
受访者职称	初级及以下职称		
	中级职称	112	27.12
	副高级职称	214	51.82
	正高级职称	87	21.06
受访者学历	大专及以下	37	8.96
	本科	202	48.91
	硕士	144	34.87
	博士	30	7.26
	其他		

续表

项目	类别	数量	占比（%）
受访者在本单位工作年限	1~3 年	54	13.08
	4~6 年	148	35.83
	7~10 年	177	42.86
	10 年以上	34	8.23
受访者所处行业	制造业	186	45.03
	科学研究和技术服务业	25	6.05
	建筑业	17	4.17
	农林牧副渔	37	8.96
	信息、软件和信息技术服务业	140	33.90
	其他	8	1.89
受访者持有本企业股份比例	100%		
	大于 50%		
	小于 50%，但为第一大股东		
	小于 50%，且不是第一大股东	29	7.02
	不持有股份	384	92.97

（二）大样本信效度检验

1. 信度检验

对大样本调查问卷可靠性分析的结果如表 4-7 所示。

表 4-7 大样本测量的信度检验

测度变量	题项	标准化路径回归系数	删除该题项之后的 Cronbach's α 值	Cronbach's α 值	CITC	CR	AVE
公司财务	CF1	0.779	0.756	0.835	0.701	0.837	0.594
	CF2	0.795	0.791		0.832		
	CF3	0.854	0.780		0.656		
	CF4	0.774	0.812		0.669		
	CF6	0.768	0.734		0.715		
	CF7	0.794	0.810		0.740		

续表

测度变量	题项	标准化路径回归系数	删除该题项之后的Cronbach's α 值	Cronbach's α 值	CITC	CR	AVE
公司治理	CG1	0.783	0.815	0.830	0.732	0.831	0.631
	CG2	0.775	0.763		0.698		
	CG3	0.894	0.792		0.659		
	CG4	0.823	0.754		0.801		
	CG5	0.693	0.810		0.734		
	CG7	0.768	0.822		0.769		
组织特征	OC1	0.743	0.831	0.842	0.699	0.844	0.615
	OC2	0.698	0.819		0.711		
	OC3	0.784	0.782		0.720		
	OC4	0.728	0.770		0.798		
	OC7	0.735	0.765		0.681		
	OC8	0.756	0.754		0.750		
创新资源	IR1	0.786	0.854	0.903	0.735	0.926	0.599
	IR2	0.896	0.832		0.763		
	IR3	0.794	0.790		0.691		
	IR5	0.772	0.812		0.714		
	IR6	0.732	0.860		0.769		

表 4-7 展示了各变量的 Cronbach's α 系数值及更正后项目间总相关系数 CITC。从数据结果看，所有变量的题项与总体相关系数都在 0.6 以上，且各变量的 Cronbach's α 系数均大于 0.8，剔除某题项后的 Cronbach's α 系数有不同程度的降低，说明本研究所有变量的信度水平较好。此外，本书还借助 Amos 做验证性因子分析，计算了各变量的组合信度 CR。从表 4-7 中可见，本书所有变量的 CR 值均超过了 0.7，再次验证了研究中所用变量有较好的可信度。

2. 内容效度检验

在内容效度方面，本书主要通过三种方式控制变量测度量表的内容效度：首先，研究采用的量表大多来自先前文献中已经被检验和多次采纳的成熟量表，且结合我国国情及高新技术企业发展实况，并根据实业和学术界相关领域专家和学者的建议进行了调整修正；其次，在调查问卷卷首导语中,明确说明调研目的在于探索与验证学术研究,且是针对行业进行大样本分析,并非反映单个企业特例,同时承诺对样本企业数据严格保密并根据答卷者意愿将研究结果反馈给他们;最后,在小样本调研后,通过样本数据的检验修正调整测度题项。以上这些措施的实施一定程度上可以保证量表的内容效度。

3. 收敛效度检验

收敛效度又称聚合效度,反映的是某测度题项是否显著地依附于其所测度的因子变量。本书主要通过以下两种方式说明变量测度量表的收敛效度。

首先,应用KMO(Kaiser-Meyer-Olkin)和Bartlett球形检验判断数据是否适合做因子分析,检验适合后通过探索性因子分析结果中各变量的因子载荷情况,判断变量测度题项的聚合程度。Bartlett球形检验用于检验题项间相关性是否为单位矩阵,若拒绝原假设,则说明可以做因子分析。KMO值通过比较变量测量题项间简单相关系数与偏相关系数的相对大小计算得出,KMO值越接近1,意味着题项间相关性越强,变量越适合做因子分析,其中,KMO值在0.9以上表示非常适合、0.8表示适合、0.7表示比较适合、0.6表示不太适合、0.5以下表示极不适合。各变量及问卷整体的Bartlett球形检验结果和KMO值见表4-8。

表4-8 变量KMO值与Bartlett球形检验结果

变量	大约卡方	df	sig.	KMO 值	因子分析适合度
CF	1232	276	0.000	0.897	适合
CG	1254	243	0.000	0.876	适合
OC	1126	264	0.000	0.987	非常适合
IR	1145	245	0.000	0.849	适合

如表4-8所示,本书所涉及变量的KMO值均在0.7以上,且Bartlett球形检验结果显著,说明所有变量均适合做因子分析。遵循默认的主成分提取原则,本书以特征值大于1作为提取因子个数的参考指标对研究涉及的变量做探索性因子分析,因子分析与说明的变异数结果分别见表4-9和表4-10。

表4-9 探索性因子分析结果

变量	题项	主因子			
		1	2	3	4
公司财务	CF1	0.132	0.142	0.154	**0.789**
	CF2	0.143	0.145	0.176	**0.794**
	CF3	0.154	0.102	0.143	**0.896**
	CF4	0.123	0.105	0.178	**0.669**
	CF6	0.145	0.156	0.194	**0.879**
	CF7	0.148	0.165	0.154	**0.856**
公司治理	CG1	**0.876**	0.176	0.154	0.154
	CG2	**0.849**	0.143	0.106	0.176
	CG3	**0.798**	0.165	0.165	0.183
	CG4	**0.879**	0.145	0.187	0.165
	CG5	**0.798**	0.187	0.154	0.187
	CG7	**0.876**	0.164	0.165	0.154
组织特征	OC1	0.165	**0.765**	0.134	0.154
	OC2	0.143	**0.876**	0.143	0.165
	OC3	0.176	**0.897**	0.154	0.185
	OC4	0.174	**0.899**	0.184	0.154
	OC7	0.165	**0.888**	0.105	0.128
	OC8	0.154	**0.869**	0.145	0.173
资源支持	IR1	0.143	0.184	**0.856**	0.105
	IR2	0.165	0.143	**0.876**	0.107
	IR3	0.154	0.165	**0.899**	0.109
	IR5	0.145	0.154	**0.786**	0.154
	IR6	0.128	0.176	**0.845**	0.165

注：提取方法：主体元件分析。转轴方法：具有Kaiser正规化的最大变异法。

表 4-10　说明的变异数统计

元件	起始特征值			提取平方和载入			循环平方和载入		
	总计	变异的百分比（%）	累计百分比（%）	总计	变异的百分比（%）	累计百分比（%）	总计	变异的百分比（%）	累计百分比（%）
1	12.976	46.789	46.789	12.976	46.789	46.789	5.675	19.785	19.785
2	3.389	9.289	56.078	3.389	9.289	56.078	5.550	19.465	39.25
3	2.298	8.987	65.065	2.298	8.987	65.065	5.012	18.543	57.793
4	2.876	7.654	72.719	2.876	7.654	72.719	4.232	14.926	72.719
5	0.965	6.564	79.283						
6	0.943	5.564	84.847						
7	0.912	2.456	87.303						
8	0.910	1.198	88.501						
9	0.825	1.143	89.644						
10	0.742	1.076	90.72						
11	0.731	0.765	91.485						
12	0.715	0.761	92.246						
13	0.626	0.760	93.006						
14	0.612	0.755	93.761						
15	0.583	0.745	94.506						
16	0.554	0.744	95.250						
17	0.434	0.741	95.991						
18	0.334	0.740	96.831						
19	0.312	0.659	97.389						
20	0.302	0.658	98.047						
21	0.221	0.657	98.704						
22	0.112	0.655	99.359						
23	0.053	0.641	100.00						

如表 4-9 旋转元件矩阵所示，应用 SPSS 对数据进行探索性因子分析后发现，各变量测度题项在其所测度因子变量上的因子载荷均比较高，大多超过 0.7，最低的是 0.669，远大于在其他变量上的因子载荷，且均超过阈值下限 0.5。这意味着各测量题项显著依附于其所测度的因子变量，各变量测度量表

收敛效度良好。表4-10中撷取的主因子个数与模型主变量个数一致，说明变异数即方差累计贡献率达72.719%，表明问卷结构效度良好。

其次，依据Fornell和Larker（1981）对收敛效度的判定标准，若测量题项或指标在所测因子变量上的路径系数大于0.7，则认为收敛效度达标。如表4-7所示，几乎所有测量题项在其所属的因子变量上路径系数都大于0.7，个别路径系数虽低于该标准但都接近于0.7，说明本书涉及的变量收敛效度良好。同时，Fornell和Larker（1981）亦指出，收敛效度也可以通过变量的平均方差提取值（Average Variance Extracted，AVE）检验，若AVE大于0.5，则说明变量收敛效度良好。从表4-7给出的各变量AVE值可见，所有变量的AVE值均超过规定的0.5标准值，说明本书涉及的变量收敛效度良好。

4. 区分效度检验

区分效度又名判别效度，代表的是各变量测度指标所具有的独特性，区分效度良好说明该变量的测度题项并未被其他因子变量反映。本书在验证性因子分析的基础上，通过以下两种途径检验变量的区分效度。

其一，比较变量的AVE平方根与该变量和其他变量间的相关系数，Fornell和Larker（1981）指出，若该变量的AVE平方根大于其与其他变量间相关系数，则说明这些变量之间区分效度显著。如表4-11所示，对角线上各变量的AVE平方根均大于横向和纵向上的数值，即各变量的AVE平方根大于该变量与其他变量间的相关系数，这说明本书所涉及的变量之间有良好的区分效度。

表4-11 相关系数与AVE平方根

	CF	CG	OC	IR
CF	**0.771**			
CG	0.612**	**0.794**		
OC	0.166*	0.524**	**0.784**	
IR	0.591**	0.124**	0.535*	**0.774**

注：** 表示相关性在 $p<0.01$ 水平下显著（双尾），* 表示相关性在 $p<0.05$ 水平下显著（双尾）；对角线上加粗数字为对应变量的AVE平方根。

其二，应用AMOS20.0对本书涉及的所有变量进行验证性因子分析，测量模型的拟合情况，模型拟合结果如表4-12所示，所有拟合指标数值均达到适合度阈值，说明研究涉及的变量因子结构清晰。

表 4-12　检验性因子分析模型拟合度

拟合指数	χ^2/df	GFI	TLI	CFI	NFI	RMSEA
数值	1.798	0.912	0.940	0.913	0.941	0.059
标准	<3.0	>0.90	>0.90	>0.90	>0.90	<0.70

三、影响因素的确定

通过以上步骤，本书所确定的创新绩效的影响因素如表 4-13 所示。

表 4-13　创新绩效影响因素

变量维度	变量指标
公司财务	盈利能力
	财务杠杆
	现金流量
	研发投入强度
	企业成长性
	公司规模
公司治理	股权性质
	股权集中度
	股权制衡度
	董事会规模
	高管持股比例
	高管薪酬
组织特征	企业家冒险倾向
	企业家精神
	学习能力
	内部控制
	公司年龄
	企业文化
资源支持	研发人力
	资源获取与利用
	税收优惠
	财政补贴
	技术引进

第二节 关键影响因素的识别

一、识别关键影响因素的意义

高新技术企业创新水平是企业保持竞争力、实现可持续发展的关键,怎样有效提高创新绩效,一直都是企业、政府部门、公众投资者和学者们关注的焦点。但如何有效提高企业创新绩效面临着三个问题:一是创新绩效的影响因素颇多,仅从上文分析,已达到23项,而且并不是所有的因素都会对创新绩效产生重要的影响,有的因素影响较大一些,有的因素影响较小一些;二是各因素对创新绩效的作用机理是复杂多变的,有的是直接影响,有的是间接影响;三是如果从所有因素出发,探讨提高企业创新绩效的路径,不仅会耗费大量的人力和物力,也未必能达到理想的效果。因此抓住主要矛盾,从创新绩效的关键影响因素出发,在明确各关键影响因素对创新绩效作用机理的前提下,采取有效措施,提升创新绩效,才是必然的选择。

二、识别方法

(一)灰数系统理论

灰数系统理论是采用灰色模糊概念去解决不确定属性决策问题,它的主要优势在于通过采用灰色区间数,构建出更具有柔性的决策模型,使得决策结果更加接近实际。由于各个相关领域专家的分析带有不确定性,为使评价结果更接近于实际,采用灰数的形式表示专家的评价信息。灰数的基本概念和性质如下:

本书所说的灰数均指区间灰数,记为 $\otimes x$,属于 $[\underline{\otimes x}, \overline{\otimes x}]$,这里的 $\underline{\otimes x}$ 是灰数 $\otimes x$ 的下限,$\overline{\otimes x}$ 是灰数 $\otimes x$ 的上限。

$$\otimes x_1 + \otimes x_2 = [\underline{x_1} + \underline{x_2},\ \overline{x_1} + \overline{x_2}] \quad (4-1)$$

$$\otimes x_1 - \otimes x_2 = [\underline{x_1} - \overline{x_2},\ \overline{x_1} - \underline{x_2}] \quad (4-2)$$

$$\otimes x_1 \times \otimes x_2 = [\min(\underline{x_1 x_2}, \underline{x_1}\overline{x_2}, \overline{x_1}\underline{x_2}, \overline{x_1 x_2}),\ \max(\underline{x_1 x_2}, \underline{x_1}\overline{x_2}, \overline{x_1}\underline{x_2}, \overline{x_1 x_2})] \quad (4-3)$$

$$\otimes x_1 \div \otimes x_2 = [\underline{x_1}, \overline{x_1}] \times \left[\frac{1}{\underline{x_2}}, \frac{1}{\overline{x_2}}\right] \tag{4-4}$$

由于各位专家的评价带有模糊性，因此，本书定义$\otimes x_{ij}^k$为专家对企业创新绩效影响因素 i 对影响因素 j 的影响的评价，$\otimes x_{ij}^k$ 属于 $[\underline{\otimes x_{ij}^k}, \overline{\otimes x_{ij}^k}]$，即 $\otimes x_{ij}^k = [\underline{\otimes x_{ij}^k}, \overline{\otimes x_{ij}^k}]$。专家的评语语意变量为灰数，还需要进一步转化为清晰数，参考模糊数清晰化的方法，得到灰数清晰化的步骤如下：

（1）步骤 1：灰数上下界的标准化。

$$\underline{\otimes x_{ij}^{\sim k}} = \frac{(\underline{\otimes x_{ij}^k} - \min \underline{\otimes x_{ij}^k})}{\Delta_{\min}^{\max}} \tag{4-5}$$

$$\overline{\otimes x_{ij}^{\sim k}} = \frac{(\overline{\otimes x_{ij}^k} - \min \underline{\otimes x_{ij}^k})}{\Delta_{\min}^{\max}} \tag{4-6}$$

其中，

$$\Delta_{\min}^{\max} = \max \overline{\otimes x_{ij}^k} - \min \underline{\otimes x_{ij}^k} \tag{4-7}$$

（2）步骤 2：灰数标准化后的清晰值。

$$Y_{ij}^k = \frac{(\underline{\otimes x_{ij}^{\sim k}}(1 - \underline{\otimes x_{ij}^{\sim k}}) + (\overline{\otimes x_{ij}^{\sim k}} \times \overline{\otimes x_{ij}^{\sim k}}))}{(1 - \underline{\otimes x_{ij}^{\sim k}} + \overline{\otimes x_{ij}^{\sim k}})} \tag{4-8}$$

（3）步骤 3：计算清晰值。

$$z_{ij}^k = \min \underline{\otimes x_{ij}^k} + Y_{ij}^k \Delta_{\min}^{\max} \tag{4-9}$$

（二）DEMATEL 方法

DEMATEL（即 Decision-making Trial and Evaluation Laboratory）方法直译为决策实验室分析法。该方法最早是由美国 Bastille 国家实验室提出的一种运用图论与矩阵论原理有效分析各个因素之间的逻辑关系的方法。DEMATEL 方法近年来得到学术界的广泛认可，Lin（2008）认为 DEMATEL 方法是识别和分析因果关系的强有力工具。该方法的主要原理是通过分析系统中各个影响因素之间的因果关系构建出直接影响矩阵，经过矩阵的运算变换分析出每个影响因素对其他因素的影响程度及被影响程度，从而计算出各个因素的中心度与原因度，将错综复杂的关系简单化。

运用 DEMATEL 方法需要具备几个前提：首先，要根据研究问题的特性并参考相关文献明确问题的属性，为准确识别与确定问题提供理论依据；其次，确定各个因素之间的关联度，假定每个因素与其他因素都有关联，并用 0~4 数字表示关联度的强弱；最后，要深入理解每个问题的内在属性，并结合企业实际对相关分析结果进行补充说明。

对于企业创新绩效影响因素的分析,需要运用 DEMATEL 方法进行以下五个步骤的数据整理:

(1)构建影响因素矩阵,并用数值标出影响因素之间的关联关系:0 代表两者之间没有影响,1 代表两者之间有微弱影响,2 代表两者之间有中等影响,3 代表两者之间有强影响,4 代表影响巨大。

(2)构建直接影响矩阵 Y:邀请专家、学者及企业高层管理人员根据企业创新发展实际情况填写影响因素矩阵,得出直接影响矩阵 Y,Y 代表行因素对列因素的影响程度大小。

(3)Y 的标准化:将 Y 进行标准化后得到标准化影响矩阵 X,具体标准化方法为从所有行和中找到最大的行和,然后用直接影响矩阵 Y 除以该最大行和。

(4)求出综合影响矩阵 T:利用公式 $T=X(I-X)^{-1}$ 计算出该综合影响矩阵 T。

(5)根据综合影响矩阵 T 中的元素 T_{ij} 确定各个影响因素之间的影响关系,得到每个元素的影响度和被影响度,并由此求出每个元素的原因度和中心度,最终得出该因素属于哪种类型的影响因素。

(三)灰数 DEMATEL 法

本书将灰数系统理论和 DEMATEL 方法结合,对企业创新绩效的影响因素进行分析,分析的具体过程如下:

(1)构建基于灰数系统理论的企业创新绩效影响因素矩阵,请研究学者、企业高层管理人员和政府人员等 k 位专家对矩阵中 i 因素和 j 因素进行两两比较,如果因素 i 对因素 j 没有直接影响关系,对应的矩阵中元素记为 N;如果因素 i 对因素 j 有较弱的影响,对应的矩阵中元素记为 VL;如果因素 i 对因素 j 有中等影响,对应的矩阵中元素记为 L;如果因素 i 对因素 j 有较强的影响,对应的矩阵中元素记为 H;如果因素 i 对因素 j 有非常强的影响,对应的矩阵中元素记为 VH。根据相关文献得出专家的语意变量,见表 4-14。

表 4-14 专家评价的语意变量

语意变量	矩阵中元素	灰数
没有直接影响	N	[0, 0]
有弱的影响	VL	[0, 0.25]
有中等的影响	L	[0.25, 0.5]
有较强的影响	H	[0.5, 0.75]
有非常强的影响	VH	[0.75, 1]

另外，由于 k 位专家对企业创新实践的认识和重视程度都不尽相同，因此利用层次分析法计算调研专家的权重数值，将不同专家的调研结果分别乘以各自的权重并求和，从而得到综合调研的数据处理结果。

（2）构建灰数矩阵。利用表 4-14 将各个专家意见所形成的评价语意变量矩阵转化成灰数矩阵，进而得到 n×n 阶的灰数矩阵 $\otimes x$，其中矩阵对角线上的数值均为 [0, 0]。

（3）对灰数矩阵通过式（4-5）~式（4-9）对每个专家的评价结果进行清晰化处理，并依据确定的不同类型的专家利益相关者权重，利用式（4-10）计算出 k 位专家的加权权重矩阵 Z，其中 Z_{ij} 即为权重矩阵中第 i 行第 j 列的元素。

$$Z_{ij} = \omega_1 Z_{ij}^1 + \omega_2 Z_{ij}^2 + \cdots + \omega_n Z_{ij}^n, \quad \sum_{i=1}^{n} \omega_i = 1 \tag{4-10}$$

（4）通过式（4-11）和式（4-12）对 Z 进行标准化处理，得到标准化矩阵 N，并利用式（4-13）计算综合影响矩阵 T（$T = [t_{ij}]_{n \times n}$），$\lambda_i$（1, 2, $\cdots$, n）为综合影响矩阵 T 的特征根。

$$N = s \cdot z \tag{4-11}$$

$$s = \frac{1}{\max_{1 \leq i < n} \sum_{j=1}^{n} z_{ij}}, \quad i, j = 1, 2, \cdots, n \tag{4-12}$$

$$T = N + N^2 + N^3 + \cdots = N(I-N)^{-1}, \quad 当 |\lambda_i| < 1, \lim N^i = [0]_{n \times n} \tag{4-13}$$

（5）在综合矩阵 T 中，利用式（4-14）和式（4-15）计算影响度 D_i 和被影响度 R_j。

$$D_i = \sum_{j=1}^{n} t_{ij}, \quad \forall i \tag{4-14}$$

$$R_j = \sum_{i=1}^{n} t_{ij}, \quad \forall j \tag{4-15}$$

T 中各行因素之和 D_i 代表第 i 个企业创新绩效的影响因素对其他影响因素的综合影响值，称为影响度；各列因素之和 R_j 为第 j 个影响企业创新绩效的因素对其他影响因素的综合影响值，称为被影响度。

（6）利用式（4-16）和式（4-17）计算新变量中心度 P_i 和原因度 E_i。

$$P_i = \{D_i + R_j \mid i = j\} \tag{4-16}$$

$$E_i = \{D_i - R_j \mid i = j\} \tag{4-17}$$

其中，中心度 P_i 表示在企业创新绩效影响因素指标体系中所处的位置及其作用大小，中心度 P_i 越大表明该项因素对企业创新绩效的影响作用越强，中心度 P_i 越小表明该项因素对企业创新绩效的影响作用越小；原因度

E_i 数值大小代表企业创新绩效各个影响因素间相互作用的性质和程度。若原因度 $E_i>0$，表示 a_i 对系统影响大于系统对它的影响，则该因素为原因因素；若原因度 $E_i<0$，表示 a_i 对系统影响小于系统对它的影响，则该因素为结果因素。

（7）以系统的各个因素的中心度和原因度建立笛卡儿坐标系，标出各个影响因素在坐标系统中的位置，分析各个影响因素的原因度和中心度及其重要性。

三、识别过程

本书利用灰数 DEMATEL 方法对企业创新绩效的各个影响因素进行分析，根据企业技术创新发展所涉及的利益相关者及相关研究领域的专家学者，通过调研访谈，本书选取了九位专家进行调研，九位专家分别是以创新绩效为主要研究方向的高校理论研究学者（b1）、以财务管理为主要研究方向的高校理论研究学者（b2）、以企业绩效评价为主要研究方向的高校理论研究学者（b3）、科研院所专家（b4）、政府人员（b5）、企业 CEO（b6）、企业董事（b7）、企业财务管理人员（b8）和企业技术研究人员（b9）。因为九位专家对企业创新绩效影响因素的认识程度不一样，所以依据层次分析法确定九类企业创新绩效影响因素利益相关者的权重，结果如表 4-15 所示。

表 4-15 专家权重判断矩阵

	b1	b2	b3	b4	b5	b6	b7	b8	b9	权重
b1	1	5	3	1/2	8	4	6	7	2	0.2182
b2	1/5	1	1/3	1/6	4	1/2	2	3	1/4	0.0533
b3	1/3	3	1	1/4	6	2	4	5	1/2	0.1089
b4	2	6	4	1	9	5	7	8	3	0.3070
b5	1/8	1/4	1/6	1/9	1	1/5	1/3	1/2	1/7	0.0189
b6	1/4	2	1/2	1/5	5	1	3	4	1/3	0.0764
b7	1/6	1/2	1/4	1/7	3	1/3	1	2	1/5	0.0370
b8	1/7	1/3	1/5	1/8	2	1/4	1/2	1	1/6	0.0259
b9	1/2	4	2	1/3	7	3	5	6	1	0.1543

本部分利用灰数 DEMATEL 方法分析企业创新绩效的各个影响因素，具体步骤如下：

步骤一：首先通过国内外相关文献研究和理论分析，总结出影响企业创新绩效的因素，其次根据企业的实地调研访谈、对相关领域专家的访谈和发放调查问卷，对调查问卷进行信度效度分析，最终确定23项企业创新绩效的主要影响因素，见表4-16。

表4-16 企业创新绩效影响因素指标

目标层	准则层	指标层	
企业创新绩效影响因素	公司财务	a1	盈利能力
		a2	财务杠杆
		a3	现金流量
		a4	研发投入强度
		a5	企业成长性
		a6	公司规模
	公司治理	a7	股权性质
		a8	股权集中度
		a9	股权制衡度
		a10	董事会规模
		a11	高管持股比例
		a12	高管薪酬
	组织特征	a13	企业家冒险倾向
		a14	企业家精神
		a15	学习能力
		a16	内部控制
		a17	公司年龄
		a18	企业文化
	资源支持	a19	研发人力
		a20	资源获取与利用
		a21	税收优惠
		a22	财政补贴
		a23	技术引进

步骤二：邀请九位专家对影响因素的重要性打分，根据打分结果得到直接影响矩阵 Y。专家打分得到的矩阵 Y 中的元素均是语意变量，将矩阵 Y 转化为灰数矩阵 X，进一步利用式（4-5）~式（4-10）把灰数矩阵 X 清晰化，并可以得到直接影响矩阵 Z，见表 4-17。

步骤三：根据式（4-11）、式（4-12），把清晰化的直接影响矩阵 Z 标准化，可得到各个制约因素的标准化后的权重矩阵 N，如表 4-18 所示。求得标准化后的权重矩阵 N 的特征根 $|\lambda_{max}| = 0.1156 < 1$。

步骤四：根据式（4-13），利用 MATLAB 软件对标准化后的权重矩阵 N 进行处理，可得到各个影响因素的综合影响矩阵 T，见表 4-19。MATLAB 软件编写程序如下：

N = xlsread（'N.xlsx'）；
[m, n] = size（N）；
I = eye（m）；
T = N * （inv（I-N））；
xlswrite（'output.xlsx', T）；

步骤五：确定各个影响因素的影响度和被影响度，进一步计算各个影响因素的中心度和原因度，见表 4-20。根据各个影响因素的中心度和原因度建立笛卡儿坐标系，绘制企业创新绩效因果关系散点图，坐标轴以中心度（D+R）为横坐标，以原因度（D-R）为纵坐标，见图 4-1。

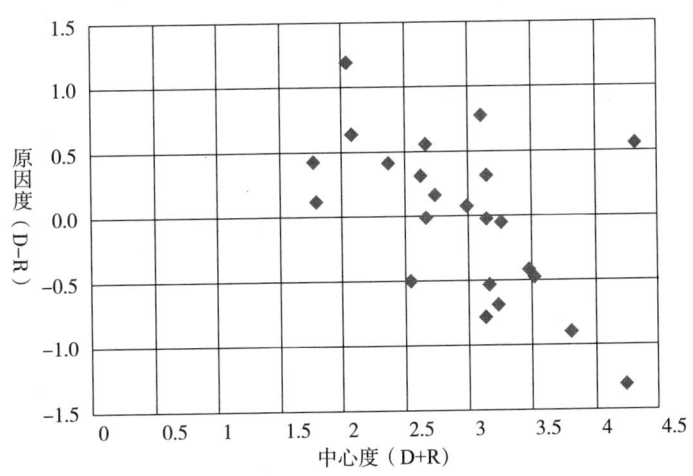

图 4-1 创新绩效影响因素的因果关系散点图

表 4-17 各个影响因素的直接影响矩阵 Z

因素	a1	a2	a3	a4	a5	a6	a7	a8	a9	a10	a11	a12	a13	a14	a15	a16	a17	a18	a19	a20	a21	a22	a23
a1	0.0000	0.0700	0.2873	0.7697	0.0090	0.0077	0.0067	0.0246	0.3070	0.1166	0.5622	0.0220	0.0447	0.4708	0.6021	0.2660	0.0891	0.1567	0.3751	0.5126	0.7929	0.0537	0.1241
a2	0.4699	0.0000	0.0966	0.2692	0.0254	0.0153	0.0122	0.0273	0.3859	0.3505	0.6254	0.4269	0.2879	0.2984	0.4056	0.1512	0.2628	0.3010	0.4859	0.4044	0.1984	0.5844	0.1779
a3	0.6176	0.6084	0.0000	0.4915	0.0559	0.0278	0.0241	0.0264	0.5113	0.1763	0.1641	0.7600	0.3453	0.2160	0.0717	0.2482	0.1495	0.2214	0.5109	0.4932	0.5111	0.3437	0.4571
a4	0.6914	0.2864	0.3658	0.0000	0.2148	0.0256	0.0122	0.0424	0.4268	0.2117	0.3147	0.2444	0.2655	0.2322	0.3729	0.2328	0.1506	0.3478	0.4565	0.5488	0.6039	0.1169	0.2822
a5	0.0321	0.1274	0.3270	0.4291	0.0000	0.1115	0.0803	0.4441	0.2117	0.0960	0.1621	0.2344	0.2781	0.0422	0.1386	0.3307	0.0157	0.1026	0.3731	0.0812	0.2352	0.1654	0.1128
a6	0.1617	0.1815	0.2658	0.3480	0.0983	0.0000	0.1681	0.0388	0.2311	0.3506	0.1672	0.2623	0.2954	0.1276	0.1815	0.4234	0.1252	0.2278	0.2306	0.2774	0.1801	0.2141	0.1727
a7	0.2825	0.0864	0.1260	0.4132	0.4449	0.4257	0.0000	0.3561	0.3403	0.2113	0.6679	0.3496	0.4090	0.1834	0.3669	0.2352	0.0576	0.2847	0.4140	0.3325	0.4470	0.6411	0.0889
a8	0.1026	0.2433	0.2921	0.3820	0.5426	0.3470	0.3104	0.0000	0.4050	0.2839	0.3861	0.2384	0.2273	0.1525	0.3095	0.3581	0.1766	0.2179	0.1603	0.1921	0.3611	0.2080	0.1812
a9	0.6282	0.5692	0.6692	0.6426	0.1947	0.2278	0.0474	0.1758	0.0000	0.4552	0.6954	0.5126	0.3617	0.6145	0.6721	0.4805	0.4622	0.6222	0.5850	0.5554	0.5134	0.5866	0.5741
a10	0.3964	0.3480	0.3579	0.4630	0.4941	0.4032	0.0699	0.3005	0.3536	0.0000	0.5321	0.3566	0.3682	0.3156	0.3752	0.5485	0.1911	0.3965	0.3904	0.4669	0.5533	0.5720	0.3472
a11	0.4266	0.2439	0.2858	0.8304	0.1856	0.0435	0.3618	0.2274	0.4929	0.0506	0.0000	0.0559	0.1117	0.3733	0.3828	0.2147	0.0576	0.2729	0.2993	0.6284	0.5743	0.3646	0.1702
a12	0.1169	0.1970	0.6062	0.4729	0.1579	0.1607	0.2869	0.1603	0.4623	0.2240	0.3525	0.0000	0.2787	0.3449	0.3800	0.2486	0.1686	0.1288	0.1926	0.1970	0.2354	0.1881	0.0553
a13	0.0913	0.1050	0.3446	0.5112	0.2375	0.1816	0.0527	1.8911	0.2876	0.2294	0.3881	0.7225	0.0000	0.1789	0.2507	0.3905	0.1591	0.1738	0.1215	0.2040	0.1539	0.3147	0.1163
a14	0.3459	0.1966	0.2862	0.4806	0.1673	0.2979	0.0232	0.1602	0.3505	0.2125	0.4486	0.3068	0.2318	0.0000	0.4950	0.2134	0.2809	0.5904	0.3570	0.2186	0.4442	0.4278	0.2299
a15	0.2594	0.2072	0.3788	0.5298	0.0277	0.0681	0.0040	0.0300	0.5000	0.1933	0.4104	0.1914	0.2575	0.4153	0.0000	0.4247	0.2664	0.5215	0.5915	0.4790	0.6087	0.1088	0.1483
a16	0.3043	0.4319	0.6333	0.6941	0.3447	0.2707	0.0272	0.2433	0.4175	0.1617	0.4506	0.3506	0.3976	0.2720	0.2170	0.0000	0.0987	0.3357	0.4220	0.5150	0.3447	0.3332	0.3714
a17	0.3047	0.2221	0.3172	0.2680	0.1539	0.1146	0.0668	0.1043	0.4362	0.2777	0.3201	0.1373	0.1338	0.3386	0.2658	0.3192	0.0000	0.4426	0.2475	0.2708	0.5291	0.5057	0.0849
a18	0.1341	0.1010	0.0878	0.3800	0.2057	0.2057	0.0256	0.1576	0.3514	0.1924	0.3946	0.1334	0.0877	0.3636	0.3271	0.3007	0.0200	0.0000	0.1232	0.2162	0.2936	0.0761	0.1672
a19	0.4482	0.1815	0.4605	0.7066	0.0293	0.0305	0.0027	0.0187	0.2881	0.0714	0.0737	0.1605	0.1499	0.1579	0.6738	0.2688	0.0149	0.0839	0.0000	0.2446	0.6522	0.4360	0.3206
a20	0.3937	0.0733	0.1432	0.7335	0.0673	0.0125	0.0048	0.0216	0.3750	0.1865	0.2692	0.0031	0.0246	0.1893	0.5449	0.1481	0.0687	0.2909	0.5568	0.0000	0.6276	0.2023	0.1410
a21	0.5101	0.0797	0.1964	0.7460	0.0195	0.0145	0.0378	0.0227	0.3828	0.4089	0.4338	0.0420	0.0168	0.4216	0.6999	0.1536	0.1662	0.4298	0.4842	0.6746	0.0000	0.2574	0.1201
a22	0.4512	0.3866	0.2725	0.7405	0.2751	0.2251	0.2723	0.3073	0.1695	0.3861	0.3737	0.1764	0.1629	0.1848	0.3950	0.2868	0.0091	0.1947	0.4024	0.3230	0.4873	0.0000	0.3825
a23	0.3476	0.5827	0.3582	0.5632	0.0079	0.0220	0.0000	0.0420	0.5295	0.2443	0.4866	0.4227	0.0783	0.1401	0.2203	0.0489	0.0181	0.1571	0.5414	0.2760	0.6498	0.5778	0.0000

表 4-18 各个影响因素标准化后的直接影响矩阵 N

因素	a1	a2	a3	a4	a5	a6	a7	a8	a9	a10	a11	a12	a13	a14	a15	a16	a17	a18	a19	a20	a21	a22	a23
a1	0.0000	0.0065	0.0265	0.0710	0.0008	0.0007	0.0006	0.0023	0.0283	0.0107	0.0518	0.0020	0.0041	0.0434	0.0555	0.0245	0.0082	0.0145	0.0346	0.0473	0.0731	0.0050	0.0114
a2	0.0433	0.0000	0.0089	0.0248	0.0023	0.0014	0.0011	0.0025	0.0356	0.0323	0.0577	0.0394	0.0265	0.0275	0.0374	0.0139	0.0242	0.0278	0.0448	0.0373	0.0183	0.0539	0.0164
a3	0.0569	0.0561	0.0000	0.0453	0.0052	0.0026	0.0022	0.0024	0.0471	0.0163	0.0151	0.0701	0.0318	0.0199	0.0066	0.0229	0.0138	0.0204	0.0471	0.0455	0.0471	0.0317	0.0421
a4	0.0637	0.0264	0.0337	0.0000	0.0198	0.0024	0.0011	0.0039	0.0394	0.0195	0.0290	0.0225	0.0245	0.0214	0.0344	0.0215	0.0139	0.0321	0.0421	0.0506	0.0557	0.0108	0.0260
a5	0.0030	0.0118	0.0302	0.0396	0.0000	0.0103	0.0074	0.0410	0.0195	0.0088	0.0149	0.0216	0.0256	0.0039	0.0128	0.0305	0.0014	0.0095	0.0344	0.0075	0.0217	0.0153	0.0104
a6	0.0149	0.0167	0.0245	0.0321	0.0091	0.0000	0.0155	0.0036	0.0213	0.0323	0.0154	0.0242	0.0272	0.0118	0.0167	0.0390	0.0115	0.0210	0.0213	0.0256	0.0166	0.0197	0.0159
a7	0.0260	0.0080	0.0116	0.0381	0.0410	0.0392	0.0000	0.0328	0.0314	0.0195	0.0616	0.0322	0.0377	0.0169	0.0338	0.0217	0.0053	0.0263	0.0382	0.0307	0.0412	0.0591	0.0082
a8	0.0095	0.0224	0.0269	0.0352	0.0500	0.0320	0.0286	0.0000	0.0373	0.0262	0.0356	0.0220	0.0210	0.0141	0.0285	0.0330	0.0163	0.0201	0.0148	0.0177	0.0333	0.0192	0.0167
a9	0.0579	0.0525	0.0617	0.0593	0.0180	0.0210	0.0044	0.0162	0.0000	0.0420	0.0641	0.0473	0.0333	0.0567	0.0620	0.0443	0.0426	0.0574	0.0539	0.0512	0.0473	0.0541	0.0529
a10	0.0365	0.0321	0.0330	0.0427	0.0456	0.0372	0.0064	0.0277	0.0326	0.0000	0.0491	0.0329	0.0339	0.0291	0.0346	0.0506	0.0176	0.0366	0.0360	0.0430	0.0510	0.0527	0.0320
a11	0.0393	0.0225	0.0263	0.0766	0.0171	0.0040	0.0334	0.0210	0.0454	0.0000	0.0000	0.0052	0.0103	0.0344	0.0353	0.0198	0.0053	0.0252	0.0276	0.0579	0.0530	0.0336	0.0157
a12	0.0108	0.0182	0.0559	0.0436	0.0146	0.0148	0.0265	0.0148	0.0426	0.0207	0.0325	0.0000	0.0257	0.0318	0.0350	0.0229	0.0155	0.0119	0.0178	0.0182	0.0217	0.0173	0.0051
a13	0.0084	0.0097	0.0318	0.0471	0.0219	0.0167	0.0049	0.1744	0.0265	0.0212	0.0358	0.0666	0.0000	0.0165	0.0231	0.0360	0.0147	0.0160	0.0112	0.0188	0.0142	0.0290	0.0107
a14	0.0319	0.0181	0.0264	0.0443	0.0154	0.0275	0.0021	0.0148	0.0323	0.0196	0.0414	0.0283	0.0214	0.0000	0.0456	0.0197	0.0259	0.0544	0.0329	0.0202	0.0410	0.0394	0.0212
a15	0.0239	0.0191	0.0349	0.0489	0.0026	0.0063	0.0004	0.0028	0.0461	0.0178	0.0378	0.0176	0.0237	0.0383	0.0000	0.0392	0.0246	0.0481	0.0545	0.0442	0.0561	0.0100	0.0137
a16	0.0281	0.0398	0.0584	0.0640	0.0318	0.0250	0.0025	0.0224	0.0385	0.0149	0.0416	0.0323	0.0967	0.0251	0.0200	0.0000	0.0091	0.0310	0.0389	0.0475	0.0318	0.0307	0.0342
a17	0.0281	0.0205	0.0292	0.0247	0.0142	0.0106	0.0062	0.0096	0.0402	0.0256	0.0295	0.0127	0.0123	0.0312	0.0245	0.0294	0.0000	0.0408	0.0228	0.0250	0.0488	0.0466	0.0078
a18	0.0124	0.0093	0.0081	0.0350	0.0190	0.0190	0.0024	0.0145	0.0324	0.0177	0.0364	0.0123	0.0081	0.0335	0.0302	0.0277	0.0018	0.0000	0.0114	0.0199	0.0271	0.0070	0.0154
a19	0.0413	0.0167	0.0425	0.0651	0.0027	0.0028	0.0002	0.0017	0.0266	0.0066	0.0068	0.0148	0.0138	0.0146	0.0621	0.0248	0.0014	0.0077	0.0000	0.0226	0.0601	0.0402	0.0296
a20	0.0363	0.0068	0.0132	0.0676	0.0062	0.0012	0.0004	0.0020	0.0346	0.0172	0.0248	0.0003	0.0023	0.0175	0.0502	0.0137	0.0063	0.0268	0.0513	0.0000	0.0579	0.0187	0.0130
a21	0.0470	0.0073	0.0181	0.0688	0.0018	0.0013	0.0035	0.0021	0.0353	0.0377	0.0400	0.0039	0.0015	0.0389	0.0645	0.0142	0.0153	0.0396	0.0446	0.0622	0.0000	0.0237	0.0111
a22	0.0416	0.0356	0.0251	0.0683	0.0254	0.0208	0.0251	0.0283	0.0156	0.0356	0.0345	0.0163	0.0150	0.0170	0.0364	0.0264	0.0008	0.0180	0.0371	0.0298	0.0449	0.0000	0.0353
a23	0.0320	0.0537	0.0330	0.0519	0.0007	0.0020	0.0000	0.0039	0.0488	0.0225	0.0449	0.0390	0.0072	0.0129	0.0203	0.0045	0.0017	0.0145	0.0499	0.0254	0.0599	0.0533	0.0000

表 4-19 各个影响因素的综合影响矩阵 T

因素	a1	a2	a3	a4	a5	a6	a7	a8	a9	a10	a11	a12	a13	a14	a15	a16	a17	a18	a19	a20	a21	a22	a23
a1	0.0484	0.0361	0.0646	0.1364	0.0178	0.0136	0.0087	0.0192	0.0734	0.0374	0.095	0.0303	0.0271	0.0784	0.1044	0.0555	0.026	0.0534	0.0828	0.0964	0.1293	0.0402	0.0392
a2	0.0914	0.0329	0.0526	0.099	0.023	0.0177	0.0124	0.0271	0.0834	0.0609	0.1061	0.0701	0.0516	0.0662	0.0908	0.0502	0.0423	0.0669	0.0943	0.0882	0.0817	0.0922	0.0466
a3	0.1108	0.0914	0.049	0.1256	0.0264	0.0193	0.0133	0.0284	0.1003	0.05	0.0724	0.1053	0.0598	0.0632	0.0684	0.0611	0.0349	0.0633	0.1032	0.1018	0.1146	0.0761	0.0746
a4	0.112	0.0587	0.0762	0.076	0.0382	0.0173	0.0103	0.0267	0.0882	0.0491	0.0796	0.0551	0.0494	0.0613	0.0894	0.057	0.0329	0.0718	0.094	0.1026	0.1181	0.0508	0.056
a5	0.0355	0.0346	0.0591	0.0858	0.0152	0.0215	0.0149	0.0577	0.0518	0.0287	0.0471	0.0454	0.0439	0.0282	0.0466	0.0539	0.014	0.0347	0.0666	0.0414	0.0609	0.0414	0.0312
a6	0.0519	0.0424	0.0574	0.0861	0.0259	0.0132	0.0229	0.024	0.0582	0.0542	0.0537	0.0508	0.048	0.0404	0.0558	0.0658	0.0256	0.0506	0.0597	0.0643	0.0628	0.0505	0.0393
a7	0.0784	0.0439	0.0597	0.1191	0.0647	0.0573	0.0137	0.0622	0.0841	0.0525	0.1141	0.0678	0.0666	0.0582	0.0915	0.0625	0.0254	0.0688	0.0929	0.0869	0.1075	0.1004	0.0416
a8	0.0557	0.0543	0.0681	0.1029	0.0701	0.048	0.0386	0.0248	0.0831	0.0546	0.0828	0.0553	0.0479	0.0499	0.0768	0.0678	0.0341	0.058	0.064	0.0669	0.0898	0.0581	0.0456
a9	0.1388	0.1072	0.1311	0.1792	0.0512	0.0469	0.0215	0.0541	0.0837	0.0903	0.1457	0.1022	0.0765	0.119	0.1478	0.1026	0.0724	0.1221	0.1384	0.1366	0.1507	0.1195	0.102
a10	0.0998	0.0756	0.0896	0.1388	0.0722	0.0579	0.021	0.0601	0.0967	0.04	0.1135	0.0768	0.0687	0.0783	0.103	0.097	0.0416	0.0876	0.103	0.1102	0.1303	0.1035	0.0716
a11	0.0925	0.07	0.07	0.151	0.0383	0.0207	0.0423	0.0428	0.0956	0.0368	0.054	0.0395	0.0379	0.0742	0.0923	0.0566	0.0255	0.068	0.0833	0.1121	0.1182	0.074	0.0479
a12	0.0569	0.0497	0.0939	0.1077	0.0342	0.0302	0.0354	0.0378	0.0867	0.0478	0.0777	0.0337	0.0513	0.066	0.0812	0.0562	0.0335	0.0494	0.0651	0.066	0.0775	0.0548	0.0342
a13	0.0587	0.0478	0.0806	0.1231	0.0514	0.0386	0.0213	0.1966	0.0815	0.0548	0.09	0.1031	0.0319	0.066	0.0781	0.077	0.036	0.0585	0.0644	0.0729	0.1182	0.071	0.0441
a14	0.0827	0.0528	0.0711	0.1195	0.0367	0.0437	0.0135	0.0389	0.0834	0.051	0.0927	0.0623	0.0486	0.0566	0.0999	0.058	0.045	0.095	0.0856	0.0749	0.0797	0.071	0.0528
a15	0.0772	0.0538	0.0796	0.1248	0.0235	0.0225	0.0101	0.0265	0.0967	0.0488	0.0892	0.0524	0.0505	0.0787	0.0578	0.0754	0.0442	0.0899	0.107	0.0986	0.105	0.0793	0.0464
a16	0.0869	0.0794	0.1076	0.1478	0.055	0.0426	0.0149	0.0512	0.0962	0.0504	0.099	0.0735	0.0676	0.0691	0.0819	0.0425	0.0313	0.0765	0.0992	0.1074	0.1043	0.0524	0.0702
a17	0.0744	0.0516	0.0685	0.0933	0.0336	0.0262	0.0158	0.0309	0.0845	0.0538	0.0765	0.0436	0.037	0.0673	0.0745	0.0628	0.0178	0.0781	0.0709	0.0739	0.1051	0.0775	0.0373
a18	0.0469	0.0329	0.039	0.0852	0.0335	0.0303	0.0098	0.0301	0.0662	0.0383	0.0707	0.0355	0.0272	0.0598	0.0665	0.0526	0.0158	0.0293	0.0478	0.0566	0.0697	0.0827	0.0368
a19	0.0864	0.0469	0.0794	0.1281	0.019	0.0152	0.008	0.0198	0.07	0.0337	0.0517	0.0443	0.0366	0.0492	0.1075	0.0552	0.0187	0.044	0.0482	0.0706	0.1146	0.035	0.0564
a20	0.0782	0.0335	0.0484	0.1259	0.0214	0.0128	0.0074	0.0172	0.0738	0.041	0.065	0.0257	0.023	0.0499	0.0946	0.0427	0.022	0.0601	0.0932	0.045	0.1091	0.0494	0.0383
a21	0.0972	0.0401	0.0606	0.1405	0.0217	0.0167	0.0123	0.0213	0.0839	0.0655	0.089	0.0349	0.0274	0.0776	0.1176	0.0505	0.0342	0.0805	0.0965	0.1138	0.0666	0.0618	0.0421
a22	0.0939	0.07	0.0701	0.1436	0.0473	0.0374	0.0353	0.0515	0.0686	0.0664	0.0878	0.0518	0.0437	0.0572	0.0923	0.0641	0.0208	0.0599	0.0921	0.0857	0.1108	0.0429	0.0666
a23	0.0851	0.0868	0.076	0.1259	0.0203	0.0169	0.0109	0.0245	0.0972	0.0535	0.0952	0.0714	0.0337	0.0533	0.077	0.0405	0.0215	0.055	0.1022	0.0801	0.1219	0.0931	0.0322

表 4-20　企业创新绩效影响因素的影响度、被影响度、中心度、原因度及排名

影响因素		影响度（D）	排名	被影响度（R）	排名	中心度（D+R）	排名	原因度（D-R）	排名
a1	盈利能力	1.3136	18	1.8397	8	3.1533	8	-0.5261	19
a2	财务杠杆	1.4476	14	1.2787	15	2.7263	14	0.1689	10
a3	现金流量	1.6132	6	1.6522	9	3.2654	6	-0.039	15
a4	研发投入强度	1.4707	12	2.7653	1	4.236	2	-1.2946	23
a5	企业成长性	0.9601	23	0.8406	20	1.8007	22	0.1195	11
a6	公司规模	1.1035	21	0.6665	22	1.77	23	0.437	6
a7	股权性质	1.6198	4	0.4143	23	2.0341	21	1.2055	1
a8	股权集中度	1.3972	15	0.9734	19	2.3706	19	0.4238	7
a9	股权制衡度	2.4395	1	1.8872	7	4.3267	1	0.5523	5
a10	董事会规模	1.9368	2	1.1595	16	3.0963	12	0.7773	2
a11	高管持股比例	1.5298	9	1.9485	6	3.4783	5	-0.4187	16
a12	高管薪酬	1.3269	17	1.3308	14	2.6577	16	-0.0039	13
a13	企业家冒险倾向	1.6177	5	1.0559	18	2.6736	15	0.5618	4
a14	企业家精神	1.5336	8	1.4432	12	2.9768	13	0.0904	12
a15	学习能力	1.526	10	1.9957	3	3.5217	4	-0.4697	17
a16	内部控制	1.732	3	1.4075	13	3.1395	9	0.3245	8
a17	公司年龄	1.3601	16	0.7155	21	2.0756	20	0.6446	3
a18	企业文化	1.0155	22	1.5214	11	2.5369	18	-0.5059	18
a19	研发人力	1.276	19	1.9544	4	3.2304	7	-0.6784	20
a20	资源获取与利用	1.1776	20	1.9529	5	3.1305	11	-0.7753	21
a21	税收优惠	1.4523	13	2.3482	2	3.8005	3	-0.8959	22
a22	财政补贴	1.5598	7	1.5791	10	3.1389	10	-0.0193	14
a23	技术引进	1.4742	11	1.153	17	2.6272	17	0.3212	9

四、识别结果

（一）影响因素之间的相互关系

从图 4-1 坐标系中的散点图可以看出，以 X 轴为界，创新绩效的 23 个影响因素被分为两个组，其中财务杠杆（a2）、企业成长性（a5）、公司规模

（a6）、股权性质（a7）、股权集中度（a8）、股权制衡度（a9）、董事会规模（a10）、企业家冒险倾向（a13）、企业家精神（a14）、内部控制（a16）、公司年龄（a17）、技术引进（a23）为正值，位于 X 轴之上，划分为原因因素组；盈利能力（a1）、现金流量（a3）、研发投入强度（a4）、高管持股比例（a11）、高管薪酬（a12）、学习能力（a15）、企业文化（a18）、研发人力（a19）、资源获取与利用（a20）、税收优惠（a21）、财政补贴（a22）为负值，位于 X 轴之下，划分为结果因素组。因果关系图不仅可以将企业创新绩效的影响因素划分为原因组和结果组，还可以根据各因素的中心度大小分析各个因素在整个创新绩效系统内的地位和重要性。

1. 原因组因素分析

根据表 4-20 可得，原因因素从大到小排序依次是股权性质（a7）、董事会规模（a10）、公司年龄（a17）、企业家冒险倾向（a13）、股权制衡度（a9）、公司规模（a6）、股权集中度（a8）、内部控制（a16）、技术引进（a23）、财务杠杆（a2）、企业成长性（a5）、企业家精神（a14）。其中股权性质（a7）的影响度排名第 4，但其被影响度排名在共 23 个因素中最后，导致其原因度排名第 1，说明股权性质能够强烈地影响其他因素，却难受到其他因素的影响，主观性最强，股权性质包括国家股、国有法人股、社会法人股和自然人股四类，一般在公司组建时，视其投资主体和产权管理主体的不同而对其类别进行划分，在企业后期运营中很难改变，因此其影响度较高，而被影响度较低。类似地，董事会规模（a10）、企业家冒险倾向（a13）、股权制衡度（a9）、内部控制（a16）影响度排名第 2、第 5、第 1 和第 3，被影响度排名第 16、第 18、第 7 和 13，说明董事会规模、企业家冒险倾向、股权制衡度和内部控制对其他影响因素的影响较大，而很少受到系统内其他因素的影响，具有一定的主观性。公司年龄（a17）、股权集中度（a8）、技术引进（a23）、财务杠杆（a2）、企业家精神（a14）主观性更弱一些。公司规模（a6）、企业成长性（a5）在 23 个影响因素中的影响度和被影响度均比较低，说明它们和企业创新绩效的其他影响因素之间的关系较为疏远，在整个创新绩效系统中不具有重要性。

2. 结果组因素分析

根据表 4-20，结果因素按大小排列为高管薪酬（a12）、财政补贴（a22）、现金流量（a3）、高管持股比例（a11）、学习能力（a15）、企业文化（a18）、盈利能力（a1）、研发人力（a19）、资源获取与利用（a20）、税收优惠（a21）、研发投入强度（a4）。其中研发投入强度（a4）的被影响度排名第 1、影响度排名第 12，税收优惠（a21）的被影响度排名第 2、影响度排名第13，资源获取与利用（a20）的被影响度排名第5、影响度排名第20，研发人力（a19）的被影响度排名第4、影响度排名第19，盈利能力（a1）的被影响度排名第8、影响度排名第18，它们表现出较为强烈的波动性，表明这些因素容易受到其他因素的影响，对其他因素的影响不大；学习能力（a15）、高管持股比例（a11）影响度和被影响度的排名分别是第10和第3、第9和第6，表明这两个因素不仅容易受到其他因素的影响，而且对其他因素的影响也较大，与创新绩效的其他影响因素有一定密切的关系。而财政补贴（a22）、现金流量（a3）虽然被影响程度比较小，但是中心度排名靠前，其重要程度也比较大。企业文化（a18）、高管薪酬（a12）影响度和被影响度均比较低，说明这两个因素与其他因素的关系不够密切。

（二）关键影响因素

系统中各个因素的中心度反映了该因素在系统中的相对重要程度，关键影响因素识别过程中还需要综合考虑影响度（D）和被影响度（R）的排名情况。23个影响因素中中心度排名前10的因素如表4-21所示。

表4-21 创新绩效关键影响因素识别结果

影响因素		影响度（D）排名	被影响度（R）排名	中心度（R+D）排名	原因度（D-R）排名
a9	股权制衡度	1	7	1	5
a4	研发投入强度	12	1	2	23
a21	税收优惠	13	2	3	22
a15	学习能力	10	3	4	17
a11	高管持股比例	9	6	5	16
a3	现金流量	6	9	6	15
a19	研发人力	19	4	7	20
a1	盈利能力	18	8	8	19
a16	内部控制	3	13	9	8
a22	财政补贴	7	10	10	14

从表4-21中可以看出，股权制衡度（a9）中心度排名最高，影响度排名第1，被影响度排名第7，主观性较强，在企业创新绩效系统中发挥最大的作用，必须列入关键因素；研发投入强度（a4）中心度排名仅次于股权制衡度（a9），被影响度排名第1，影响度排名第12，在创新绩效系统中发挥较大的作用，可将其确认为关键影响因素；税收优惠（a21）中心度排名第3，被影

响度排名第 2，影响度排名第 13，在创新系统中重要程度也较高，应列入关键因素；学习能力（a15）中心度排名第 4，影响度和被影响度排名分别为第 10 和第 3，显然在创新绩效系统中的重要程度较高，是关键因素；高管持股比例（a11）的被影响度和影响度排名分别为第 6 和第 9，中心度排名第 5，所以高管持股比例在企业创新活动中容易受到其他因素的作用和影响，是系统的关键影响因素；现金流量（a3）影响度和被影响度排名分别为第 6 和第 9，在企业创新活动中容易影响到其他因素，且其中心度排名第 6，具有重要的影响力，可以作为关键影响因素；研发人力（a19）和盈利能力（a1）的影响度排名分别为第 19 和第 18，影响度排名比较靠后，但是被影响度排名分别为第 4 和第 8，中心度排名分别为第 7 和第 8，所以它们容易受到系统内其他因素的影响，与其他因素之间的关系紧密，可以作为系统的关键影响因素，内部控制（a16）虽然被影响度排名第 13，但是影响度排名第 3，容易对系统中的其他因素产生影响，中心度排名也比较靠前，所以也可以认为是系统的关键影响因素；财政补贴（a22）的影响度排名第 7，被影响度排名第 10，中心度排名也比较靠前，在创新绩效系统中的重要性程度较高，也可视为关键因素。

五、结论与讨论

本书将灰数理论、层次分析法与 DEMATEL 方法相结合来识别企业创新绩效的影响因素，弥补了采用传统单一方法确定影响因素的缺陷。通过灰数理论的运用，使专家对影响因素的判别在一定的区间内变动，避免了由于直接给定固定的数值而形成误差。同时考虑了不同类别的专家对于影响因素评判作用的差别，运用层次分析法对专家的评判赋予权重，保障了最终影响因素确定的合理性。这一套新的思路对影响因素的确定提供了新的研究范式，也为企业创新绩效影响因素的识别提供了理论指导。

通过本书的研究可以看出，完全依据中心度来判断企业创新绩效的影响因素是不够准确的，在中心度基础上应该结合原因度来综合分析企业创新绩效的影响因素，克服了由一个影响因素的系数来判别某一项因素对研究问题的影响程度。原因度为正的因素是直接影响企业创新绩效的因素，企业在进行创新活动时应首先考虑股权制衡度和内部控制等直接影响因素，制定科学合理的创新战略，促进企业创新能力提升。原因度为负的因素是通过直接影响因素的作用而对企业创新绩效形成影响，企业在进行创新活动时应该充分发挥直接影响因素对被影响因素的作用，使二者形成良性的互动，综合提升企业的技术创新水平。

第五章

关键影响因素对创新绩效的作用机理

第一节 财政补贴、税收优惠对创新绩效的作用机理

目前，对于财政补贴、税收优惠对创新绩效影响的研究很丰富，但是学者们的研究还不能达成较为统一的结论，本书将运用我国创业板高新技术企业的数据，研究财政补贴、税收优惠对创新绩效的作用机理，为正确调整财税政策、提升企业创新绩效提供理论依据。

一、中介作用

（一）中介作用的含义

考虑自变量 X 对因变量 Y 的影响，如果 X 通过影响变量 M 来影响 Y，则称 M 为中介变量。例如，"父亲的社会经济地位"影响"儿子的受教育程度"，进而影响"儿子的社会经济地位"。又如，"工作环境"（如技术条件）通过"工作感觉"（如挑战性）影响"工作满意度"。在这两个例子中，"儿子的受教育程度"和"工作感觉"是中介变量。

假设所有变量都已经中心化（即均值为零），可用式（5-1）、式（5-2）和式（5-3）来描述变量之间的关系：

$$Y = cX + e_1 \tag{5-1}$$

$$M = aX + e_2 \tag{5-2}$$

$$Y = c'X + bM + e_3 \tag{5-3}$$

中介变量的作用路径如图 5-1 所示：

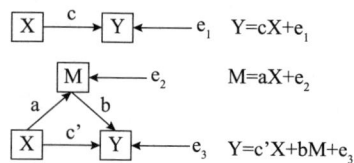

图 5-1　中介变量的作用路径

（二）中介作用的检验

第一种做法也是传统做法，是依次检验回归系数。如果下面两个条件成立，则中介效应显著：①自变量显著影响因变量；②在因果链中，任一个变量，当控制了它前面的变量（包括自变量）后，显著影响它的后继变量。这是 Baron 和 Kenny（1986）定义的部分中介过程。如果在控制了中介变量后，自变量对因变量的影响不显著便成了 Judd 和 Kenny（1986）定义的完全中介过程。

当只有一个中介变量时，从系数角度来看，上述条件相当于（见图 5-1）：①系数 c 显著（H_0：c=0 的假设被拒绝）；②系数 a 显著（H_0：a=0 被拒绝），且系数 b 显著（H_0：b=0 被拒绝）。完全中介过程还要加上系数 c' 不显著。

第二种做法是检验经过中介变量的路径上的回归系数的乘积 ab 是否显著，即检验 H_0：ab=0，如果拒绝原假设，则中介效应显著，这种做法其实是将 ab 作为中介效应。

第三种做法是检验 c' 与 c 的差异是否显著，即检验 H_0：c-c'=0，如果拒绝原假设，则中介效应显著。

二、研究假设

（一）财政补贴、税收优惠与创新绩效的关系

财政补贴是发达国家以及发展中国家对企业进行资源规划时首选的政策性工具。财政补贴是政府对企业的直接现金资助，有利于缓解企业研发投入的压力，从而对企业创新活动产生积极的激励作用，但企业可能会对政府的财政补贴产生过度的依赖性。以往学者对于财政补贴、税收优惠与创新绩效三者之间的关系研究可以归纳为以下三类：第一类主要是对财政补贴与创新绩效的关系进行研究，学者们大多以国家层面和行业层面的数据为基础进行。Paunov（2012）对八个拉美国家的创新绩效进行了分析，认为获得财政补贴的制造企业在 2008~2009 年金融危机期间停止创新项目的可能性较小。

Howell（2015）使用 SBIR 提案在能源研发方面的排名，发现财政补贴对专利产出具有重大影响。García（2010）将美国受到政府部门资助的军火生产商与没有受到资助的生产商进行了对比，认为通过政府采购的方式能促进企业的研发生产，政府的直接资助和购买行为将促进军火产品不断更新，提高了军火生产商的整体研发水平。但 Lichtenberg（1987）以受到政府财政补贴的武器生产商为样本，发现财政补贴对企业的研发投入存在替代效应，他认为政府部门的资助行为会导致生产商减少企业自身的研发支出，且政府购买产品的行为会使企业仅满足单一产品的供给，从而削弱了企业自主研发的积极性。Inci（2009）在对寡头垄断企业施行激励政策进行研究时发现，企业在受到政府的直接资金资助时，在创新方面的投入不会达到政府的预期。闻媛（2005）认为政府对企业创新生产的资金支持力度不能过大，政府的资金支持力度应该维持在合理规模，应注重提高高技术企业对资金的利用效率。综上所述，财政补贴对创新绩效具有显著的影响效应，但是还不能确定是正向的影响还是负向的影响。

第二类是税收优惠对创新绩效的影响研究。Boler 等（2015）采用差异化策略分析了挪威税收政策对企业创新绩效的影响，发现税收抵免政策能够减少企业的研发成本，刺激企业的研发投资，提高企业的创新绩效。另外 Cappelen、Raknerud 和 Rybalka（2013）研究了税收抵免政策对专利和创新的影响，通过研究发现，获得税收抵免的项目容易产生新的生产过程，从而为开发新产品、提高企业创新绩效提供便利。孔淑红（2010）运用逐步回归法，以我国 30 个地区的面板数据为基础进行研究发现，税收优惠对技术创新没有明显的促进作用，但在中部地区，税收优惠对技术市场的成交额有显著的促进作用。虽然以上学者的研究结论是税收优惠政策对企业创新绩效具有显著的正向影响，但是税收优惠政策自身也存在一定的不足，例如税收优惠政策会影响企业的资源配置方向以及资源配置效率，因为企业为了降低税负，一定会更多地投资符合国家规定的优惠项目，这样会使企业的资源分散，不利于企业创新活动的深入开展。夏力（2012）分析了一年内税收优惠政策对技术创新的影响，实证研究显示税收优惠政策对研发投入和专利产出存在一定的激励效应，但是这种激励作用只有在制度环境较好的企业中才能发挥较好的效果。邓晓兰和唐海燕（2008）认为，由于我国所得税优惠的方式比较单一，所以税收优惠对企业研发创新的激励作用有限。郑春美和李佩（2015）认为税收优惠政策与企业创新活动的科技产出没有显著的相关性，而且税收优惠政策对企业创新活动的经济产出呈现显著的反向阻碍作用。

第三类主要是研究财政补贴、税收优惠对企业创新绩效影响的差异性。部分学者同时估计和比较了这两种政策对企业创新绩效的影响效应，Foreman-Peck 和 Hannah（2013）发现，在英国获得政府支持的中小企业增长速度更快，而且支持这两种政策都需要创新。Mohnen 和 Bérubé（2010）发现，同时获得税收抵免和财政补贴的加拿大企业比仅使用税收抵免的企业创造出了更多的新产品。Guan 和 Yam（2015）研究了财政政策在 20 世纪 90 年代经济转型期对企业创新绩效的影响，研究发现中央政府的直接资助制度对企业的激励作用不显著甚至是无效的，但税收减免对企业创新绩效以及财务绩效有显著的激励作用。企业要想从税收优惠中受益须先取得符合政府要求的研发成果，所以从税收优惠中得到的资助存在一定的不确定性。郭炬、叶阿忠和陈泓（2015）认为政策的稳定性将更有利于提高企业的创新效率。换言之，从财政约束较强的税收优惠政策中受益的可能性小于从财政补贴政策中受益的可能性。

创业板高新技术企业作为已上市的企业，具有高风险、高收益和高成长性的特点。高新技术企业作为新型的产业，需要高额的前期投入，这对于企业来说压力较大，需要外力进行资助；另外，高新技术企业目前创造的社会收益要大于企业自身可获得的私人收益，所以需要公共部门对高新技术企业提供财政和税收方面的支持。政府对于企业的财政补贴、税收优惠增强了企业的竞争实力，有利于高新技术企业的可持续性发展；政府的财政补贴减少了企业的前期投入，有利于激励企业进行创新生产；政府的税收优惠则增加了企业的税后利润，提高了企业的创新收入。但是，企业对政府给予的财政补贴与税收优惠的利用效率情况有待进一步研究，因为部分学者的研究表明，在政府对企业进行资金或税率资助时，在企业的创新生产基本达到国家要求的情况下，企业为了追求利润最大化，会将多余的资金用于扩大市场份额，会挤占创新生产所需的资源与资金。基于学者的实证分析，财政补贴、税收优惠对创新绩效确实存在显著的影响效应，但是两者对创新绩效是正向激励作用还是负向阻碍作用还不能达成一致的观点，基于此，本书提出以下假设：

假设 1：财政补贴、税收优惠对创新绩效具有显著的影响效应。

（二）财政补贴、税收优惠与研发投入的关系

财政补贴、税收优惠对研发投入的影响也是学者们讨论的重要议题。部分学者的研究发现，企业在获得高额的研发补贴后，只进行最基本的研发投入，以达到政府要求为目的，而不是进行大规模的创新生产，从而出现政府的财政补贴挤占企业自身研发投入的情况，Lee（2011）的研究表明，在政府加大财政补贴时，高新技术企业往往会选择降低自身的 R&D 投入，将剩余的资金用于扩充存货数量，以增加市场份额。安同良、周绍东和皮建才（2009）

认为，财政补贴的直接资助会对企业自身的研发投入产生替代性，在一定程度上会影响企业技术创新的积极性。但 Wallsten（2000）认为美国的 SBIR 资助能够帮助企业继续提高研发水平。朱云欢和张明喜（2010）认为财政补贴在一定程度上会减少研发活动给企业带来的成本风险和收益风险，因为财政补贴可以避免企业受到市场失灵的影响，是政府对高新技术企业创新活动进行调节的有效手段，可以加大企业的研发投入，促进企业进行创新生产。但宋丽颖和杨潭（2016）提出了不一样的观点，他们认为应该分阶段来解读财政补贴的作用：一开始财政补贴有利于解决高新技术企业因资金不充足而带来的发展受阻问题；但是随着创新生产的发展以及政府财政补贴金额的增加，企业会逐渐减少自身的 R&D 投入，从而产生了财政补贴对企业研发投入的挤出效应。

与财政补贴类似，学者对于税收优惠是否会影响企业的研发投资也存在分歧。Kobayashi（2014）发现，税收抵免会引起日本中小企业研发支出的增加，对流动性受限企业的影响更大。然而，Cowling（2016）和 Busom 等（2017）研究英国和西班牙的中小企业时发现，税收优惠与研发支出之间不存在显著的影响效应。高佳（2012）以生命周期理论为基础，研究了税收优惠对 R&D 的激励效应，结果发现在企业的不同生命周期阶段，税收优惠对研发投入的激励效果是不同的，其中对处于成熟期的企业的激励效果是最显著的。Bloom 等（2002）发现，税收减免对研发投入具有显著的激励作用，税收减免可使研发投入成本减少 10%，促进短期研发投入强度增加 1%、长期研发投入增加 10%。部分学者认为需要对政府的税收优惠机制进行调整以达到更好的激励效果。张余和杨抚生（2010）对于南京市高新技术产业的研究发现，税收优惠的激励作用存在结构性差异，税收优惠对于支柱性行业的激励作用显著，对于非支柱性行业的激励则不明显甚至为负，所以政府应调整税收优惠结构，在以所得税为主的前提下，提高加速折旧和减免税收等方式的税收优惠，并加强增值税等流转税的激励政策。李香菊和杜伟（2013）通过比较发达国家与发展中国家新兴产业的战略性税收优惠政策，发现其能够有效地提高新兴产业的自主研发能力，政府应重视税收优惠政策的引导作用，建立全面的、有效的税收优惠制度。

部分学者认为财政补贴、税收优惠对研发投入都具有显著的正向影响效应。徐伟民（2009）运用零膨胀泊松模型对上海市 125 家高新技术企业进行研究，发现财政补贴、税收优惠对高新技术企业的研发能力即研发人员的比例、研发强度的水平都有着显著的激励作用。李爱鸽和钟飞（2013）通过格兰杰（Granger）因果检验理论和 VAR 模型的回归分析，分析了大中型企业研发能力与政府财政补贴、税收优惠的关系，研究发现，从企业的长期发展来说，政府对于企业的财政补贴和税收优惠更有利于企业进行研发投入。但财政补贴与税收优惠对企业研发能力的影响效应并不是在任何情况下都是相同的激励效应，两者对于研发投入的影响效应也存在一定的差异性，Haegeland 和 Møen（2007）通过研究挪威的企业数据，发现税收抵免的额外成本高于财政补贴的额外成本，因为企业为了能够从税收优惠中受益须先从符合政府要求的研发项目中取得利润，这需要企业进行持续性的投入。熊维勤（2011）从激励角度分析了税收和 R&D 补贴对企业 R&D 效率和活动规模的影响，认为税收既不利于提高企业 R&D 效率，也不利于扩大企业 R&D 的规模；但政府对企业 R&D 的直接补贴虽然不会提高企业 R&D 效率，但可以有效地提高企业 R&D 规模。但也有学者认为税收优惠在干预市场失灵、降低企业管理成本以及灵活性上要优于财政补贴，所以税收优惠对于企业研发能力的激励效果可能比财政补贴的激励效果更好。方重和赵静（2011）以煤炭开采和洗选业等 30 个行业为样本，通过建立计量经济模型对政府公共财政支出、税式支出与企业 R&D 的关系进行了分析，研究表明税式支出能够有效地避免政府对于企业资源的低效甚至是无效的配置，对企业的研发活动具有更好的激励效应。戴晨和刘怡（2008）对大中型企业进行分析时也发现，税收优惠比财政补贴对企业的研发活动有更强的激励作用。江静（2011）在对中国港澳台和外商企业进行研究时也发现，政府的直接补贴不仅不能提高企业的研发强度，反而会减少企业的研发支出，但政府的税收优惠对企业的研发强度有显著的促进作用。

目前，财政补贴、税收优惠与企业研发投入的关系存在较大的分歧，对于政府提供的财政补贴、税收优惠对企业研发投入产生的影响效应方面主要有积极和消极两种态度：持积极态度的学者认为，政府的财政补贴对企业前期资金投入起到了事前资助的作用，税收优惠又在企业后期获利方面起到了事后补偿的作用，有利于企业加大自身的研发投入，所以政府的财政补贴与税收优惠对研发投入是正向促进作用，即财政补贴、税收优惠对研发投入是互补效应。而持消极态度的学者认为政府的财税支持会挤占企业自身的研发投入，因为企业在资金剩余的情况下更愿意增加企业新产品的存货数量，提高企业的市场竞争力，而不是加大企业创新生产的投入力度。另外，在市场其他要素不变的情况下，政府的资金投入会导致市场生产要素的价格呈上升趋势，企业的研发成本也会因此增加，这直接导致企业对创新活动的实际研发投入呈现下降趋势，从而财政补贴、税收优惠对研发投入产生挤出效应。基于以上的观点，本书提出以下假设：

假设 2：财政补贴、税收优惠对研发投入具有显著的影响效应。

(三) 研发投入与创新绩效的关系

从可持续性发展的战略角度来看，为了获得核心竞争力，企业需要增加研发投入，因为研发可以让企业获得新的知识、新的技术以及新的生产能力；在新知识、新技术和新生产能力的基础上，企业可以生产出新产品，进而提升企业的效益。所以研发是推动技术进步、优化生产结构、保持经济发展的重要因素。Mueller（1966）对 1958~1960 年 6 个行业的企业数据进行了相关性分析，对专利授予数量与研发投入进行了回归分析，实证显示研发投入对专利授予具有显著的正向影响效应。李璐和张婉婷（2013）对制造业 259 家上市公司进行多元回归分析时发现，无论是当期的研发投入还是滞后期的研发投入都对企业创新绩效存在显著的正向影响。仇云杰和魏炜（2016）运用倾向匹配得分法从企业所有制以及区域性差异方面对研发投入与企业创新绩效的关系进行了探讨，研究结果显示，虽然不同所有制的企业以及不同地区的企业在研发投入激励效应的表现上有所不同，但研发投入对于企业创新绩效的正向影响是普遍存在的。李中和周勤（2012）运用系统 GMM 估计对研发投入、研发效率以及企业创新绩效之间的关系进行了研究，研究发现研发投入主要通过改善企业的研发效率来提高企业的创新绩效水平。

研发是研究与开发的简称，是企业提高创新能力的最基本途径，在企业长期发展战略中扮演着重要角色，企业离不开创新生产，创新活动的开展与企业的研发投入特别是资金投入密切相关。研发投入与企业创新绩效是一种投入与产出的关系，短期内，研发资金投入给企业带来巨大的资金压力，但研发投入是企业进行创新生产的前提，研发投入的多少将对企业的创新生产水平产生直接的影响。如果研发投入较为充足，企业将能购进最为先进的研发设施，从而提高继续开展创新生产的能力，企业的创新绩效也会相应提高。而且企业在进行研发投入后，其在科学技术方面以及创新生产方面的能力将得到较大幅度的提升，企业再利用这些新技术、新能力去开发新的生产方式、新的产品类型以及进行新的发明创造，最终提高企业的创新产出。但这并不意味着研发投入越多越好，学者实证研究表明，投入的研发资金只有被合理配置和高效利用才能创造更多的产出。基于此，本书提出以下假设：

假设 3：研发投入对创新绩效具有显著的正向促进作用。

(四) 研发投入的中介作用

学者们的研究表明，财政补贴、税收优惠与研发投入之间存在直接因果关系，研发投入与企业的创新绩效之间也存在着直接因果关系。但对于财政补贴、税收优惠与创新绩效之间的实证结果存在高度不一致的情况，部分学者假设财政补贴与税收优惠对创新活动可能不产生直接的影响效应，而是通过中介变量的转化产生影响效应。于是一些学者开始积极研究政府财政补贴、税收优惠与企业创新绩效之间的中介传导机制，试图将财政补贴、税收优惠与企业创新绩效之间的影响路径阐释清楚。孙莹和顾晓敏（2013）以2010年和2011年创业板上市公司的数据为样本，研究各行业创新投入与企业创新产出之间的关系，研究结果显示政府的税收激励政策可以通过对企业的创新投入产生直接影响从而影响企业的创新绩效。丘东、王维才和谢宗晓（2016）以全国的高新技术企业为样本构建了中介效应检验模型，将政府的R&D投入作为自变量，将企业的R&D作为中介变量，研究两个R&D投入对企业创新绩效的影响，研究显示企业的R&D投入在政府的R&D投入与创新绩效之间发挥着完全中介作用。

财政补贴对企业研发投入的影响效应是多样的，既存在正向的影响效应又存在负向的影响效应；税收优惠对研发投入的影响效应与财政补贴对研发投入的影响效应类似；但研发投入对创新绩效的影响效应始终是正向的，所以研发投入可能在财政补贴、税收优惠与创新绩效之间充当着中介变量的角色。财政补贴、税收优惠都是政府对企业创新行为的补偿性措施，理论上享受财政补贴与税收优惠的企业会更加重视企业的创新活动，会相应增加企业的研发支出，进而影响企业的创新产出，但两者对创新活动的间接激励作用需要通过中介变量产生具体的影响。对于高新技术企业来说，政府对企业的资金资助以及企业减少的税收成本，都会提高企业的创新投入，刺激企业进行创新生产；研发投入的增加能提高企业的技术利用效率，从而提高企业的创新绩效。为了对财政补贴、税收优惠与创新绩效之间的影响路径进行完整的分析，本书提出如下假设：

假设4：研发投入在财政补贴、税收优惠与创新绩效之间具有中介效应。

根据以上文献分析可知，财政补贴与税收优惠都会对创新绩效产生一定的影响效应，但财政补贴、税收优惠对创新绩效并不都是正向的影响效应。财政补贴、税收优惠对研发投入的影响类似于两者对企业创新绩效的影响。学者们对于财政补贴、税收优惠、研发投入与创新绩效之间的实证研究，更多地阐释财政补贴、税收优惠对研发投入或对创新绩效的影响，将研发投入和创新绩效放在一起，对财政补贴、税收优惠的作用的研究较少。本书拟在学者研究的基础上，先对财政补贴、税收优惠政策与创新绩效之间的关系进行验证，并对研发投入与创新绩效之间的影响效应进行验证，从而为构建合理、完备的财税政策体系提供依据。

三、样本选取和数据来源

高新技术企业在创业板上市公司中占比较大，按照中国证券监督管理委员会（以下简称"证监会"）相关规定，数据披露标准较为统一，而且企业对于数据的披露也较为全面，所以本书选取在 2015~2017 年连续获得高新技术企业认证的企业；剔除在 2015~2017 年存在 ST、PT 情形的上市公司，并剔除研究数据披露不全的企业，最终得到 295 家样本公司。主要数据来源于国泰安 CSMAR 数据库、巨潮资讯网和企查查官方网站，专利申请数据主要来源于国家知识产权局的专利检索分析系统。数据处理由 SPSS24.0 和 Excel 软件完成。

四、变量设计

针对本书研究的具体内容以及众多学者的研究经验，依据以下原则实现各个变量指标的选取：①可理解性和可测量性原则。可理解性是指评价指标的设计要清晰明了、通俗易懂，并且必须是具体的，有明确的指导性；可测量性是指评价的指标是可以量化的，对这些指标进行计算时要有可靠的数据来源并且易于计算。②全面性与相关性原则。上市企业的经营管理活动受到多方面的影响，因此在公司治理结构变量指标的选择上，要保持审慎态度，选择相对完整的指标来进行衡量；相关性是指对于各个变量指标的选取要与此变量密切相关，具有较强的代表性。③科学性与准确性原则。科学性是指在指标的选取以及数据的处理上必须以管理、计量、统计等公认的科学理论为依据，对各个指标做出准确的描述和分析；准确性是指相关指标的公式要科学合理，不能存在歧义。

（一）被解释变量

通过对相关文献的梳理，对企业创新绩效的衡量方式可以总结为以下几种：一是企业专利的申请数量、授权数量以及有效数量；二是传统的财务指标（如资产回报率、营业利润率）；三是新产品的销售收入及利润率。由于我国上市公司基本不披露新产品的销售收入、利润等有关数据，从样本数据的可获得性出发，本书以高新技术企业当年技术产出方面的专利申请数作为创新成果的研究变量，因为专利申请数能够较为客观地反映企业的创新产出，而且国家对于专利申请具有统一的衡量标准，所以受到企业外部环境的影响较小，即运用专利申请数对企业的创新绩效进行衡量不容易产生误差。本书的专利申请数据包括发明专利、实用新型和外观设计，为了减少单一技术指标不能完全反映企业创新产出的情况，本书将企业创新产出的技术指标与企业经济产出的传统财务指标结合起来，对企业的创新绩效进行衡量，用专利申请数与每百万元资产的比值作为企业创新绩效的代理变量。

（二）解释变量

1. 财政补贴

在计划经济的大环境下，政府需要对企业的生产活动进行合理的规划和引导，财政补贴是计划经济背景下国家引导企业生产活动时首选的政策性工具。但随着市场经济体制的发展，企业自身的作用也变得越来越重要，所以需要协调好政府与企业之间的关系，以实现科技推动经济进步的战略目标。本书主要将政府补助作为政府对创业板高新技术企业财政补贴力度的研究数据：一是因为上市公司的财务报表中未明确披露政府对企业创新的资金资助；二是因为政府补助一般包括政府给予企业的技术支持补贴，对于政府的财政补贴政策具有一定的代表性。本书以政府补助与期末总资产的比值作为衡量财政补贴的代理变量。

2. 税收优惠

税收优惠是政府对高新技术企业研发创新的一种间接性资助，对于高新技术企业的创新生产具有引导作用。政府实行税收优惠的目的是激励企业提高创新绩效，但税收优惠对创新成果的补偿存在不确定性，所以需要对税收优惠的实施效果进行具体的验证。目前税收优惠政策主要包括加速折旧、加计扣除以及15%的优惠税率，这些优惠政策最终会反映在所得税费用的计算过程中，而且政府对高新技术企业实施所得税优惠，符合企业追求利益最大化的要求，会更有利于发挥政策工具的激励作用。为了增强税收优惠政策在各企业之间的可比性，本书选取所得税费用与息税前利润的比值作为税收优惠的衡量指标。

（三）中介变量

研发投入是创新生产的前期投入，是企业进行创新生产的经济基础、物质基础和技术基础，而且研发投入在财政补贴、税收优惠与创新绩效之间发挥着中介变量的作用。研发投入主要包括有形要素投入和无形要素投入，但是目前我国高新技术企业对无形要素，例如研发人员的数量和研发人员的质量方面的信息披露标准不统一、披露内容也不全面，所以有形要素的研发费用是对企业研发活动进行衡量的重要数据。同时，由于不同企业对研发费用的需求量不一样，为增强研发投入的可比性，本书以研发投入强度作为研发投入的衡量指标。本书的研发投入强度以研发费用占营业收入的比值来表示，研发投入强度反映的是各个企业研发费用的相对程度，若研发投入强度的数值较高，预示着企业的创新投入是企业的一项较大支出，即企业对研发创新较为重视，也就更有利于企业提高自身的创新绩效。

(四) 控制变量

1. 人力资本因素

研发的人力资本投入和研发费用是企业创新生产的基础，研发费用是企业创新生产的必要条件，人力资本则是企业创新活动的关键性因素，对企业的研发创新具有至关重要的影响。但由于与企业研发活动直接相关的 R&D 人员的数据缺失，所以在选取人力资本投入数据时进行了替代性选择，并且为了统一对人力资本指标的研究口径，本书选取了高新技术企业从业人员中技术人员数据，并对该数据取对数后再进行相关分析。

2. 股权集中度

股权集中度主要指企业大股东的持股比例，不同的股权集中度会对企业创新活动产生不同的影响效果。由于股东对风险的规避态度以及创新活动的高投入性和高风险性，股权过度集中可能会抑制高新技术企业进行创新生产。股权过度分散也不利于企业进行科技创新，因为缺少外部人员的监督，企业为了达到利益最大化的目标，会过度追求企业的财务收益，从而忽略企业的创新生产。适度的股权集中度更有利于企业对生产资源进行合理的分配，激励企业进行大规模的自主创新生产。本书用前十大股东的持股比例来对高新技术企业股权集中度的情况进行研究，即用前十名股东占企业股份比重的总和来验证其对高新技术企业创新绩效的影响。

3. 企业规模

企业的规模大，预示该企业的财力较为雄厚，所以企业的机器设备较为先进、技术水平较高，应对风险的能力也较强，企业能进行更大规模的创新生产。企业进行创新生产也能给企业带来巨额的利润，相应地，也就更有利于企业扩大生产规模。也有学者持有不同的观点，他们认为小企业能够更灵活地进行创新型生产，企业的创新绩效也就更高。尽管目前学者在企业规模与创新活动的关系方面未能达成统一的观点，但企业规模与创新绩效存在显著的影响效应。所以本书将企业规模作为控制变量，研究其对企业创新绩效的影响，用企业总资产的对数作为企业规模的研究变量，因为企业的资产余额越多，表示企业越有能力进行创新投入。

4. 企业年龄

企业上市的年限越长，进行创新生产的实践经验越丰富，而上市年限较短的企业由于缺乏与研发活动相关的实践经验，只能通过大量的资金投入和人力投入来提高企业的创新产出。但是政府对于新成立的高新技术企业的支持力度较大，对于发展期较长的高新技术企业的支持力度较小，这直接导致高新技术企业后期的创新动力不足。故本书将企业年龄作为研究企业创新绩效的控制变量，主要以企业观测年度与成立年度实际差值的对数值作为企业年龄的代理变量，以减少因企业年龄带来的外部性影响。

5. 资本结构

学者实证研究发现研发强度高的公司倾向于保持较低的债务比例，因为资本结构中负债比重较大的话，会对企业的研发投资产生约束。债权人是公司债务的短期持有者，较为关注企业的偿债能力，对于高风险性的研发投入持保守态度，所以负债过高的企业会倾向于低水平的研发投资。由于研发创新的高风险性，债权人会担忧企业的偿债能力，所以债权人会减少甚至不对高新技术企业进行投资，这直接导致企业的资本结构对创新绩效产生负向的影响效应。因此，本书将企业的资本结构作为创新绩效研究过程中的控制变量，将资产负债率作为企业资本结构的代理变量。

各变量定义如表5-1所示。

表 5-1 变量定义

变量类别	变量名称	变量符号	变量定义
被解释变量	创新绩效	INNO	企业当年专利产出/每百万元总资产
解释变量	财政补贴	SUB	政府补助/期末总资产
	税收优惠	TR	所得税费用/息税前利润
中介变量	研发投入强度	RD	研发费用/营业收入
控制变量	人力资本因素	LABOR	技术人员数量，取对数
	股权集中度	CR	前十大股东持股比例
	企业规模	SIZE	期末总资产，取对数
	企业年龄	AGE	ln（观测年度−成立年度+1）
	资本结构	LEV	资产负债率

资料来源：笔者整理。

五、模型构建

（一）模型介绍

本书主要研究财政补贴、税收优惠对高新技术企业创新绩效的影响，为了更合理地对三者之间的影响路径进行分析，将研发投入作为财政补贴、税收优惠与企业创新绩效之间的中介变量，构建了中介效应检验模型。研发投入中介效应的检验模型主要是根据Baron和Kenny（1986）的逐步检验法进行设计的。中介效应的逐步检验法具体分为四步进行：第一步是对总的影响效应进行检验，检验自变量与因变量之间是否存在显著的关系；如果自变量对因变量存在显著的影响效应，则进行下一步检验。第二步是检验自变量与中介变量之间的影响效应，若两者之间的系数显著则进行下一步，否则终止检验。第三步是检验中介变量与因变量之间的关系，若两者之间存在显著的影响效应，则进行下一步分析。第四步是检验直接效应是否显著，即在加入中介变量之后研究自变量与因变量之间的关系，若两者之间的关系不显著则为完全中介效应；否则为部分中介效应。

（二）模型设计

本书根据中介效应的逐步检验法，设计了以下四个多元回归模型。

$$INNO = a_0 + a_1 SUB + a_2 TR + a_3 LABOR + a_4 CR$$
$$+ a_5 SIZE + a_6 AGE + a_7 LEV + \varepsilon_2 \qquad (5-4)$$

$$RD = b_0 + b_1 SUB + b_2 TR + b_3 LABOR + b_4 CR$$
$$+ b_5 SIZE + b_6 AGE + b_7 LEV + \varepsilon_1 \qquad (5-5)$$

$$INNO = c_0 + c_1 RD + c_2 LABOR + c_3 CR + c_4 SIZE + c_5 AGE + c_6 LEV + \varepsilon_3 \qquad (5-6)$$

$$INNO = d_0 + d_1 SUB + d_2 TR + d_3 RD + d_4 LABOR$$
$$+ d_5 CR + d_6 SIZE + d_7 AGE + d_8 LEV + \varepsilon_4 \qquad (5-7)$$

式（5-4）的自变量为财政补贴、税收优惠，因变量为创新绩效，用于检验假设1；式（5-5）的自变量为财政补贴、税收优惠，因变量为研发投入，用于检验假设2；式（5-6）的自变量为研发投入，因变量为创新绩效，用于检验假设3；式（5-7）的自变量为财政补贴、税收优惠和研发投入，因变量为创新绩效，通过 d_3 检验研发投入对创新绩效的直接效应，然后通过 a_1、a_2、b_1、b_2、d_1、d_2 检验中介效应，确定研发投入在财政补贴、税收优惠与创新绩效之间是完全中介效应还是部分中介效应，用于检验假设4。

六、统计分析

（一）描述性统计分析

对数据进行描述性分析，是为了研究数据的分布趋势，找出数据中可能存在的极端值。从表5-2中可以看到，所有数据的标准差不存在远大于均值的情况，所以数据不存在极端值。作为创新绩效的代理变量每百万元资产专利发明数的算术平均值为0.0028，中值为0.0011，这说明目前我国创业板高新技术的创新绩效水平还比较低；创新绩效的极小值为0.0000，极大值为0.0842，极差为0.0842，极差的数值表明目前创业板高新技术企业创新绩效间的差距较大，均值为0.0028，标准差为0.0058，标准差的数值并没有显著高于均值，说明各企业创新绩效水平的离散度相对集中。财政补贴的算术平均为0.0074，中值为0.0047，这表明国家对于创业板高新技术上市公司的政府补贴较为平均，但财政补贴极小值为 0.0000，极大值为 0.0648，这说明政府对于高新技术企业的财政支持存在一定的差异，但是差异变动的幅度在 6% 左右，差异相对较小。税收优惠的算术平均值为 0.1521，创业板高新技术企业税收优惠的平均值与政府给予的税收优惠税率 15%基本一致；但税收优惠的最小值为-0.5643，最大值为 9.4448，极差为 10.0091，高新技术企业之间的税收优惠的数值相差较大，即高新技术企业在利用税收优惠政策方面具有较大的差异。研发投入强度的算术平均值为 0.0667，中值为 0.0500，这表明创业板高新技术企业的研发投入强度普遍较高，符合高新技术企业科技创新的发展趋势；研发投入强度的极小值为 0.0006，极大值为 0.7275，这说明高新技术企业在研发投入方面还存在着较大的差距；但研发投入强度的标准差为 0.0658，不高于平均数 0.0667，说明创业板高新技术企业研发投入强度的数值大多分布于区间内，不存在较大的离散度。

表 5-2 各变量的描述统计

	INNO	SUB	TR	RD	LABOR	CR	SIZE	AGE	LEV
算术平均值	0.0028	0.0074	0.1521	0.0667	5.3548	0.5702	21.5329	2.7240	0.3266
中值	0.0011	0.0047	0.1378	0.0500	5.3255	0.5785	21.4671	2.7726	0.3028
标准差	0.0058	0.0081	0.3980	0.0658	0.9528	0.1156	0.7789	0.2834	0.1707
全距	0.0842	0.0648	10.0091	0.7269	6.4330	0.6329	4.9890	1.4881	1.0096
极小值	0.0000	0.0000	-0.5643	0.0006	2.3210	0.2248	19.5550	1.9459	0.0276
极大值	0.0842	0.0648	9.4448	0.7275	8.7540	0.8577	24.5440	3.4340	1.0372

资料来源：笔者根据 SPSS 软件的描述性统计结果整理得到。

控制变量部分，由于股权集中度的数据是以前十大股东的股权结构为基础进行衡量的，所以股权集中度的算术平均值为 0.5702，达到了 0.5000 以上，这说明高新技术企业的股权相对比较集中；标准差的值不是很大，为 0.1156，但最大值与最小值的全距值达到了 0.6329，这说明股权集中度的数据的离散度较小，但是各高新技术企业的股权结构还存在着一定的差异。人力资本因素、企业规模以及企业年龄的标准差和全距的值都较小，说明创业板高新技术企业在人力、规模和年龄方面的发展较均衡。由于我国的高新技术企业大多还处于发展初期，所以各企业在这三方面不存在很大差异。目前，高新技术企业的资产负债率的算术平均值为 0.3266，未能达到一般企业 0.0400~0.0600 的适宜水平，这说明高新技术企业还可以利用借债的方式来筹集企业的研发资金；资产负债率的标准差为 0.1707，这预示着创业板高新技术企业对外举债的比率大多维持在 0.0300 左右，比较集中；但是极大值与极小值之间的全距值达到了 1.0096，这说明高新技术企业的资产负债水平还存在较大的差距，部分企业存在未能合理地利用企业外部资金的问题。

（二）多重共线性检验

若变量之间存在多重共线性，模型对各变量之间关系的估计将失去预测的功能，这直接导致变量之间的显著性和变量之间的影响效应不再具有任何意义。为了检验同一回归方程中各变量之间是否存在多重共线性问题，本书对各变量之间的关系进行了 Pearson 相关系数检验（见表5-3）。由于变量很难达到完全独立的状态，所以一定范围内的相关性不会对结果造成很严重的影响。本书的被解释变量（创新绩效）、解释变量（财政补贴和税收优惠）以及中介变量（研发投入强度）的 Pearson 相关系数基本都在 0.1 左右，只有研发投入强度的 Pearson 相关系数达到了 0.29，但是未超过 0.3，处于弱相关行列，符合线性研究的基本要求。部分控制变量与因变量的 Pearson 相关系数较高，但总体未超过 0.6，符合模型的基本论述逻辑。变量间的 Pearson 相关系数在 0.5~0.8 是中等程度相关，部分系数在 0.5 以上表示变量间可能存在多重共线性问题，所以本书还将对变量进行 D.W. 方面的共线性检验。

表 5-3　各变量间的 Pearson 相关系数

	INNO	SUB	TR	RD	LABOR	CR	SIZE	AGE	LEV
INNO	1								
SUB	0.202**	1							
TR	-0.067*	-0.044	1						
RD	0.290**	0.211**	-0.086**	1					
LABOR	0.170**	0.133**	-0.021	0.102**	1				
CR	-0.070*	-0.086**	0.052*	-0.055	-0.111**	1			
SIZE	-0.236**	-0.124**	-0.027	-0.160**	0.513**	-0.081**	1		
AGE	0.065	0.068*	-0.001	0.018	-0.025	-0.074*	0.007	1	
LEV	-0.194**	-0.121**	-0.018	-0.184**	0.213**	-0.051*	0.485**	-0.011	1

注："**""*"分别表示在 0.01 和 0.05 的水平上显著相关。

资料来源：笔者根据 SPSS 软件 Pearson 相关系数结果整理得到。

七、实证结果分析

（一）直接效应分析

当 D.W. 值在 2 左右时，说明各变量之间不存在多重共线性，由表5-4 可知 D.W. 值在 1.945 和 1.971 之间，说明不存在严重的误差自相关现象。式 (5-4) 检验财政补贴、税收优惠与企业创新绩效的关系，结果表明财政补贴在 1% 水平上对企业的创新绩效存在显著的正向影响，而税收优惠在 5% 水平上对企业的创新绩效具有显著的负向影响，两个政策性工具对企业创新绩效都具有显著性影响，符合中介效应进行检验的基本要求，并且实证结果符合假设 1。在控制变量方面，除了企业年龄和资产负债率是负相关关系，其余控制变量对创新绩效都存在正向的促进作用。式 (5-5) 是检验财政补贴、税收优惠与研发投入的关系，如表 5-4 所示。财政补贴的回归系数为（$b_1 = 0.137$，$p<0.01$），这说明财政补贴对研发投入具有显著的正向影响；税收优惠的回归系数为（$b_2 = -0.081$，$p<0.01$），即税收优惠与研发投入之间存在显著的负向关系，与两者对企业创新绩效的影响效应类似，假设 2 得到了检验。控制变量中只有人力资本因素对企业的研发投入存在显著的正向影响，其他控制变量都与研发投入是负向关系。在式 (5-6) 中，自变量为研发投入，因变量为创新绩效，对两者进行多元回归以检验研发投入是否对企业创新绩效存在正向的促进作用，结果显示研发投入在 1% 水平上对企业创新绩效具有正向的激励效应，假设 3 得到了检验。

表 5-4 财政补贴、税收优惠与研发投入、创新绩效相关性检验

	1 INNO	2 RD	3 INNO	4 INNO
RD			0.245**	0.224**
SUB	0.154**	0.137**		0.124**
TR	−0.065*	−0.081*		−0.047
LABOR	0.046*	0.204**	0.178**	0.092**
CR	−0.088**	−0.040	−0.091*	−0.079**
SIZE	−0.288**	−0.202**	0.267**	−0.244**
AGE	−0.062*	−0.196**	−0.067*	−0.058*
LEV	−0.030	−0.119**	−0.009	−0.004
D.W.	1.947	1.971	1.945	1.946
R^2	0.156	0.112	0.184	0.201
ΔR^2	0.150	0.105	0.179	0.193
F	23.203	15.852	33.078	27.482

注："**""*"分别表示在 0.01 和 0.05 的水平上显著相关。
资料来源：笔者根据 SPSS 软件的回归结果整理得到。

（二）中介效应分析

式（5-7）将财政补贴、税收优惠以及研发投入作为自变量，与因变量创新绩效进行回归分析，由表5-4可知，研发投入在1%水平上对创新绩效有显著的正向影响。根据Baron和Kenny的中介研究模型，对研发投入的中介效应进行检验。式（5-6）中研发投入的回归系数（$c_3 = 0.245$，$p<0.05$），符合探讨中介效应的基本条件。式（5-5）中自变量财政补贴、税收优惠与中介变量研发投入的回归系数在1%水平上显著；且式（5-7）中中介变量研发投入与因变量创新绩效的回归系数也显著相关（$d_3 = 0.224$，$p<0.01$），所以存在中介效应。同时式（5-7）中，税收优惠与创新绩效之间的回归系数（$d_2 = -0.047$，$p>0.05$），所以中介变量研发投入在税收优惠与创新绩效两者之间存在完全中介效应；财政补贴与创新绩效的回归系数（$d_1 = 0.124$，$p<0.01$），根据中介效应的逐步检验法，若自变量对因变量的直接效应仍有显著性，则中介变量在自变量与因变量之间是部分中介效应，所以中介变量研发投入在财政补贴与企业创新绩效两者之间是部分中介效应，具体中介效应模型如图5-2所示。

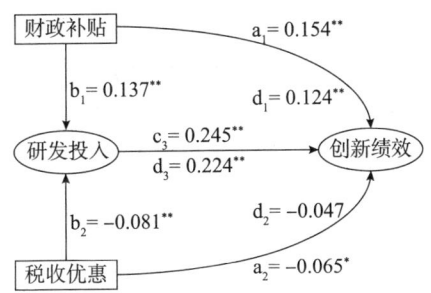

图 5-2　研发投入的中介效应模型

注："$**$""$*$"分别表示在0.01和0.05的水平上显著相关。

如图5-2所示，财政补贴对研发投入通过了显著性为0.01的t检验，这说明财政补贴对研发投入具有显著的影响效应。而且标准β系数为0.137，这表明政府对企业的财政补贴额每增加1%，企业的研发投入就增加0.137%，即1%的财政补贴能够激励企业增加将近0.137%的研发投入。如图5-2所示，税收优惠对研发投入通过显著性为0.05的t检验，这就表明政府的税收优惠对企业的研发投入具有显著的影响效应，但税收优惠对企业研发投入的标准β系数为-0.081，这表明政府对企业每节约1%，企业的研发投入将减少0.081%，即税收优惠对企业研发投入具有显著的负向阻碍作用。但税收优惠的负向效应仅为0.081%，相对于财政补贴带来的激励作用0.137%较小，如果从总体来看，两种政策工具带给企业的依然是显著的激励效应。根据回归分析的结果以及图 5-2 可以看出，研发投入在财政补贴、税收优惠与创新绩效之间存在显著的中介作用。但财政补贴、税收优惠对创新绩效的影响系数不是很大，同时研发投入对创新绩效的影响系数值也很小，所以还需要对变量之间的影响效应进行相关分析。本书在进行稳健性检验时还将对中介效应的转换效率进行相关分析。

对于控制变量部分，属于研发投入无形要素的人力资本因素与研发投入、创新绩效是显著的正向关系。股权集中度对创新绩效具有显著的正向影响，但对研发投入具有显著的负向影响，这是因为从长远角度来说，股东希望企业具有较高的创新绩效，但对高投入的研发费用，股东则持消极的态度。企业规模与创新绩效、研发投入的关系与股权集中度类似，规模大的企业财力较为雄厚，相应的研发投入占比相对较小，但因技术提高带来的创新收益却是非常可观的，所以企业规模与研发投入、创新绩效均呈负相关关系。企业年龄越大，企业的创新生产也就越成熟，成熟企业进行创新生产的首要标准是降低创新成本，这直接导致企业减少研发方面的投入；而研发投入不足会直接削弱企业的后续创新能力，创新能力不足也将不利于提高企业创新绩效，所以企业年龄对企业创新绩效具有显著的负向影响。资本结构的负向影响是因为债权人是短期利益的持有者，不关注企业的长期发展，较为关注企业的短期偿债能力；债权人更希望企业保存较好的经济实力，而不是投入大量的资金进行企业创新。

八、稳健性检验

为检验财政补贴、税收优惠与企业创新绩效之间实证研究结论的稳健性，根据以往学者的研究，逐步检验法对中介作用的统计功能比较弱；而且逐步检验法对于中介变量和因变量的关系要求比较严格，中介变量与因变量的显著关系是检验中介效应的必要性条件，但在实际的研究中不显著，仍然存在实质中介效应的情况（抑制模型）。所以本书引入潜变量建模软件 Mplus 对财政补贴、税收优惠与企业创新绩效之间的关系进行研究，Mplus 软件主要运用 Bootstrap 法对中介效应进行检验，Bootstrap 法采用放回取样的方式对变量间的中介效应进行检验，对样本数据进行 n 次（n>1000）的反复抽样后，将每次抽样得到的参数值进行平均处理后得到的值作为中介效应的估计结果。Bootstrap 法对中介变量与因变量之间的关系要求相对较低，但 Bootstrap 法相比于逐步检验法对中介效应的检验具有更高的统计效力，而且 Bootstrap 法目前是在四种中介效应检验中最为理想的检验方法。Mplus 软件主要涉及两种

Bootstrap 法，即标准的 Bootstrap 法和残差的 Bootstrap 法，两种方法都适用于最大似然估计法，但标准的 Bootstrap 法是对离散的数据进行最大似然估计，残差的 Bootstrap 法是对连续变量进行最大似然估计。本书主要采用残差的 Bootstrap 法，并结合 MODEL INDIRECT 语句对研发投入的中介效应进行检验。稳健性检验的结果如表 5-5 所示，总体上稳健性检验结果与上文得到的结论无实质性差异，所以本书的研究结论比较稳定。

表 5-5　稳健性检验

自变量	中介变量	因变量	中介效应			总效应	中介效应/总效应
			标准回归系数	检验统计量	双侧 p 值		
财政补贴	研发投入	创新绩效	0.016	1.659	0.069	0.264	0.061
税收优惠			-0.008	-1.753	0.080	-0.056	0.143

资料来源：笔者根据 Mplus 软件的 Bootstrap 法计算结果整理得到。

在稳健性检验中，主要对财政补贴、税收优惠、研发投入以及企业创新绩效之间的关系进行验证，未对控制变量与因变量、中介变量之间的关系进行验证。运用 Mplus 软件进行检测的结果显示，在加入研发投入后，财政补贴对企业创新绩效的直接效应为 0.016，双侧的 p 值大于 0.05，税收优惠对企业创新绩效的直接效应为 -0.008，双侧的 p 值同样大于 0.05，这说明两者对创新绩效的影响效应都是不显著的，根据中介效应逐步检验法的规定，有理由判定研发投入在财政补贴、税收优惠与企业创新绩效之间发挥着完全中介变量的作用。用 Mplus 软件检测出来的结果显示，研发投入在财政补贴、税收优惠与企业创新绩效之间是完全中介效应；比用逐步检验法检测出来的中介效应要强烈，但总体与本书得到的结果一致。这可能是因为进行稳健性检验时并未加入控制变量以及 Bootstrap 法对中介效应具有更好的检测能力，从而增强了研发投入在财政补贴与企业创新绩效之间的中介效应。但财政补贴对创新绩效的总影响效应为 0.264，其中中介效应/总效应的值仅为 0.061，说明中介效应对总效应的转化能力还不是很强；由于财政补贴对创新绩效整体具有正向的影响，后期政策实施时政府需要加大研发投入对于财政补贴与创新绩效之间的转换效率；而税收优惠的总影响效应为 -0.056，其中中介效应/总效应的值为 0.143，转换效率相对较高，但鉴于税收优惠对企业研发投入是负向阻碍作用，需要考虑是否对政府的税收优惠政策进行适当的调整。

九、研究结论

本节以创业板 2015~2017 年的高新技术企业为样本,以中介效应的逐步检验法为理论基础,主要运用多元回归模型对财政补贴、税收优惠、研发投入以及企业创新绩效之间的关系进行了分析。本书通过研究发现,研发投入在财政补贴、税收优惠与创新绩效之间存在中介作用,反映了财政补贴、税收优惠对创新绩效的影响路径。财政补贴对企业创新绩效具有积极的正向影响,即财政补贴对企业的创新绩效具有诱导效应;而税收优惠对企业创新绩效则具有显著的负向影响,对企业的创新绩效具有挤出效应。财政补贴对研发投入具有显著的正向影响,税收优惠对研发投入具有显著的负向影响,类似于财政补贴、税收优惠与企业创新绩效的关系;所以对于高新技术企业来说,财政补贴更有利于企业加大研发投入,进行创新生产;而税收优惠不仅不能激励企业的研发投入,还会抑制企业的创新产出。但中介变量研发投入对企业创新绩效具有显著的正向影响。

研发投入在财政补贴、税收优惠与企业创新绩效之间发挥着中介变量的作用。研发投入在税收优惠与企业创新绩效之间是完全中介效应。在未加入人力资本因素、股权集中度、企业年龄、资本结构和企业规模这些控制变量并且运用 Bootstrap 法对财政补贴与企业创新绩效之间的关系进行最大似然估计研究时,研发投入在财政补贴与企业创新绩效之间发挥着完全中介效应;用逐步检验法对控制变量、自变量、中介变量以及因变量进行整体的回归分析时,研发投入在财政补贴与企业创新绩效之间发挥着部分中介效应。虽然两种方法对研发投入在财政补贴与企业创新绩效之间是完全中介作用还是部分中介作用的研究结果不同,但是都证明了研发投入在财政补贴与创新绩效之间发挥着中介变量的作用。

人力资本因素对研发投入和企业的创新绩效都具有显著的正向影响,有利于企业进行创新生产。股权集中度和企业规模对研发投入具有负向的影响,但两者对企业的创新绩效都具有正向的促进作用。而企业年龄和资本结构对研发投入和企业的创新绩效都具有负向的影响效应,不利于企业进行科技创新。企业在未来创新生产的过程中需要进一步加大人力资本因素的正向影响,合理利用股权集中度和企业规模的正向影响,抵消企业年龄和资本结构对企业创新的消极作用。

第二节 公司治理结构对创新绩效的作用机理

公司治理是企业运行的"神经系统",良好的公司治理结构能够激发企业的活力,促进企业研发创新,从而提高企业创新绩效。最初,学者们仅关注公司治理结构与创新绩效二者之间的关系,即公司治理对创新绩效的直接影响。但是随着公司治理理论的逐步发展,国内外学者开始关注公司治理的调节效应以及研发投入在公司治理与创新绩效间的中介效应。公司治理包括内部治理和外部治理,本书主要从内部治理角度展开研究。

一、研究假设

基于现有国内外文献的回顾与整理,梳理出公司治理结构、研发投入及创新绩效等相关概念之间的关系,进而经过逻辑推理分析提出本书的相关假设,构建本书的概念模型。

(一)公司治理结构对创新绩效影响的研究假设

1. 股权制衡对创新绩效的影响

在企业中,当大股东和小股东出现利益冲突时,大股东在决策时往往不考虑小股东利益,只顾及眼前利益而放弃高风险的研发活动。当公司中存在股权制衡时,可以有效抑制大股东追求私利的行为,通过实施良好的股权制衡可以帮助企业减少外部股东的代理成本,有助于提高创新绩效。国内外学者对股权制衡与企业创新绩效关系的研究如下。

为有效缓解股权高度集中,大股东侵占中小股东利益的问题,需要合理地配置企业的股权结构,加强股权制衡。一个理想的股权结构由多个可以相互约束的大股东组成,他们一起决定企业的经营管理问题,提高股东之间的监督管理,使股东们的决策目标与企业发展目标相一致,从而削减股东间的冲突,使得企业做出的决策能更好地贴合公司持续发展的目标,帮助企业实现科学化经营决策。比如 Karpoff J. M. 和 Malatesta P. H. (1996)通过研究发现,股权制衡与创新绩效呈显著正相关关系。Choi S. B. 和 Park B. I. (2012)通过研究得出股权制衡与技术创新绩效呈现显著正相关。Chen V. (2014)通过对新兴市场的公司如何提升创新绩效进行研究,得出股权制衡对创新绩效起着至关重要的作用,良好的、稳定的股权制衡能够促进创新绩效的提升的结论。Belloc F. 和 Laurenza E. (2015)将意大利制造业企业作为样本进行研究得出,股权制衡有利于显著提高企业创新绩效。

国内也有较多学者对股权制衡与创新绩效二者的关系进行研究。比如，李琳（2009）认为，在错综复杂环境中控股股东的个人决策很可能失误，而制衡股东的存在可以聚集众人的智慧，从更多的角度全面地对公司的现状进行思考，从而保证决策的科学性。朱德胜（2010）通过研究得出，当公司中存在股权制衡时可以帮助企业提升创新绩效。杨建君（2015）认为，股权制衡使企业的大股东站在公司长期发展的角度进行资源配置，从而大力促进企业的自主创新。因此，国内学者的研究得出，股权制衡在提升企业创新绩效过程中发挥了关键的作用，他们认为企业建立完善的股权制衡机制对于一个企业未来的长远发展能够产生深远的影响。

代理冲突并不仅存在于股东和管理层之间，在大股东和小股东之间同样会因为利益的纠纷而存在冲突，从而影响到一家企业的长远发展。一家企业的股东之间因其所持股比例、持股动机、利益认知等的不同，对企业的管理者及其他股东的监管程度也会有所不同。企业中持股比例较大的几个大股东在企业中具有一定的话语权，此时这些持股比例较大的大股东之间会相互监督、相互制约，从而形成了股权制衡的局面，此时股东参与企业经营决策的积极性高，且任何一个大股东都无法绕开其他股东而从事利己交易，且大股东以整个企业的未来发展作为决策的首要目标。因此，提升企业的股权制衡程度将有利于企业的良好发展，提高企业的创新绩效。通过以上分析可知，股权制衡可以有效地解决大股东与中小股东之间以及股东和管理层之间的利益冲突，降低企业的利己行为与机会主义行为，有效协调企业创新活动各参与方之间的利益矛盾和冲突，使各利益相关方都能以整个企业的创新发展为目标，保障企业创新活动的顺利实施，从而提高企业的创新绩效。基于上述分析，提出如下假设：

假设1：股权制衡与创新绩效呈正相关关系。

2. 董事会规模对创新绩效的影响

关于董事会规模对企业技术创新绩效的影响，国外学者的研究主要得出三种观点。第一种观点认为随着董事会规模的扩大，董事会的多样性也会增加，能够为企业技术创新决策提供各种互补性知识，有利于提高创新决策效率，降低创新风险，因而较大规模的董事会能提升技术创新绩效。De Cleyn等（2012）的研究证明董事会规模与企业产品创新呈显著正相关关系。第二种观点认为较小规模的董事会拥有更灵活的决策机制，对环境的应变能力更强，因而更有助于企业技术创新绩效的提升。Eisenberg（1998）认为较小规模的董事会具有更好的创新效率和能力；Hlasny V. 和 Cho M.（2017）认为董事会规模的扩大对创新绩效呈现消极作用；Helmers C. 和 Patnam M.

（2017）以印度上市公司为样本，通过实证得出董事会规模与创新绩效之间存在显著负相关关系。第三种观点认为董事会规模与企业技术创新绩效之间并不是简单的线性关系。Yermack（1996）经过实证检验发现董事会规模与企业技术创新之间存在显著的倒"U"形关系。Zahra 等（2000）以 1991~1997年美国制造业 239 个中等规模企业数据为样本，实证检验也发现董事会规模与企业创新存在显著的倒"U"形关系。

国内学者对董事会规模与创新绩效的研究也有很多。比如，徐向艺（2013）运用 2007~2010 年我国中小上市企业的面板数据进行实证分析，发现董事会规模与企业技术创新效率具有显著的倒"U"形关系。叶超（2017）运用多元线性回归模型对董事会规模与创新绩效之间的关系进行实证研究，得出二者呈现正相关关系。周杰等（2008）实证研究显示董事会规模对技术创新的影响为负。张彦明、程泽川（2015）选取上海和深圳两市 2007~2014 年"石油行业"主板公司年度报告的相关数据，通过研究得出董事会规模与创新呈现负相关关系。简兆权、黄如意（2018）根据资源基础理论和代理理论进行实证研究得出：创新绩效随着董事会规模的扩大而降低。

大部分学者会以董事会规模作为切入点研究董事会对创新绩效的影响。有些学者认为，随着董事会规模的扩大，"搭便车"等不作为现象会加重，且各董事各抒己见，很难在决策时达成统一意见，导致决策缓慢，降低了工作效率。有些小公司的董事会规模能够满足《中华人民共和国公司法》的要求，没有必要设置更大的董事会规模，否则会随着董事会规模的扩大，协调和沟通困难，将会降低决策的效率，增加公司的成本。所以，董事会规模可能对创新绩效产生负向影响。基于上述分析，提出如下假设：

假设 2：董事会规模大小与创新绩效呈负相关关系。

3. 管理层持股对创新绩效的影响

公司的管理层作为企业的实际控制者，对企业的创新效率影响巨大，其对技术创新的支持是提高技术创新强度、促进公司技术创新成功的重要因素。股权激励通过管理层持股的方式，给予企业经营者一定的经济权利，使他们能够参与企业决策、分享利润和承担风险，以此将管理层与股东利益相结合，从而提高企业创新绩效。

针对委托代理产生的一些利益冲突，高管激励可以在一定程度上降低所有者和经营者之间的矛盾，因此可以提高管理者做出研发决策的效率，提高创新绩效。Dong J. 和 Gou Y. N.（2010）认为高层管理者持有股份的增加会导致企业创新绩效的提升。Hall 和 Liebman（1998）以美国上百家公众持股的最大商业公司的相关数据为样本对高管持股与创新绩效之间的相关性进行研究，证实了它们之间是显著正相关关系。Lee C. Y.（2014）根据行为代理观点进行了相关研究，发现在企业拥有较好业绩和资源较为富裕的情况下适当增加高管人员的持股数量，会促进创新绩效的增加。Bizjak 等（1993）研究认为，企业高管人员的持股数量越高，创新绩效越低，两者呈负相关关系。Balkin 等（2000）对美国的高科技企业进行相关研究，结果显示企业高管的股权激励对创新绩效并未产生影响。

国内学者对于高管激励对研发投入的影响的研究结论并不一致，但大多数研究结果都显示高管激励可以提高研发投入强度。比如舒谦、陈治亚（2013）通过研究得出，对高管人员的激励可以显著提高企业创新绩效，即两者之间存在显著的正相关关系。王成和郝海宇（2016）采用2004～2014年中国民营上市公司的实际数据，应用多元回归统计方法进行实证分析，最后得出管理层持股与创新绩效呈正相关关系。李经路和苏杭（2016）从数理推导和数据检验两方面探讨公司管理层持股对创业板公司创新绩效的影响机制，研究得出管理层持股对创新绩效起激励作用，能实现管理层和股东利益的趋同效应。刘红、张小有（2018）采用上海和深圳两市2008～2015年上市公司实行股权激励计划的数据，研究发现在国有企业中核心技术员工股权激励对公司创新绩效的影响更显著。

根据委托代理理论，由于信息不对称会引发委托代理问题，企业所有者给予一定的股权用来激励管理者更好地为企业服务。尽管其研发过程存在高风险性，但考虑到研发活动的成功能够提高个人利益，在增加管理层风险收益的同时也提高了管理层的风险承受能力，从而使他们与公司的股东在最大程度上达到利益的一致性。所以在研发过程中，管理人员会对企业的研发活动持积极的态度，并且会更努力推动研发活动的成功，从而提升创新绩效。由此可知，公司的管理者会为了得到更高的分红而更加努力工作，提高企业的创新绩效，为企业创造更多利益。因此，高管的股权激励与企业创新绩效可能存在正相关关系。基于上述分析，提出如下假设：

假设3：高管持股与创新绩效之间呈显著正相关关系。

（二）公司治理结构对研发投入影响的研究假设

股东作为公司的所有者，承担了公司经营活动所带来的一切风险和剩余收益，从股东对待风险的态度来看，大股东可能会放弃高风险的R&D活动来规避风险。股权制衡可以使中小股东保留相对集中的股权优势，削弱大股东的权益，有效遏制少数股东被大股东侵害的风险，做出科学的研发决策。

1. 股权制衡对研发投入的影响

股权制衡对企业研发投入的积极促进作用已得到许多实证研究的证实，

并且已在学者中达成了广泛的共识。股权制衡程度的提高可以对控股股东的行为产生更有效的制约，减缓企业股东之间的利益冲突，使得股东们的共同决策是以企业的长远发展为目标，从而更加关注企业的创新活动，更愿意加大企业的研发投入。Porta 和 Shleifer（1999）指出，一个理想的股权结构应由多个大股东组成，在这些大股东间可以形成有效的监督与制衡机制，使任何一个大股东都无法独自操控企业，从而保障企业做出合理的研发决策。Maury 和 Pajuste（2005）认为股权制衡可以促进企业研发投资决策的制定和实施。Cebula 和 Richard J.（2015）通过研究研发投入与意大利上市公司股权结构之间的关系发现，研发投入与股权制衡之间存在积极的关系。

我国学者的研究也得出提高企业的股权制衡程度可以对企业研发投入产生正向积极促进作用的结论。白艺昕（2008）认为，在堑壕效应与利益趋同效应同时存在时，股权制衡与研发投入之间并不相关。靳洁（2011）对生物医药企业的研究也证实了股权制衡对研发投资强度有显著的促进作用。原慧丽（2016）的研究发现，股东之间的制衡作用越明显越不利于提高研发决策效率，有可能因复杂的决策流程而错过最佳投资时机，进而对企业的研发投入产生不利的影响。

当在企业内部形成良好的股权制衡机制时，任何一个控股股东都无法单方面影响企业相关决策，企业的所有决策都会受到相关股东的监控，从而实现良好的监督和治理效果。企业内的股权制衡制度能够有效地缓解企业被一个或多个控股股东所掌控的情况，企业大股东间的谈判与议价等行为也能从侧面实现企业股东之间以及股东与管理者之间的有效监督与管控，能针对控股股东牺牲中小股东的利益为其自身谋利的行为制定决策。企业内如能形成多个股东相互制约与监管局面，使企业的控股股东在制定研发投入决策之前对其所投资的项目进行充分分析与论证，从而使企业的决策活动更具效率和科学性。基于上述分析，提出如下假设：

假设4：股权制衡与研发投入呈正相关关系。

2. 董事会规模对研发投入的影响

从资源富裕理论的角度出发，认为董事会规模扩大使得企业研发投资所需的专业知识和管理技能等能实现优势互补，研发投资决策过程中能吸收不同观点，因而董事会规模与企业研发投入正相关。从代理理论和组织行为学的角度出发，认为董事会规模的扩大会使董事会决策程序烦琐，既定的研发投资决策可能因为董事会成员意见的难以协调而付诸东流，因而董事会规模与企业研发投入负相关。董事会规模是影响公司创新活动的重要因素。比如 Thatcher（2003）认为董事会规模的扩大不利于提高研发投入。如果一个公司的董事会规模太大,就会阻碍彼此之间的信息交流,这不利于促进研发投入。还有学者认为董事会规模与企业研发投入之间并不是简单的线性关系。Zahra S. A.(2000)通过研究得出公司的研发活动与董事会规模之间不是简单的线性关系。

国内学者对董事会规模与创新绩效的关系研究也得出不同的结论。比如,黄国良等(2010)通过实证研究证实董事会规模对研发投入产生正面影响。张俊丽等(2015)的实证研究表明董事会规模对企业创新投资有显著影响。计小雪(2015)的研究也发现董事会规模与企业研发投入呈显著的正相关关系。王兰珠(2014)以2012年我国制造业上市公司为样本进行实证研究,得出董事会规模与R&D投入显著负相关。刘胜强和刘星(2010)以2004~2008年连续披露研发支出的制造业和高新技术业上市公司为样本,采用Hansen提出的门槛效应模型来实证检验董事会规模和企业研发投资之间的关系,结果显示当以公司规模为门槛变量时,只有公司规模超过某一临界值后董事会规模才与研发投资呈现出"先增后减"的非线性关系。李燕、华姗姗(2018)研究了2011~2015年上市公司的数据,发现公司R&D投资会随着董事会成员数量的增加而减少。

董事会是公司的经营决策机构,从董事会运行效率方面考虑,董事会规模较大时,董事会成员之间的沟通与协调难度就会加大,导致董事会的决策意见不统一,相比之下,较小规模的董事会有利于提高成员们的凝聚力,也能够增加他们与高管之间的交流,完善董事会对管理层决策的监督能力,能够促进企业决策的科学化,更有效地避免董事会成员的"短视"行为。当董事会成员人数不多时,更有利于企业制定合理的研发投入决策,促进公司增加研发投入,强化他们对经营者的监督,减少经营者潜在的机会主义行为。基于上述分析,提出如下假设:

假设5:董事会规模与研发投入呈显著负相关关系。

3. 管理层持股对研发投入的影响

在现代企业管理中,经营权与所有权两权相分离。因此,经营者和所有者目标不一致所导致的股东利益损失是公司治理理论所要解决的核心问题。解决二者目标不一致的最有效办法就是企业给予管理者一定股权,使管理者产生"主人翁"意识,在承担风险的同时享受利益,使管理者用长远的眼光进行研发投资。

按照委托代理理论的观点,委托人追求企业价值最大化,而管理者更倾向于提高薪酬和待遇水平,所以管理者为了规避投资失败的风险,受委托的企业管理者必然倾向于做出短期投资决策,并减少研发投入的费用,而高管持股会使管理者与企业有共同的目标，使管理者在承担研发投入风险的同时也会享受其带来的收益，进而加大研发投入的力度。Becker B. E. (1989) 认为管理层持股会促进企业进行研发投入。Andrew (1999) 认为当管理者所持股份过多时，就会产生利益趋同效应或抵御效应，即企业的研发投入和管理者持股比例之间存在一种倒"U"形的关系。

国内学者对于管理层持股与研发投入的研究所得结论大致相同。冯根福和温军 (2008) 认为对管理者进行激励与企业研发支出间显著正相关。唐清泉和甄丽明 (2009) 研究发现，高管更注重短期利益，对上市公司高管的短期薪酬激励与企业的研发投入显著相关，而长期激励不具有这种作用。朱彦秀等 (2016) 发现，股权激励能够提高企业的研发投入。梁彤缨 (2015) 以制造业上市公司为研究对象，检验了高管激励方式对研发投入的影响，发现高管持股可以大大促使企业提高研发投入，给予管理者股权以激励高管的方式对研发投入发挥着正向作用。

由于研发投入具有风险性和滞后性，很多管理者因为自身的利益会拒绝进行大的研发投入，从而影响企业的创新能力。增加高管人员的持股，会使他们拥有相应的剩余索取权，在一定程度上可以激发他们进行研发投入的积极性，提高企业的创新能力，并且企业对高管人员的股权激励强度越大，他们对研发投入的积极性越高。基于上述分析，提出如下假设：

假设 6：管理层持股与研发投入呈显著正相关关系。

（三）研发投入在公司治理结构与创新绩效间的作用假设

1. 研发投入、股权制衡与创新绩效间的关系

企业研发过程是由一系列复杂的活动所构成。通过上述分析，股权制衡不仅能直接作用于企业的创新绩效，还可以通过影响研发投入进而影响到企业的创新绩效，三者间联系十分紧密。研发投入在企业高管和创新绩效之间发挥着桥梁的作用。企业的管理者虽然是企业决策的实际做出者，然而其经营决策往往会受到股东的监督和审核，在一定程度上反映股东的意志。这一现象也影响了企业的资源配置，当企业在创新上的投入减少，势必会对企业创新绩效产生负面影响。Chen (2014) 研究表明，当企业拥有良好的内部治理机制时，若企业增加研发投入，企业的绩效会有提高。Gomes 和 Novaes (2001) 认为，股权制衡能够加强股东间的监督制约，能够有效防止"一股独大"对中小股东的利益侵占。因此，股权制衡能够提升企业的治理效率，有助于研发效率的提升，进而提高企业创新绩效。黄建山、李春米 (2009) 基于中国制造业上市公司相关数据的构造模型，实证考察了股权制衡、研发投入与创新绩效三者之间的影响关系，其结果显示：股权制衡通过研发投入显

著作用于创新绩效的传导机制。王桂英、赵丹（2013）以中小板上市企业为研究对象，运用实证分析的方法对相关假设进行检验。其结果表明：股权制衡对企业创新绩效产生正向影响，研发投入在一定范围内，传导了股权制衡对企业绩效的影响。郭莉以2010~2012年上海和深圳两市的A股生物医药业上市公司为研究样本，通过实证研究得出股权制衡通过研发投入会对创新绩效产生影响。

根据以上分析，研发投入在企业股权结构对创新绩效的作用过程中发挥了中间桥梁的作用，即中介作用。因此，企业的股权制衡决定了企业的资源配置，影响了企业创新活动的研发投入决策，最终对企业的创新绩效产生显著的影响。基于上述分析，提出如下假设：

假设7：研发投入在股权制衡与创新绩效间起中介作用。

2. 研发投入、董事会规模与创新绩效间的关系

董事会对企业技术创新绩效的影响主要表现在两个方面：一是制定技术创新战略。董事会作为企业的最高决策机构，在技术创新战略的制定和选择上起着至关重要的作用。二是保证创新资源投入。创新活动是一项耗资巨大且风险性高的长期活动，无论是基础研究还是试验开发，都面临诸多不确定的因素，需要董事会及时控制风险，克服阻力，保证创新资源的及时投入和技术创新战略的顺利实施。然而董事会规模在一定程度上会对企业的研发决策产生影响，而研发投入的增加会导致创新绩效的提升，故董事会规模可能会通过研发投入影响技术创新绩效。张根文、王红霞（2017）通过研究得出：研发投入在董事会激励与创新绩效之间存在调节作用。陈艺萍、侯莹莹（2017）以2014~2015年新三板挂牌公司为研究对象，研究公司治理、创新投入与创新绩效之间的关系。实证结果表明董事会规模通过影响研发投入，进而影响了创新绩效。基于上述分析，提出如下假设：

假设8：研发投入在董事会规模与创新绩效间起中介作用。

3. 研发投入、管理层持股与创新绩效间的关系

国内外学者对管理层持股与研发投入的关系进行了研究，大部分学者得出研发投入的增加会导致创新绩效的提高。Chung和Shen探讨了公司治理和激励对研发投入的影响，实证研究表明在企业有较好的高管监督机制和高管激励机制的前提下，如果在一定程度上增加企业的研发投入则会更显著地提高企业创新绩效。Zhang Qing等（2014）经过研究发现，处于新兴市场的企业对管理薪酬体系进行适当调整，可以提高企业的研发投入能力进而提升企业绩效。Lee（2011）研究发现，创新投入不仅是企业绩效提升的重要因素，而且也是吸引机构投资者进入的重要原因。因为机构投资者可通过对企业创

新投入的研究预测企业未来的创新绩效。在企业中,高管持股能够激发管理层对研发活动的热情,提升企业的创新绩效。比如,王辉等(2016)研究认为,高管持股能够促使管理层从长期发展的角度进行研发决策,进而提高创新绩效。马文聪等经过研究分析发现,在传统产业里,管理层激励会有效地调节研发投入强度与企业创新绩效的关系。任海云对 A 股上市公司的相关数据进行分析,指出高管激励机制可以约束研发活动,降低代理成本,而管理层持股会正向调节研发投入和创新绩效之间的关系。朱明琪、张甫香围绕创业板企业的研发投入在高管团队与创新绩效间的中介作用展开研究,分析高管团队、企业创新、创新绩效三者之间的传导链条,研究表明管理层持股通过研发投入对创新绩效产生影响。

给予高层管理者股权在一定程度上可以激励高级管理人员,让他们为创新绩效的提高做出更多贡献,由此看来,高管激励和企业创新绩效之间是直接的正相关关系。从另一角度来说,加大研发投入的强度会增强企业的核心竞争力,从而提高企业价值,而对高管的激励也会使他们加大对研发的投入,进而提高企业创新绩效。那么高管持股是否会通过研发投入这一中介变量对创新绩效产生影响呢?基于上述分析,提出如下假设:

假设 9:研发投入在高管持股与创新绩效间起中介作用。

二、样本选取与数据来源

高新技术企业在创业板上市公司中占比较大,按照证监会相关规定,数据披露标准较为统一,而且企业对于数据的披露也较为全面,所以本书选取在 2015~2017 年连续获得高新技术企业认证的企业;剔除在 2015~2017 年存在 ST、PT 情形的上市公司,并剔除研究数据披露不全的企业,最终得到 295 家样本公司。主要数据来源于国泰安 CSMAR 数据库、巨潮资讯网和企查查官方网站,专利申请数据主要来源于国家知识产权局的专利检索分析系统。数据处理由 SPSS24.0 和 Excel 软件完成。

三、变量设计

(一)解释变量

本书解释变量是公司内部治理要素,选取具有代表性的公司治理结构的三个变量:股权制衡、董事会规模、高管持股。

1. 股权制衡

股权制衡是指全体股东由于持股比例不同而表现出来的数量化指标。股权制衡度主要衡量公司股权的分布状态。股权制衡度不同,会对企业创新活动产生不同的影响效果。由于控股股东对风险的规避态度以及创新活动的高投入性和高风险性，股权过度集中可能会抑制企业进行创新生产；股权过度分散也不利于企业进行科技创新，企业为了达到利益最大化的目标，会过度追求企业绩效，从而忽略企业的创新生产。因此，股权制衡有利于企业对生产资源进行合理的分配，激励企业进行大规模的自主创新活动。本书采用第二大股东至第五大股东持股比例之和与第一大股东持股比例的比值衡量股权制衡。

2. 董事会规模

董事会结构是公司治理结构的重要组成部分。董事会作为公司的最高决策机关，兼具决策和监督两大职能。董事会实行一人一票制，在表决时会根据人员的数量来确定最终决议结果。组织行为学认为较大的董事会规模会使成员们的沟通不畅，不仅增加了代理成本而且降低了企业的治理效率。而资源依赖理论却认为规模较大的董事会不仅可以有效监督管理层的政治行为，而且能够有效获取外部关键资源，这有利于提升企业的稳健性水平。所以本书采用董事会人数的自然对数来衡量董事会规模。

3. 高管持股

股权激励是公司为了激励和留住核心人才而推行的一种长期激励机制，是目前最常用的激励员工的方法之一。此种激励方式可以使管理者与企业形成利益共同体，从而帮助公司实现稳定发展的长期目标。国外学者研究高管股权激励一般采用限制性股票、股票所有权以及股票期权等形式，由于限制性股票、股票所有权以及股票期权的相关财务数据难以获取，本书用年末高管持股总数在总股数中所占比例来衡量高管持股。

（二）被解释变量

企业创新绩效是企业在进行创新活动后所取得的成果。通过对相关文献的梳理，对企业创新绩效的衡量方式可以总结为以下三种：一是企业专利的发明数，二是传统的财务指标（如资产回报率、营业利润率），三是新产品的销售收入。企业的新产品是企业创新成果转化后的结果，目前在年报等各种公开信息中对新产品相关信息的披露不够全面，从企业层面获取新产品数据存在困难。由于专利发明数能够较为客观地反映企业的创新产出，且发明专利数具有可比性与可获得性。因此，选取高新技术企业当年创新产出方面的专利发明数来衡量创新绩效。

（三）中介变量

研发投入是创新生产的前期投入，是企业进行创新生产的经济基础、物质基础和技术基础。研发投入主要包括有形要素投入和无形要素投入，但是目前我国创业板企业对研发人员质量方面的信息披露标准不统一、披露内容也不全面，且企业的 R&D 投入集中体现在研发经费的投入，所以有形要素的研发费用是对企业研发活动进行衡量的重要数据，但由于不同企业对研发费用的需求量不同，研销比能够更好地消除行业差异，增强研发投入的可比性。已有文献对研发投入的衡量主要有三种：研发投入与主营业务收入之比、研发投入与营业利润之比、研发投入与总资产之比。本书的研发投入强度采用研发费用占主营业务收入的比值衡量。

(四) 控制变量

1. 资产负债率

资产负债率表示公司对债务资金的利用程度以及存在财务风险的大小。当财务杠杆较低时，研发投入资金来源受到限制；但是负债较多时，增加了企业的财务风险，而研发也是一项高风险的经营活动，也会增加企业的经营风险，导致企业出于成本和风险的考虑而趋向于减少研发投入，所以资产负债率可能会影响企业的创新绩效和研发投入强度。所以选择资产负债率可以消除不合理的资本结构对研究的影响。

2. 成长能力

企业成长能力体现了企业的发展状态，代表了公司未来的发展潜力，也代表了公司的投资机会。创业板上市公司多处于高速增长阶段，其经营绩效会明显受到企业发展阶段的影响。在有效的资本市场上，成长速度越快的企业，投资者对其预期越好，越有利于企业加大研发强度和提高创新绩效。以往学者采用企业实际增长率指标衡量公司成长能力，比如净资产增长率、主营业务利润率、净利润增长率、营业收入增长率等。国外学者一般用托宾 Q 值，即企业的市场价值与其资本重置成本之比进行度量。但在我国，由于非流通股的存在导致公司的市场价值难以准确衡量，因此，本书采用主营业务收入增长率衡量企业成长能力。

3. 企业规模

企业规模会对创新绩效产生影响，当企业规模较大时，预示该企业的财力较为雄厚，企业的机器设备较为先进、技术水平较高，应对风险的能力也就较强，企业也就能进行更大规模的创新生产；企业进行创新生产又能给企业带来巨额的利润，相应地也就更有利于企业扩大生产规模。也有学者持有不同的观点，他们认为小企业能够更为灵活地进行创新型生产，企业的创新绩效也更高。尽管目前学者在企业规模与创新活动的关系方面未能达成统一的观点，但对企业规模显著影响创新绩效的观点是一致的。所以本书将企业规模作为控制变量研究其对企业创新绩效的影响，用企业总资产的自然对数衡量企业规模。

4. 盈利能力

本书选取企业总资产报酬率来衡量企业的盈利能力,企业的总资产报酬率可以很好地反映出一个企业利用债权人和所有者权益获取收益的能力。企业的总资产报酬率越高说明企业的资产利用和转化效益越好,企业的管理水平和盈利能力也就越高。

本书所定义的变量类别、名称、表示符号以及衡量标准如表 5-6 所示。

表 5-6 变量定义

变量类别	变量名称	变量符号	变量衡量指标
被解释变量	创新绩效	INNO	每百万元资产发明专利数
中介变量	研发投入	RD	R&D 投入/营业收入
解释变量	股权制衡	CB	第二至第五大股东持股比例之和/第一大股东持股比例
	董事会规模	BS	董事会人数的自然对数
	高管持股	MO	高管持股总数/总股数
控制变量	资产负债率	LEV	年末总负债/年末总资产
	成长能力	Growth	主营业务收入增长率
	企业规模	SIZE	总资产的自然对数
	盈利能力	ROE	总资产报酬率

资料来源:笔者整理。

四、模型构建

(一) 模型介绍

本书主要探讨研发投入在股权制衡、董事会规模、高管持股与企业创新绩效之间的中介作用,据此构建了中介效应检验模型。对于研发投入中介效应的检验模型主要是根据 Baron 和 Kenny (1986) 的逐步检验法进行设计的。逐步检验法分四步进行检验:第一步对总的影响效应进行检验,检验自变量与因变量之间是否存在显著的关系;如果自变量对因变量存在显著的影响效应,则进行下一步检验,否则终止检验。第二步检验自变量与中介变量之间的影响效应,若两者之间的系数显著则进行下一步检验,否则终止检验。第三步是检验中介变量与因变量之间的关系,若两者之间存在显著的影响效应,则进行下一步分析。第四步检验直接效应是否显著，即在加入中介变量之后，研究自变量与因变量之间的关系，若两者之间的关系不显著则为完全中介效应；否则为部分中介效应。本书根据中介效应的逐步检验法，设计了以下四个多元回归模型。

（二）模型设计

在对现有文献的分析以及研究变量界定的基础上，依据本书提出的假设建立以下模型，具体的模型说明及表达式如下：

$$INNO = a_0 + a_1 CB + a_2 BS + a_3 MO + a_4 LEV + a_5 Growth + a_6 SIZE + a_7 ROE + \varepsilon \quad (5-8)$$

$$RD = b_0 + b_1 CB + b_2 BS + b_3 MO + b_4 LEV + b_5 Growth + b_6 SIZE + b_7 ROE + \varepsilon \quad (5-9)$$

$$INNO = c_0 + c_1 RD + c_2 LEV + c_3 Growth + c_4 SIZE + c_5 ROE + \varepsilon \quad (5-10)$$

$$INNO = d_0 + d_1 RD + d_2 CB + d_3 BS + d_4 MO + d_5 LEV + d_6 Growth + d_7 SIZE + d_8 ROE + \varepsilon \quad (5-11)$$

式（5-8）的自变量为股权制衡、董事会规模、高管持股，因变量为创新绩效，用于检验假设1~假设3；式（5-9）的自变量为股权制衡、董事会规模、高管持股，因变量为研发投入，用于检验假设4~假设6；式（5-10）的自变量为研发投入，因变量为创新绩效，用于检验假设7；式（5-11）的自变量为股权制衡、董事会规模、高管持股、研发投入，因变量为创新绩效，通过 d_1 检验研发投入对创新绩效的直接效应，然后通过 a_1、a_2、a_3、b_1、b_2、b_3、d_2、d_3、d_4 检验中介效应，确定研发投入在股权制衡、董事会规模、高管持股与创新绩效之间是完全中介效应还是部分中介效应。

五、描述性统计分析

依据描述性分析可以观察数据的基本情况，有利于剔除出现的异常值。根据收集整理的数据，使用SPSS24.0对公司治理结构（股权制衡、董事会规模、高管持股）、研发投入和创新绩效等变量做描述性统计分析。根据表5-7我们可以明显看出，各变量的标准差没有远大于均值，所以每个变量的数据也不存在异常情况。

表 5-7 变量的描述性统计分析

变量	样本数	极小值	极大值	全距	中值	均值	标准差
INNO	885	0.0000	0.0842	0.0842	0.0011	0.0028	0.0058
RD	885	0.0006	0.7275	0.7269	0.0498	0.0667	0.0658
CB	885	0.0043	4.3230	4.3187	0.6430	0.8127	0.6067
BS	885	1.6094	2.5649	0.9555	2.0794	2.0621	0.1932
MO	885	0.0000	1.7654	1.7654	0.3109	0.2975	0.2253
LEV	885	0.0276	1.0372	1.0096	0.3028	0.3266	0.1707
Growth	885	-0.6508	11.8409	12.4917	0.2143	0.5663	1.1546
SIZE	885	19.5550	24.5440	4.9890	21.4671	21.5329	0.7789
ROE	885	-1.0160	2.4321	3.4481	0.0411	0.0674	0.2349

研发投入与创新绩效的描述性统计分析结果显示，虽然企业对研发活动都很重视，但各企业间存在异质性。在样本企业中 RD 极大值为 0.7275，极小值为 0.0006，全距达到了 0.7269，这说明 2015~2017 年 R&D 资金投入强度有着很大的差异，均值是 0.0667，中值为 0.0498，不低于我国创业板公司研发 R&D 的平均水平（0.0500 左右），可以看出创业板制造业公司的研发投入水平相对较高，这与我国近年来大力支持各企业进行创新活动有着紧密联系。作为创新绩效的代理变量每百万元资产发明专利数（INNO）的极大值是 0.0842，极小值为 0.0000，均值为 0.0028，说明不同企业有不同的创新绩效水平，样本企业的总体创新绩效并不高；还能够发现公司创新绩效的极差是 0.0842，这说明样本企业在创新态度和创新能力上的差异是十分明显的。因此，我国在进行研发投入的同时还要考虑其产出率，不断地加强 R&D 投入的产出效果，进而使企业的创新绩效大幅度增加。

公司治理结构的描述性统计分析结果显示，本书选取代表公司治理结构的股权制衡、董事会规模、高管持股进行研究。根据表 5-7 的结果可知，股权制衡（CB）的极大值为 4.3230，极小值为 0.0043，全距为 4.3187，说明我国股权制衡的差距依然十分明显，而均值为 0.8127，标准差为 0.6067，标准差小于均值，说明股权制衡的离散程度较低。董事会规模（BS）的极大值为 2.5649，极小值为 1.6094，由此可见，虽然我国法律对董事会规模规定了具体人数比例，但是根据样本结果可知，我国各企业间的董事会规模仍有一定的差异。高管持股（MO）的极小值为 0.0000，极大值为 1.7654，均值为 0.2975，标准差为 0.2253，可看出我国高管持股的均值与极大值有很大差距，但是整体处在较高水平，不同企业间存在着较大的差异，有的企业给予了非常高的股权激励，有的却没有任何高管股权激励，因此不同企业的高管在创新投入的积极性方面会存在较大差异，从标准差和均值也可看出高管持股的离散程度也不高。

控制变量的描述性统计分析结果显示，资产负债率（LEV）作为企业长期偿债能力的体现，对创新绩效也有重要的影响，其极小值为 0.0276，极大值为 1.0372，均值为 0.3266，表明创业板制造业企业的资产负债率总体不高，公司负债较少，偿债状况良好。公司资产负债率的均值没有介于普遍的 0.0400~0.0600，说明企业不能很好地开展外部融资活动，并不会通过财务杠杆的避税效应为公司提高利润。因此，为了增加公司的 R&D 资金投入，公司可以通过向外部借款满足自身生产，进而为公司创造更大的价值。而主营业务收入增长率（Growth）的极大值与极小值分别为 11.8409、-0.6508，说明有些企业主营业务收入呈现负增长，样本企业的收入差距很大。企业成长性波动较大，可能由于创业板制造业企业对市场、宏观政策等因素变动十分敏感，但从总体来看，均值为 0.5663，其增长为正，说明企业处于发展阶段。总资产报酬率（ROE）的极小值为 -1.0160，极大值为 2.4321，可以看出资产收益率的极小值为负，说明有的企业呈亏损状态，还有待进一步提高净利润；全距为 3.4481，能够看出创业板公司的收益率存在很大差异，有可能是因为每个公司的规模不同、产品售价不同、材料成本的不一致等多种因素导致总资产报酬率的差异。

六、相关性分析及多重共线性检验

（一）相关性检验

在对本书提出的假设进行回归检验前，通过相关性分析对创业板企业的股权制衡、董事会规模、高管持股、研发投入与创新绩效间的关系进行初步验证。根据表 5-8 可得，表中的变量多数具有显著相关性。R&D 投入、股权制衡对创新绩效存在同向变动趋势，即企业对 R&D 活动的投入越大，企业的创新绩效提高得越多；CB 越高，越有利于创新绩效的提升；股权制衡与研发投入是显著的同向变动，也就是说，股权制衡度越高，对企业提高研发活动具有越强烈的影响；而董事会规模（BS）与 R&D 投入在 0.01 水平上呈现显著的负向作用，即公司董事会成员的数量越多，对企业的 R&D 投入会造成不利的影响；管理者的持股数量和 R&D 投入在 0.01 统计水平上呈现显著的同向变动趋势，即高管持股的比例增大，会导致企业的 R&D 投入水平大大提升；同时，创新绩效会随着企业的成长性以及总资产收益率的增加而提高，并且资产负债率、企业规模与企业创新绩效呈反方向变动。

表 5-8 变量的相关性分析

变量	INNO	RD	CB	BS	MO	LEV	Growth	SIZE	ROE
INNO	1								
RD	0.290**	1							
CB	0.121**	0.127**	1						
BS	-0.128**	-0.141**	0.007	1					
MO	0.167**	0.176*	-0.199*	-0.072**	1				
LEV	-0.194**	-0.184**	-0.087**	-0.055	-0.187**	1			
Growth	0.104**	0.020	0.004	0.002	0.002	0.051	1		
SIZE	-0.226**	-0.160**	-0.041	0.101*	-0.161**	0.485**	0.176**	1	
ROE	0.305*	0.117**	0.135*	-0.027	0.143**	-0.191*	0.095*	0.145**	1

注:"**"表示在 0.01 水平上显著相关,"*"表示在 0.05 水平上显著相关。

(二) 多重共线性分析

相关分析是变量之间是否存在相互作用的初步测试。然而,在实际的研究过程中,搜集整理的基础数据是客观的,所建立模型中的各个变量可能具有相同的变化趋势,导致多重共线性。当变量之间存在多重共线性时,就不能用所建立的模型去解释各个变量之间的影响。因此,本书选择 VIF 值,即方差扩展因子来测试上述四个模型,并观察每个模型中的变量是否符合要求,通常 VIF 的值大于 10 时,表明存在十分严重的多重共线性;方差扩展因子值接近于 1 时,共线性不严重。从表 5-9 可知,自变量和控制变量的 VIF 值远低于 10,可以看出各变量之间没有共线性。因此,本书构建的模型具有证明力。

表 5-9 多重共线性结果

公司治理结构对创新绩效的影响		公司治理结构对研发投入的影响		研发投入对创新绩效的影响		研发投入的中介作用	
变量	VIF	变量	VIF	变量	VIF	变量	VIF
RD		RD		RD	1.050	RD	1.093
CB	1.056	CB	1.056	CB		CB	1.064
BS	1.015	BS	1.015	BS		BS	1.030
MO	1.094	MO	1.094	MO		MO	1.107
LEV	1.366	LEV	1.366	LEV	1.365	LEV	1.378
Growth	1.018	Growth	1.018	Growth	1.018	Growth	1.018
SIZE	1.326	SIZE	1.325	SIZE	1.316	SIZE	1.330
ROE	1.078	ROE	1.078	ROE	1.060	ROE	1.081

注:"**"表示在 0.01 水平上显著相关,"*"表示在 0.05 水平上显著相关。

七、实证结果分析

（一）直接效应分析

表 5-10 是式（5-8）到式（5-11）的检验结果。式（5-8）检验的是股权制衡、董事会规模、高管持股与创新绩效的关系，根据检验结果可知股权制衡的回归系数（$a_1 = 0.064$，$p<0.05$），因此，可看出股权制衡对创新绩效具有显著促进作用，说明公司中的少数股东为防止自身的利益被大股东侵害，可以行使自身拥有的权利，这对控股股东的 R&D 决策产生一定的影响。同时，少数股东也会监管公司的高层管理者投资，对公司未来发展的战略决策有很大帮助，进而增加公司的创新绩效，假设 1 得到验证。董事会规模的回归系数（$a_2 = -0.086$，$p<0.01$），说明董事会规模与创新绩效之间存在显著负相关关系，这主要是因为董事会成员越多，决策速度越慢，加大了成本，不利于企业提升创新绩效，假设 2 得到验证。高管持股的回归系数（$a_3 = 0.068$，$p<0.05$），说明高管持股对创新绩效产生显著正向影响，可能是由于在企业中高管所持股份比例越高，管理层的使命感和责任感越强，从而有利于企业创新绩效的显著提升，假设 3 得到验证。

表 5-10　公司治理结构与创新绩效回归分析

	1 INNO	2 RD	3 INNO	4 INNO
CB	0.064*	0.086**		0.047
BS	-0.086**	-0.119**		-0.062*
MO	0.068*	0.111**		0.046
RD			0.218**	0.199**
LEV	0.018	-0.105**	0.032	-0.139*
SIZE	-0.300**	-0.071**	-0.294*	-0.286**
Growth	0.083**	-0.02	0.079**	-0.079**
ROE	0.248**	0.057	0.247**	0.237**
D.W.	1.903	1.968	1.912	1.918
R^2	0.212	0.154	0.239	0.248
ΔR^2	0.205	0.150	0.235	0.241
F	33.659	23.432	55.276	36.086

注："**"表示在 0.01 水平上显著相关，"*"表示在 0.05 水平上显著相关。

式（5-9）检验股权制衡、董事会规模、高管持股与研发投入的关系。回归结果显示，股权制衡的回归系数（$b_1=0.086$，$p<0.01$）说明股权制衡与研发投入在0.01水平上显著正相关，这可能是因为在公司治理机制中，股权制衡限制了大股东的股权，公司治理环境被改善，使公司研发活动得以有效运作，假设4得到验证；董事会规模的回归系数（$b_2=-0.119$，$p<0.01$）说明企业董事会规模对研发投入产生负向影响，可能是由于董事会成员越多，涉及的利益面越广，不利于促成具有高风险性的研发投入决策的制定与执行，假设5得到验证；高管持股的回归系数（$b_3=0.111$，$p<0.01$）说明高管持股与研发投入在0.05水平上显著正相关。也就是说，当公司管理者持有更多股份时，对企业的R&D投资更为有利，假设6得到验证。

在式（5-10）中，自变量是R&D投资，因变量是创新绩效，两者进行回归以检验R&D投资是否对企业的创新绩效产生积极影响。结果表明，研发投入的回归系数（$c_1=0.218$，$p<0.01$）说明公司的R&D投入对公司创新绩效产生显著的促进作用，也就是说，公司加大R&D经费的投入对创新绩效具有显著的影响，假设7得到验证。

（二）中介效应分析

式（5-11）将股权制衡、董事会规模、高管持股和R&D投资作为自变量，与因变量创新绩效进行测试。根据Baron和Kenny（1986）的中介研究模型测试R&D投资的中介效应。从式（5-8）的回归结果可以看出来，自变量股权制衡、董事会规模、高管持股与创新绩效存在明显的影响效应；从式（5-9）的回归结果可知，股权制衡、董事会规模、高管持股与中介变量研发投入存在明显的影响效应；从式（5-10）的回归结果可以看出，R&D投资与创新绩效呈显著正相关关系。因此，满足进行中介效应测试的关键步骤，可以对R&D投入的中介效应进行测试。式（5-11）中研发投入与创新绩效（C）的回归系数仍然存在显著影响（$d_1=0.199$，$p<0.01$），所以股权制衡、董事会规模、高管持股是通过R&D投入对创新绩效产生作用。从式（5-11）的检验结果还可看出，股权制衡与创新绩效之间的回归系数（$d_2=0.047$，$p>0.05$），在加入研发投入后，股权制衡对创新绩效的影响不显著，因此中介变量R&D投资在股权制衡与创新绩效之间具有完全中介作用。董事会规模与创新绩效的回归系数（$d_3=-0.062$，$p<0.05$），在加入研发投入后，董事会规模对创新绩效影响依然显著，所以中介变量研发投入在董事会规模与企业创新绩效两者之间是部分中介效应；同理，高管持股与创新绩效的回归系数（$d_4=0.046$，$p>0.05$），表明加入中介变量研发投入后，高管持股对创新绩效的影响不显著，因此，研发投入在高管持股与公司创新绩效之间具有完全的中介作用。根据上述分析结果可知,假设 8、假设 9 得到验证。公司治理结构对创新绩效的作用如图 5-3 所示。

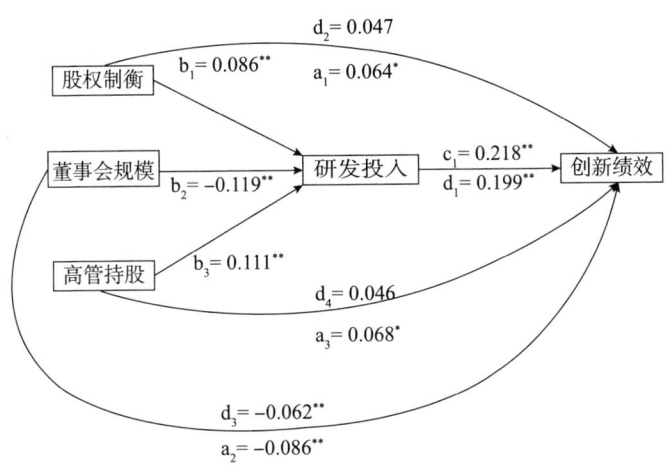

图 5-3 公司治理结构对创新绩效的作用

注:"**""*"分别表示在 0.01 和 0.05 的水平上显著相关。

八、稳健性检验

为了进一步验证上述结论的准确性,进行稳健性测试。依据学者们的探讨,逐步检验法的前提条件相对比较苛刻,要求自变量与中介变量和因变量有显著相关性。然而现实中二者即使没有直接影响也可能会有中介作用,所以传统的检验中介效应的四步法测试出来的中介强度不是很高。因此,本书采用 Mplus 的 Bootstrap 法来测试研发投入在股权制衡(CB)、董事会规模(BS)、高管持股(MO)和公司创新绩效中的作用。检验结果如表 5-11 所示,最后得出的检验结果与本书得到的结论没有很大区别。因此,传统方法检验出的结论总体不存在偏差。

表 5-11 稳健性检验结果

自变量	中介变量	因变量	中介效应		总效应	转换率(%)
			标准回归系数	双侧 p 值		
股权制衡	研发投入	创新绩效	0.011	0.058	0.238	4.6
董事会规模			-0.008	0.074	-0.079	10.1
高管持股			0.012	0.065	0.208	5.8

在进行稳健性测试时，重点对股权制衡（CB）、董事会规模（BS）、高管持股（MO）、研发投入和公司创新绩效的相关性进行测试，不检验控制变量对中介变量和因变量的作用。依据Bootstrap法测试的结果（见表5-11）可以看出，在加入研发投入后，股权制衡对公司创新绩效的影响变成0.011（p>0.05），董事会规模对公司创新绩效的影响变成-0.008（p>0.05），高管持股对企业创新绩效的影响变成0.012（p>0.05），这说明在引入R&D投入以后，三者对公司创新绩效的作用均不明显。依据传统方法中的最后一步，可以得出R&D投入在股权制衡、董事会规模、高管持股与公司创新绩效之间起着完全中介作用。因此，Bootstrap法测试得出的结果表明：R&D投入在股权制衡、董事会规模、高管持股与公司创新绩效间均是完全中介作用；与传统的方法相比，通过Bootstrap法测试得到的中介作用更大，但大体上和本书的研究结论不存在明显差异。采用Bootstrap法测试的中介效应更明显，原因可能是在进行检验时未加入控制变量以及该方法对中介效应的测试统计效果更好，所以加大了研发投入在股权制衡、董事会规模与公司创新绩效之间的中介作用。但股权制衡对创新绩效的直接影响为0.238，研发投入的中介效应占总效应的4.6%，可以看出研发投入的中介效应还不是很强；由于股权制衡对公司创新绩效总体上是促进的作用，故公司应提高中小股东持股数，进而通过提高研发投入效率来提升创新绩效。董事会规模的总影响效应为-0.008，中介效应占到总效应的10.1%，研发投入转换效率比研发投入在股权制衡与创新绩效间的高；鉴于董事会规模对公司研发投入具有负向影响，需要考虑构建较小的董事会规模来促进研发活动，进而提升创新绩效。高管持股对创新绩效的总效应为0.208，其中中介效应占总效应的5.8%，说明中介变量研发投入的中介效应不是很强；由于高管持股对公司创新绩效总体上是明显的促进作用，因此企业给予高管一定的股权，有利于公司管理者关注R&D研发活动，从而促进公司创新绩效的提升。

九、研究结论

本节以创业板高新技术企业2015~2017年的相关数据作为研究样本，以中介效应的逐步检验法为理论基础，主要运用多元回归模型对股权制衡、董事会规模、高管持股、研发投入以及企业创新绩效之间的关系进行了分析。通过研究得到以下结论：

（1）股权制衡、高管持股对企业创新绩效具有积极的正向影响，即股权制衡、高管持股对企业的创新绩效具有促进作用；而董事会规模对企业创新绩效则具有显著的负向影响。

（2）股权制衡、高管持股对研发投入具有显著的正向影响，董事会规模对研发投入具有显著的负向影响，类似于股权制衡、董事会规模、高管持股与企业创新绩效的关系。

（3）研发投入在股权制衡、董事会规模、高管持股与创新绩效之间存在中介作用，这反映了股权制衡、董事会规模、高管持股对创新绩效的作用路径。研发投入在高管持股与企业创新绩效之间发挥完全中介作用。在未加入成长性、资产负债率、企业规模、总资产报酬率这些控制变量并且运用 Bootstrap 法对董事会规模与企业创新绩效之间的关系进行最大似然估计研究时，研发投入在股权制衡、董事会规模与企业创新绩效之间均发挥着完全中介作用；用逐步检验法对控制变量、自变量、中介变量以及因变量进行整体的回归分析时，研发投入在股权制衡、董事会规模与企业创新绩效之间发挥着部分中介作用。虽然两种方法对研发投入在董事会规模与企业创新绩效之间是完全中介作用还是部分中介作用的研究结果有差异，但是都证明了研发投入在股权制衡、董事会规模与创新绩效之间发挥着中介变量的作用。

第三节　内部控制对创新绩效的作用机理

在企业的创新活动中，仅有源源不断的研发投入，却难以将投入转化为绩效，也不代表创新的成功。并且企业的技术创新活动是在既定的内部环境下完成的，内部环境的治理需要内部控制制度的有效执行。内部控制作为企业制衡和监督的控制机制，在企业风险的防范和资源的配置中起着重要作用，这也就对研发投入是否能够有效地转化为企业的创新绩效有着重要的影响。所以，如何完善内部控制制度，将研发投入有效地转化为企业的创新绩效，从而提高企业技术创新水平，成为了我国企业目前亟待解决的问题。

一、调节作用

（一）调节作用的概念

国外学者 Sharma（1981）是对调节作用最早进行研究的学者，他认为，调节变量是影响两者关系形态或强度的变量，具体是指影响因变量与自变量之间关系的变量。我国学者李艾、李君文（2008）将调节变量定义为系统地改变一个自变量与一个因变量之间关系形态或强度的变量；或者说是影响一个自变量与一个因变量之间关系的方向或强度的变量。他们认为调节变量的作用是双向的，它既可以增强和减弱强度，也可以使斜率在正与负之间变化。

在社会科学研究中，由于各种因果关系和各种变量间关系的复杂性、隐蔽性，调节变量的作用容易被忽略。但实际上，在管理学和社会行为学等许多领域，调节效应都起到了关键的作用（Aguinis，1995）。

（二）调节变量的分类

调节变量表现出的最本质的特征是它与其他一些变量的交互作用，在回归方程中表现为一个交互项。因此，调节作用经常也被称为交互作用。在不同的情况下，调节变量的作用以及它与其他变量的关系不尽相同，因而调节变量有不同的类型。Sharma等（1981）根据调节变量是否与自变量有交互作用，将调节变量分为两种基本类型。

第一种类型的调节变量与自变量没有交互作用，但影响模型中自变量与因变量之间关系的强度，称为同质调节变量；第二种类型的调节变量与自变量之间有交互作用，它影响自变量与因变量之间关系的形态或方向。根据调节变量与因变量和/或自变量的相关关系，第二种类型的调节变量又分为纯调节变量和半调节变量。调节变量的分类如图5-4所示，方框1中的变量不属于调节变量。

	与因变量和/或自变量相关	与因变量和自变量不相关
与自变量无交互作用	1 干涉、外生、前提、压制等自变量	2 同质调节变量
与自变量有交互作用	3 半调节变量	4 纯调节变量

图5-4 调节变量分类（Sharma等，1981）

1. 同质调节变量

图5-4方框2中为同质调节变量，它影响因果关系的强度，与自变量没有交互作用，并且它与因变量和自变量都没有显著的正相关关系。

对个体i，设自变量与因变量的函数关系为：$y_i = f(x_i) + \varepsilon_i$。其中，$y_i$为因变量，$x_i$为自变量，$\varepsilon_i$为随机误差项（各变量名的意义下同）。

Sharma等（1981）解释，变量x与y之间关系的强度取决于误差项ε的大小，误差项越大，x与y关系的强度越小，反过来也一样。如果假定误差项是某变量（比如m）的函数，那么以该变量m为基础将观测样本分成若干组，其中各组内个体误差的方差相同，而组间的方差不同，那么一些组的预测效力会较低，而某些组的预测效力将比全部样本的预测效力更高。用来将一些样本划分为同质（即同方差）的组的变量 m，必定是一个调节变量，称为同质调节变量，这类调节变量导致自变量的效力在子样本（组）之间产生差异。

由此可见，同质调节变量的作用对象是误差项 ε，它使 x 与 y 函数关系中的误差项产生异方差性，从而对于不同样本组，x 与 y 关系的强度不同。

2. 纯调节变量和半调节变量

纯调节变量和半调节变量影响自变量与因变量之间关系的形态或方向。由于 x 与 y 之间关系的形式不影响对调节变量概念的讨论（Sharma 等，1981），通常都假定 x 与 y 为线性关系，即：

$$y = a + b_1 x \tag{5-12}$$

再假定这种线性关系的形态是第三个变量的函数：

$$y = a + (b_1 + b_2 m) x \tag{5-13}$$

显然，变量 m 的变化将改变式（5-13）的斜率，或者说影响 x 与 y 之间关系的形态或方向。式（5-13）等价于：

$$y = a + b_1 x + b_2 m x \tag{5-14}$$

在式（5-14）中，变量 m 与自变量 x 和因变量 y 都不相关，但它通过与变量 x 的交互作用（以乘积 mx 作为载体）改变 x 与 y 的关系的形态，这类调节变量称为纯调节变量。计量心理学要求调节变量与因变量和自变量都不相关，但与自变量有一个清晰的可解释的交互项（Baron 和 Kenny，1986），可见计量心理学所说的调节变量就是纯调节变量。

调节变量既可以是定性或离散变量，也可以是定量或连续变量（Baron 和 Kenny，1986；Sharma 等，1981），如果调节变量 m 为二分变量，它对自变量 x 与因变量 y 的关系影响如图 5-5 所示；若 m 是连续变量，那么它将连续地改变直线方程的斜率，如图 5-6 所示。

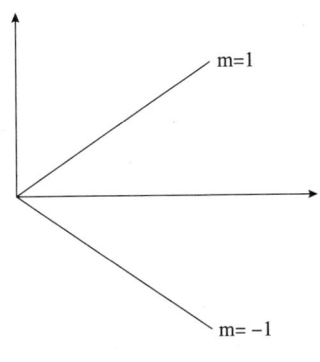

图 5-5 二分调节变量

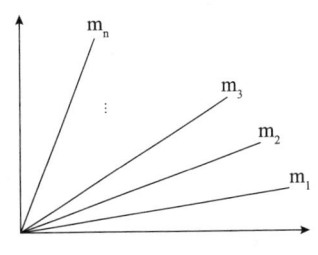

图 5-6 连续调节变量

如果调节变量 m 不仅与自变量 x 有交互作用,并且其本身也是一个自变量,那么它就是图 5-4 方框 3 中的半调节变量,用线性方程表示,即:

$$y = a + b_1 x + b_2 mx + b_3 m \qquad (5\text{-}15)$$

半调节变量本身也是自变量,那么它当然应该与因变量 y 有相关关系,并且还可能与自变量 x 有相关关系。

由于式(5-15)中 m 与 x 的对称性,仅仅根据数学形式无法判断 m 与 x 哪个是调节变量。这个问题虽然在数学上(比如估计方程)无关紧要,但其理论意义是大不相同的。如果不区分两者,很可能造成一个模型理论解释上的逻辑混乱。正是这个原因,计量心理学将调节变量限制为纯调节变量,以消除在判断两个自变量中哪个是调节变量时产生的模糊性(Sharma 等,1981)。但是,这样的限制同时也缩小了对变量间关系的探索范围,所以,既要尽可能地消除模糊性,又不至于使调节变量的设立范围受到限制,对(半)调节变量的判断应该以相关理论为基础。判断一个模型中的两个自变量,哪个还起着半调节变量的作用,先要有相关理论上的解释和理由,然后才有进行检验的意义。

(三)调节变量的模型表述

1. 图形表述

考虑到调节变量分为同质调节变量、纯调节变量和半调节变量,图示的方法能较清晰明确地表示各种调节变量。图 5-7 表示同质调节变量和纯调节变量;图 5-8 表示半调节变量,如 Srinivasan 等(2002)、Davis(2000)所用的图示方法。另外,还可以在图中连线旁标上"+"或"-"号,以表示调节作用是增强或减弱某种关系。但是在实际研究中,大部分学者用图 5-7 形式概括表示各种调节变量,解释调节作用,如 Sharma(2003)、Nystrom 等(2002)、王亚萍(2017)。

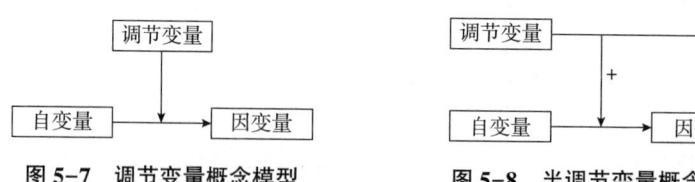

图 5-7 调节变量概念模型　　图 5-8 半调节变量概念模型

2. 语言表述

用语言即以假设陈述的形式对调节变量的作用进行表述是最常见和明确的一种表述方法,其一般形式为:①假设:m 将调节 x 与(或对)y 的关系(或作用);②假设:m 将加强(或减弱)x 与(或对)y 的关系(或作用);③或假设：x 与（或对）y 的关系（或作用）将随 m 的变化而增强（或减弱）。

对调节变量的交互作用通常单独设立假设进行表述，若调节变量同时还是自变量，即还有主效应，则另外设立假设表述。而且，一般总是先表述主效应，后表述交互作用，以使待检验模型中变量间主次要关系较为清晰。

另外，很多文献经常使用"加强"（或减弱）这类词汇说明调节变量的作用，但是它们不是特指同质调节变量加强了某种关系的强度，实际上更多的是指纯或半调节变量使线性回归方程的斜率增大，即自变量的回归系数增大。在回归分析中，x 与 y 的因果关系的强度取决于估计出的方程解释了多少方差和自变量的回归系数是否显著，而与回归系数的大小无关。所以，这里所说的"加强"只是语言表述上的一种习惯。

图示表述与语言表述各有所长，前者直观清晰，后者明确具体，实际研究中最好两者结合使用。

（四）调节变量的识别与检验

调节变量的识别就是确定某个变量 m 是不是调节变量，如果是，又是哪类调节变量。对调节变量的识别主要是通过两种统计检验方法进行的，调节变量回归分析（Moderator Regression Analysis，即 MRA）和分组分析方法。

与其对调节变量的分类分析相对应，Sharma 等（1981）建立了一个清晰的调节变量识别程序，如图 5-9 所示，调节变量的类型可以按照其是否与自变量之间存有交互作用，分为两种类型。如果交互项系数显著，则调节变量对因变量和自变量之间的关系具有调节作用。其中，若调节变量与因变量相关，则是半调节变量；若两者不相关，则是纯调节变量。如果交互项系数不

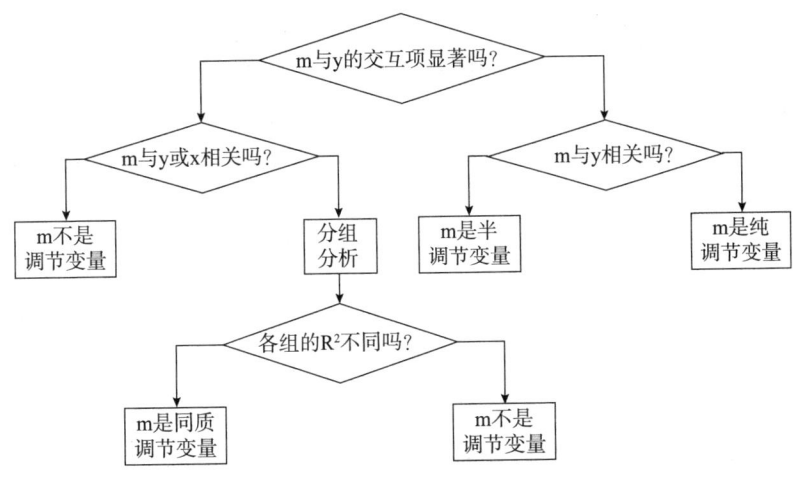

图 5-9 调节变量识别过程

显著，且调节变量与因变量不相关，也与自变量不相关，则可以采取分组分析，看各组 R^2 是否相同。若相同，则是同质调节变量；若不同，则不是调节变量；若调节变量与自变量或因变量相关，则不是调节变量。图 5-9 中 x 是自变量，y 是因变量，m 是调节变量。

1. 调节变量回归分析（MRA）

MRA 方法是采用分层回归法对调节变量进行检验的，调节效应的分层回归法具体分为三个步骤：第一步加入控制变量对自变量与因变量的关系进行回归分析；第二步在第一步模型的基础上加入调节变量进行回归分析；第三步在第二步模型的基础上加入自变量与调节变量的乘积项对调节效应进行检验。

MRA 方法只能识别和检验纯或半调节变量，对同质调节变量的识别和检验是通过分组分析方法进行的。

2. 分组分析

分组分析方法以假设的调节变量 m 为基础将样本分为若干个子样本（组），通过比较由各个组样本估计出来的 x 与 y 关系的回归方程来达到识别和检验调节变量的目的。

样本分组后，一般来说我们可以用邹检验来判断由各个组的样本估计出来的同一个回归方程是否相同，也就是检验回归方程的结构稳定性。但是，邹检验无法判断回归方程结构的改变是由于斜率还是截距项或是两者都发生了变化，因而也就无法识别调节变量的类型。用虚拟变量法（Damodar, 2000）虽然可以解决这个问题（在这里虚拟变量就是调节变量），但当调节变量为连续变量时，人为地将连续变量分段作为样本分组的基础又可能造成信息损失，所以用分组分析方法检验连续调节变量是不合适的（Darrow 和 Kahl, 1982），另外，方差（ANOVA）也可以用于判别交互作用，但这种方法更适合于安排好的试验而不是自变量和调研数据（Villa 等, 2003）。

由此可见，虽然各种分组分析方法可用来检验调节变量，但由于其单独使用时的种种局限，在实际应用中我们需要格外谨慎。一个好的策略是在理论的支持下检验同质调节变量（比如样本分组后进行邹检验），其他调节变量用 MRA 方法识别和检验，如果只是探索性的研究，则先用 MRA 方法对调节变量进行识别，排除了其他可能后再用分组分析方法来检验同质调节变量存在的可能。

二、研究假设

（一）研发投入与创新绩效的关系

随着中国全面进入创新时代，企业的技术创新成本也在不断增加。对于本书的创业板上市公司来说，提高技术创新能力是保持企业核心竞争力的有效途径，研发投入是企业进行研发创新活动，获取新产品或新技术的必要资源。

在企业的研发投入中，研发经费的投入对企业创新活动具有深远意义，对企业的创新产出有积极的促进作用（邵同尧，2011）。一家企业的研发经费是否充足，影响到企业的各方面，包括置办先进的仪器设备，招聘及引进更有能力的科技人员和研发人员，保证企业创新活动的进程及创新活动的水平等，研发经费越充足的企业越有能力持续开展创新活动，相较于研发经费不足的企业，其创新绩效通常也要高出许多（朱磊，2016）。因此，研发投入从一定程度上可以反映一家企业的研发能力和基础创新能力，同时也能从一定程度上显示企业的潜在创新产出水平。并且国内外也有越来越多的研究证实，合理增加企业研发投入，提高研发投入的利用效率，将会大大提升企业的创新产出。

国内外学者关于研发投入与企业创新绩效之间的关系的研究也较多，涉及范围较广，所得结论大致可以分为三类：正向关系、负向关系和曲线关系。Pavitt 和 Wald（2013）将新产品销售额等作为技术创新绩效的指标，发现研发投入与创新绩效之间存在正相关关系。而 Mank 和 Nystrom（2001）发现在计算机行业中研发投入会降低企业的创新绩效。Yu-Shan Chen 等（2012）对环境质量、经理技能和研发投入与创新绩效之间的关系进行了研究，最后得出，随着研发投入的增长，创新绩效并不会一直提高，两者之间是一种非线性相关关系。我国学者王素莲（2018）以上海和深圳515家中小板上市公司为研究样本，发现 R&D 投资强度对公司创新绩效有正向促进作用，且企业家冒险倾向正向调节 R&D 投资与创新绩效之间的关系。蒋开东等（2015）选取中国 2009~2011 年高技术产业企业作为研究对象，发现协同创新与科技产出之间呈现负相关关系，外部研发的资源利用率偏低，导致企业外部研发支出与创新产出之间呈现显著的负相关关系。金伊雯（2018）以 2012~2015 年 374 家制造业高技术上市企业为研究样本，研究发现研发投入与高新技术企业创新绩效之间具有显著的倒"U"形关系。

基于上述分析，提出以下假设：

假设 1：研发投入与创新绩效之间呈正相关关系。

（二）内部控制与创新绩效的关系

对于企业而言，任何一项经济业务活动的开展都要经过其既定控制机制的流程和监控。企业技术创新活动虽然有别于生产制造等基础性的经营业务，但其实质是一项特殊的企业经济业务活动。因此，其开展必然受到企业预先设定的控制机制的约束，以达到防控项目运营风险和抑制经营者机会主义行为的目的。

首先，企业创新活动具有持续时间长、消耗资金大和创新成果不确定性大的特点，项目风险大导致创新成果不显著。而运行良好的内部控制机制可以较大程度地防控和降低创新活动的风险，减少创新活动预期收益不确定性因素，从而使创新绩效得以提升。时现（2016）的研究表明，内部控制通过梳理开拓企业的创新文化、规范研发项目流程和提高研发人员素质等措施来控制和防范企业研发活动的风险，从而实现创新绩效的提升。其次，由于信息不对称情况的发生，经营者往往存在机会主义行为（Eberhart，2008），他们会出于对个人发展和私人效用的追求，选择规避高成本和高风险带来的经营失败风险项目，而公司创新活动作为高风险项目的典型，自然会被这类经理人规避从而产生技术创新整体投入不高的情况，最终技术创新绩效不高（Murphy，2004）。方红星（2011）、Yang（2012）、李萍（2015）等学者的研究发现，内部控制对创新活动中产生的代理成本问题和信息不对称问题具有抑制作用。由此可见，企业的内部控制质量越好，企业的创新绩效越高。

国外学者对内部控制与创新绩效的研究起步较早，我国相关方面的研究起步较晚，但大致出现了两种观点，一是加强内部控制可以促进企业的创新活动，二是加强内部控制对企业的创新活动具有阻碍作用。Simons（1995）认为，内部控制通过设立严格的监控干预、预算制度和考核机制，能有效抑制创新活动中不合理研发项目的泛滥、研发过程混乱、研发资金使用低效等代理问题，进而提高创新绩效。Ping Li 等（2017）考察了内部控制质量与探索性创新、常规性创新和全面创新的关系，研究发现内部控制质量与企业创新活动，尤其是与探索性创新呈负相关关系。在高新技术企业中，内部控制质量与探索性创新的负相关关系更为显著。我国学者李萍（2015）研究发现，高质量的内部控制有助于加强企业研发投资力度，并增强企业研发投资的价值相关性，反过来研发投资会增加企业的风险性，因此企业可能会追求更高的内部控制质量，如此便形成内控—研发投资—内控的良性循环，而且这种促进作用在非国有企业和高新技术企业中尤为显著。许瑜和冯均科（2017）研究发现，企业内部控制在高管激励和创新绩效之间起着正向调节作用。他们认为践行有效的内部控制，有利于减少信息不对称性并对创新风险进行合理评估，有利于监督高管利己但不利于公司发展的行为，从而营造良好的创新环境，促进企业创新。

基于上述分析，提出以下假设：

假设2：内部控制与创新绩效之间呈正相关关系。

(三) 内部控制对研发投入与创新绩效关系的影响

众所周知，企业要想提高创新绩效水平可以开展技术创新活动，加大研发投入，但是并不是研发投入越多，企业创新绩效就越高，而是由企业是否能够将研发投入高效率地转化为绩效所决定的。

企业的研发活动从开始到最终的结果产出需要一个过程，而在这一过程中，从立项、研发过程管理、结题验收到最终研究成果的开发和保护，每个阶段都存在风险性和不确定性，需要有效的治理机制对此过程进行严格的控制。一方面，研发投入与企业创新绩效之间的关系受经营者机会主义行为的影响，而内部控制制度能够对经营者机会主义行为进行约束。当公司委托代理问题存在时，经营者和股东的目标存在差异，因而会导致经营者机会主义行为的发生（王亚萍，2017）。经营者可能会为了获取私利，致使企业的投资意愿偏离原有的水平（Asker，2011），若企业研发投入无法真正投入到创新活动中，最终必将影响企业创新绩效。而内部控制作为一种控制机制，可以保证企业各部门人员按规定行使权力。因此，内部控制对研发投入与创新绩效之间的关系会产生影响。另一方面，内部控制可以通过严格的预算制度和考核机制有效抑制创新活动中研发资金使用率低效等代理问题（Simons，1995），通过严格的组织规划和分工明确各部门、各岗位和各员工的职责，实现研发队伍的制度化和规范化，进而提高创新绩效。

基于上述分析，提出以下假设：

假设3：内部控制在研发投入与创新绩效关系之间起着正向调节作用。

三、样本选取与数据来源

创业板上市公司中高新技术企业占比较大，且对于创新活动比较重视，所以本书以创业板上市公司为基础，选取2015~2017年连续获得高新技术企业资质认证的创业板上市公司。此外，本书根据以下原则对数据进行进一步的筛选，以确保数据的合理性：剔除研究期间内ST、PT和*ST的创业板上市公司；剔除研究期间数据不全的公司，最终共得到885个样本。文中样本企业内部控制的数据来自迪博企业风险管理技术有限公司发布的"迪博·中国上市公司内部控制指数"，其余数据主要来自国泰安CSMAR数据库、巨潮资讯网和企查查官方网站，数据处理由SPSS24.0和Excel软件完成。

四、变量设计

（一）被解释变量

创新绩效（INNO）是企业创新活动的成果产出，以往研究多以新产品数量、新产品销售收入与总销售收入的比值和专利数量等来衡量创新绩效。企业的新产品是企业创新活动的产出成果,但是由于我国创业板上市公司成立时间较短,相关制度不规范,企业的年报等各种公开信息对新产品相关信息的披露还不全面,想要完整地收集到创业板上市公司新产品相关信息比较困难。而专利同样与企业的创新能力直接相关,且专利数量具有可获得性、通用性、一致性等优点,因此,本书用专利数量来衡量企业的创新绩效。

专利可分为发明专利、实用新型专利和外观设计专利三类,其中实用新型专利和外观设计专利被公认科技含量较低,不能很好地体现企业的创新能力,而发明专利的科技含量较高,能更好地体现企业的创新能力。同时,为了减少绝对数指标不利于比较的弊端,本书用专利授权数与百万元资产的比值来作为企业创新绩效的代理变量。

(二)解释变量

从资源的角度定义,研发投入是企业在进行研发活动时所投入的资金,上市公司的公司年报中会披露研发费用。对于研发经费投入,有的学者采用绝对指标,有的学者采用相对指标。绝对指标是指研发投入金额绝对值,相对指标是指研发经费投入强度。本书认为,不同的企业规模在研发经费投入和研发人员投入这两方面存在差异,因此采用相对指标更能针对性地反映企业研发投入的程度,本书的研发投入强度采用研发经费投入占营业收入的比值进行表示,研发投入强度反映各个企业研发费用的相对程度。若研发投入强度的数值较高,预示着企业的创新投入是企业的一项较大的支出,即企业对研发创新较为重视,也就更有利于企业提高自身的创新绩效。

(三)调节变量

本书将内部控制(ICI)作为调节变量,研究内部控制在研发投入与创新绩效之间的调节作用。内部控制指标的衡量采用迪博企业风险管理技术有限公司发布的"迪博·中国上市公司内部控制指数",该指数旨在衡量企业内部控制实施的效率和效果,是迪博研发团队、中国证券监督管理委员会和中山大学共同研究的项目,具有权威性;评价内部控制指数的数据主要来自企业年报、内部控制评价报告、审计报告和公告等,具有真实客观性;该指数涵盖了经营回报信息、经营合法性、资产安全、企业战略执行结果、披露真实完整性五个方面,内容上具有全面性的特点。因此,该内部控制指标自2011年发布以来,也得到了监管机构、研究学者、上市公司及主流媒体等的广泛认可。迪博内部控制指数越大表示企业的内部控制质量越好,由于迪博内部控制指数数值较大,本书对其取自然对数作为代理变量进行实证分析。

(四) 控制变量

1. 企业规模 (SIZE)

企业规模的大小会影响到公司内部控制制度的建立，一般认为企业规模越大，其公司经营与管理活动会更加规范；另外，相比于规模小的企业，规模大的企业有更丰富的资源可以支配，在研发的资金和人力上投入也会更多，最终会影响到企业的创新绩效。也有学者持有不同的观点，他们认为小企业能够更灵活地进行创新型生产，这更有利于企业提高创新绩效。尽管目前学者在企业规模和创新活动的关系方面未达成一致观点，但企业规模与企业创新绩效是存在显著的影响效应的。所以本书将企业规模作为控制变量来研究其对企业创新绩效的影响，采用企业期末总资产的自然对数来衡量企业规模，因为企业的期末总资产越多，表示企业有越多的资源进行创新活动。

2. 资产负债率 (LEV)

资产负债率反映了企业的偿债能力，资产负债率越高，企业能够用于研发的资金相对就会越少，不利于研发活动的开展。此外，较高的资产负债率也会影响到企业的融资能力，进而影响企业的创新绩效，从而资产负债率对创新绩效产生负向的影响。因此本书将企业的资本结构作为创新绩效研究过程的控制变量，资产负债率为期末总资产与期末总负债的比值。

3. 股权集中度 (CR)

股权集中度不同会对公司内部控制质量和创新活动产生不同的影响效果。一般而言，当股权过于集中时，大股东对公司的控制力或者影响力就越强，大股东为自己争取更大的权益的行为会影响公司内部控制制度的有效运行，大股东在缺乏制衡机制情况下做出的一些非理性行为也会对企业的创新绩效产生负面影响。当股权过于分散时，公司受到外部监督的强度较小，管理层在工作中就会更多地考虑自身利益，因此就会加大代理冲突所产生的逆向选择和道德风险，影响内部控制的有效性。并且股权过于分散，会降低信息在各参与者之间的流通速度，从而降低企业的决策速度，也不利于企业创新活动的开展。只有在股权适度集中时，才有利于企业对生产资源进行合理的分配，才有利于运行有效的内部控制制度的建立，从而激励企业进行大规模的自主创新生产。本书用第一大股东持股比例来衡量企业的股权集中度。

各变量定义如表 5-12 所示。

表 5-12　变量定义

变量类别	变量名称	变量符号	变量定义
被解释变量	创新绩效	INNO	发明专利的数量
解释变量	研发投入强度	RDI	研发经费投入/营业收入
调节变量	内部控制	ICI	迪博·中国上市公司内部控制指数，取自然对数
调节变量	企业规模	SIZE	公司期末总资产，取自然对数
	资产负债率	LEV	资产总额/负债总额
	股权集中度	CR	第一大股东持股数/总股数

资料来源：笔者整理。

五、模型构建

（一）模型介绍

本书主要研究内部控制对高新技术企业创新绩效的影响。为了更合理地探讨内部控制对创新绩效的影响路径，将内部控制作为研发投入与企业创新绩效之间的调节变量，构建了调节效应检验模型。内部控制在研发投入与创新绩效之间的中介效应的检验是根据 Sharma（1981）和李艾（2008）关于调节变量的研究成果，采用层次回归法进行设计的。调节效应的层次回归法具体分为三个步骤：第一步加入控制变量对自变量与因变量的关系进行回归分析；第二步在第一步模型的基础上加入调节变量进行回归分析；第三步在第二步模型的基础上加入自变量与调节变量的乘积项对调节效应进行检验。

（二）模型设计

为验证假设 1，第一步先考虑研发投入强度在企业规模、资产负债率和股权集中度的限定因素内对创新绩效的影响：

$$INNO = \beta_0 + \beta_1 RDI + \beta_2 SIZE + \beta_3 LEV + \beta_4 CR + \varepsilon \quad (5-16)$$

为验证假设 2，第二步考虑内部控制在企业规模、资产负债率和股权集中度的限定因素内对创新绩效的影响：

$$INNO = \beta_0 + \beta_1 ICI + \beta_2 SIZE + \beta_3 LEV + \beta_4 CR + \varepsilon \quad (5-17)$$

为检验假设 3，采用层次回归法，先在模型（5-16）的基础上加入内部控制这一调节变量，然后再引入研发投入强度与内部控制的乘积项对内部控制的调节作用进行检验：

$$INNO = \beta_0 + \beta_1 RDI + \beta_2 ICI + \beta_3 SIZE + \beta_4 LEV + \beta_5 CR + \varepsilon \quad (5-18)$$

$$INNO = \beta_0 + \beta_1 RDI + \beta_2 ICI + \beta_3 RDI \times ICI + \beta_4 LEV + \beta_5 CR + \varepsilon \quad (5-19)$$

六、统计分析

(一) 描述性统计分析

本节对所选取的 295 家研究样本 2015~2017 年的创新绩效、研发经费投入强度 (RDI)、内部控制指数 (ICI)、企业规模 (SIZE)、资产负债率 (LEV) 和股权集中度 (CR) 进行描述性统计,对这些变量的均值、中值、极小值、极大值和标准差进行全样本的统计分析,如表 5-13 所示,并对每年各变量的均值进行趋势性分析,如表 5-14 所示。

表 5-13　全样本描述性统计

	INNO	RDI	ICI	SIZE	LEV	CR
均值	0.0028	6.6749	6.3646	21.5329	32.6627	57.0168
中值	0.0011	4.9700	6.4862	21.4653	30.2796	57.8000
标准差	0.0058	6.5764	0.7867	0.7789	17.0702	11.5577
全距	0.0842	72.6900	6.6658	4.9890	100.9634	63.2900
极小值	0.0000	0.0600	0.0000	19.5550	2.7605	22.4800
极大值	0.0842	72.7500	6.6658	24.5440	103.7239	85.7700

表 5-14　变量年度均值描述性统计

	2015 年均值	2016 年均值	2017 年均值
INNO	0.0027	0.0029	0.0030
RDI	6.0668	7.1935	6.7643
ICI	6.3166	6.4513	6.3257
SIZE	21.298	21.5549	21.7458
LEV	30.8538	31.8108	35.3235
CR	58.9713	56.8317	55.2474

1. 创新绩效

表 5-13 描述性统计显示 2015~2017 年创业板高新技术企业连续 3 年创新绩效 (INNO) 均值为 0.0028,全样本的中值为 0.0011,即全体样本分布为右偏分布。而创新绩效的极大值为 0.0842,极小值为 0.0000,极差为 0.0842,表明高新技术上市公司创新绩效极差非常大,且标准差为 0.0058,超过了平均水平,说明各企业发明专利数量存在非常大的差异。考虑到不同行业的技术特性不同,像计算机、通信和其他电子设备制造业,医药制造业,专用设

备制造业的企业发明专利授权量会比较多，而像仓储业、畜牧业、软件与信息服务业企业在发明专利授权量上难以与前者相匹敌，这种差异全面反映了创业板高新技术企业的实际情况。从表 5-14 可以看出，创业板高新技术企业年平均创新绩效从 0.0027 上升到 0.0030，说明创新绩效在 2015～2017 年呈持续上升趋势。

2. 研发投入强度

由表 5-13 可知我国创业板上市公司研发经费投入强度（RDI）2015～2017 年的均值是 6.6749，全样本的中值为 4.9700，说明全样本分布为左偏分布。根据国内外研究统计，企业研发经费投入强度达到 3%，在竞争中就能具备较强的技术创新优势（金伊雯，2018），这也说明我国创业板高新技术企业研发经费投入整体上处于一个较高的水平。另外，不同企业之间研发经费投入强度差距也非常大，其中极大值为 72.7500，极小值为 0.0600，极差为 72.6900，标准差为 6.5764，说明不同企业对研发活动的重视程度不尽相同，两极分化现象明显。通过表 5-14 可知，研发经费投入强度均值从 2015 年到 2017 年呈先上升后略有下降趋势。

3. 内部控制指数

从表 5-13 可以看出企业内部控制指数（ICI）均值为 6.3646，中值为 6.4862，样本的内部控制水平呈左偏分布。样本内部控制指数的极大值为 6.6658，极小值为 0.0000，极差为 6.6658，表明创业板高新技术企业之间内部控制体系建设存在较大的差异。但标准差为 0.7867，说明高新技术企业之间的内部控制指数数值较为集中。且部分公司内部控制指数为 0，这些公司在内部控制制度建设和实施或内部控制情况披露上存在严重的缺陷，还需加强内部控制制度的建设和内部控制信息的披露。从年度发展趋势来看，内部控制指数较为平稳，说明我国创业板高新技术企业的内部控制质量需要很大程度的提升。

4. 控制变量

企业规模（SIZE）极大值为 24.5440，极小值为 19.5550，两者差距不大，标准差也较小，且呈逐年上升态势，这可能是因为创业板高新技术企业大多是中小型、创新型、成长型公司，各公司规模之间差距不大，且大都处于成长期。资产负债率（LEV）的均值为 32.6627，一般认为企业的资产负债率均值在 23.0000～45.0000 是合理的（高鹏华，2015），说明本书所选样本企业整体上保持在正常范围内。资产负债率标准差为 17.0702，这预示着高新技术企业对外举债的比率大多维持在 32% 左右，资产负债率数据比较集中，不分散。但是极大值为 103.7239，大于 100，表明已有企业资不抵债，偿债风险较大。股权集中度（CR）的均值为 57.0168，达到了 50 以上，且有逐年下降的趋势，这说明高新技术企业的股权相对比较集中。前十大股东持股比例的极大值为 85.7700，极小值为 22.4800，极差为 63.2900，标准差不是很大，为 11.5577，说明股权集中度数据的离散度较小，但各高新技术企业股权结构还存在一定的差异。

（二）相关性分析

在采用多元回归模型对本书所提出的假设进行检验之前，本书首先采用 Pearson 相关分析的方法初步探索创业板高新技术企业的内部控制、研发投入与创新绩效三者之间的相关关系及检验其多重共线性问题，表 5-15 是对全样本进行的 Pearson 相关性检验，该数值越接近 1 说明两个变量之间的正向相关性越高，越接近 -1 说明两个变量之间的负向相关性越高，越接近于 0 说明两个变量之间的相关性越低。明晰变量之间的相关关系也为后文进一步对变量之间的因果关系进行探讨提供了初步的思路。

表 5-15 各变量的 Pearson 系数

变量	INNO	RDI	ICI	SIZE	LEV	CR
INNO	1					
RDI	0.290**	1				
ICI	0.073*	-0.010	1			
SIZE	-0.336**	-0.160**	0.003	1		
LEV	-0.194**	-0.184**	-0.048	0.485**	1	
CR	-0.070*	-0.055	-0.079*	-0.081*	-0.051	1

注："*""**"分别表示相关系数在 5%、1% 水平下显著。

从表 5-15 可以看出，企业创新绩效与研发经费投入强度在 1% 的水平上显著正相关，企业创新绩效与内部控制在 1% 的水平上显著正相关，企业创新绩效与企业规模在 1% 的水平上显著负相关。而创新绩效与资产负债率呈显著负相关关系。同样，创新绩效与股权集中度呈显著负相关关系。

若变量之间存在多重共线性，模型对各变量之间的关系估计将失去预测功能，直接导致变量之间的显著性和变量之间的影响效应不再具有任何意义。Pearson 相关系数在 0.5 以上表示变量之间可能存在多重共线性问题，而由表 5-15 可以看出，本书各变量之间的相关系数均未超过 0.5，说明各变量之间不存在多重共线性问题，可进行下一步检验。

（三）回归分析

如表 5-16 所示，为检验假设 1，先进行研发投入强度与创新绩效的回归。

通过模型（5-16）的回归结果可以看到，在控制了其他影响创新绩效因素的情况下，研发经费投入强度在1%的显著水平下为正（0.235，7.511），假设1得到验证，即研发投入与创新绩效之间呈正相关关系。在控制变量方面，企业规模与创新绩效之间存在显著的负相关关系，资产负债率与创新绩效之间存在负相关关系，但不显著，股权集中度与创新绩效之间存在显著的负相关关系。

为验证假设2，对内部控制指数和创新绩效进行了回归。通过模型（5-17）的回归结果可以看到，在控制了其他影响创新绩效因素的情况下，内部控制指数在5%的显著水平下为正（0.063，1.983），假设2得到验证，即内部控制与创新绩效之间呈正相关关系。控制变量中，同样，企业规模和股权集中度对创新绩效有着显著的负向影响，资产负债率对创新绩效有着负向影响，但不显著。

为验证假设3，对模型（5-18）、模型（5-19）进行回归。首先通过模型（5-19）可以看到，研发投入强度和内部控制指数的乘积项的回归系数为0.179，且通过10%的显著性水平检验。交叉项回归系数0.179大于0，说明内部控制在研发投入与创新绩效关系中起到正向调节作用。在模型（5-18）中可以看到，创新绩效和内部控制指数显著正相关（0.068，2.223），说明内部控制是半调节变量，它改变研发投入与创新绩效关系的关系或形式，起一种直接调节作用。假设3得到验证，即内部控制在研发经费投入与创新绩效关系之间起着正向调节作用，也就是说随着企业内部控制质量的提高，企业研发投入对提升企业创新绩效的促进作用将增强。对于控制变量而言，企业创新绩效与企业规模显著负相关，这可能是因为规模较大的企业财力也较为雄厚，相应的研发投入占比相对较小，获得的创新收益也就相对有限；股权集中度对创新绩效具有显著的负向影响，因股权过于集中会导致控股股东权力太大而无法制衡，企业实际控制人就有可能为其自身利益而做出非理性举动，有碍于企业创新的发展。

表5-16 回归结果分析

变量	模型（1）	模型（2）	模型（3）	模型（4）
RDI	0.235*** (7.511)		0.237*** (7.578)	0.061 (0.245)
ICI		0.063** (1.983)	0.068** (2.223)	0.043 (0.92)

续表

变量	模型（1）	模型（2）	模型（3）	模型（4）
RDI×ICI				0.179* (0.718)
SIZE	-0.301*** (-8.558)	-0.325*** (-9.02)	-0.302*** (-8.609)	-0.301*** (-8.569)
LEV	-0.009 (-0.243)	-0.038 (-1.043)	-0.004 (-0.119)	-0.003 (-0.075)
CR	-0.082*** (-2.653)	-0.093*** (-2.939)	-0.076** (-2.468)	-0.077** (-2.498)
常数项	0.053	0.056	0.049	0.05
F 值	47.210	32.233	80.213	32.505
调整后 R^2	0.173	0.124	0.177	0.176

注：括号内的数字为 t 值，"*""**""***"分别表示相关系数在 10%、5%、1% 水平下显著。

七、研究结论

本节以 2015~2017 年的创业板高新技术企业为研究样本，以内部控制为切入点来分析研发经费投入对企业创新绩效的过程，根据实证研究得出了以下几点结论：

（1）企业研发投入强度对创新绩效具有显著正向影响。研发经费投入强度越高，其创新绩效越好。即高新技术企业加大前期研发投入，有利于促进研发成果的产出，提高创新绩效。

（2）内部控制对企业创新绩效也具有显著正向影响。企业的内部控制质量越好，企业的创新能力越强。因为企业内部控制的有效性水平越高，企业的相关风险就越能得到防范，资源也能得到有效配置，因而会使企业创新绩效得到提高。企业有效实施内部控制可以控制和防范组织构架设计和运行中治理结构形同虚设导致的企业研发投资失败风险和内部机构设计不科学导致的运行效率低下风险，最终有助于企业创新水平的提高。

（3）内部控制在企业研发投入与创新绩效之间起正向调节作用。即内部控制制度体系越完善的公司，其风险防范能力越强，监督考核机制越健全，可以更有效地抑制创新活动中的资源浪费、研发过程混乱等问题，提高研发经费投入的使用效率，促进企业创新能力的提升。

第六章

提升企业创新绩效的路径

第一节 充分发挥政府的支持作用

为了使财政补贴以及税收优惠政策与高新技术企业的发展能够高度契合,本书主要从政府方面提出以下几点建议:

一、加大财政补贴的力度,完善税收优惠机制

研发创新是我国目前发展战略中的重要步骤,各级政府都在积极地鼓励企业进行研发创新。目前政府激励企业进行创新生产的措施主要有:财政补贴和税收优惠。财政补贴的方式较为单一,各地政府对于企业财政补贴对象的界定也不尽相同;政府的税收优惠政策虽然方式较多,但是税后优惠政策不具备针对性,企业很难衡量税收优惠所带来的资助,所以税收优惠政策对企业创新绩效的激励作用不是很明显。

财政补贴方面,首先,政府应着力完善财政补贴政策,不断优化市场竞争环境,促进企业间良性竞争,使政府财政补贴能真正有效地激励企业通过创新活动实现技术升级和创新能力提升,通过研发投入的中介作用,提升创新效率,最终带来更高的创新绩效。其次,政府需要统一财政补贴的对象,合理加大财政补贴的力度。财政补贴是国家鼓励企业进行创新生产的首选政策性工具,但是各地政府对于财政补贴的发放情况存在很大的差异,容易给社会公众留下内部操作的不良影响,不利于财政补贴发挥出应有的效果,而且对于财政补贴对象的标准化,也更有利于企业明确财政补贴的资金用途,不会因企业的认识误差而造成额外的失误。根据本书的实证研究,财政补贴

对研发投入和企业的创新绩效都具有显著的正向影响,对于处于起步期的高新技术企业,政府应该加大财政补贴力度,这样更有利于高新技术企业提高企业的创新绩效。所以政府应该将各地政府的财政补贴的资助标准统一化,并合理地加大企业的财政补贴力度。

税收优惠方面,政府需要调整税收优惠机制,提高税收优惠的激励效果。税收优惠作为政府激励高新技术企业创新生产的重要政策性工具,虽然目前税收优惠对企业的研发投入以及创新绩效的影响效应都是负向的,未能达到预期的激励作用,但是政府不能忽视税收优惠的潜在激励作用。政府需要对现在的税收优惠机制进行调整,建立以所得税优惠为主、流转税为辅的减免制度,并简化税收优惠的实施程序,加深企业对税收优惠政策的认识,将税收优惠政策机制与高新技术企业的发展轨迹契合起来,发挥出政策工具的激励作用。

二、建立完善的考核制度,加强对政策工具的监管

目前,对于财政补贴、税收优惠与企业创新绩效之间的关系研究表明,前两者对企业创新绩效造成负向影响的原因是其对企业研发投入造成了挤出效应,所以政府需要合理考核财政补贴、税收优惠的利用方式,保证政府的财政补贴与税收优惠能够得到企业的合理利用。而且政府运用政策性工具的主要目标是激励高新技术企业进行创新生产,从而达到科技拉动经济发展的目的,实现生产模式的合理转型。政府对高新技术企业发放财政补贴、进行税收减免时,需要对企业的资质以及企业的发展能力进行严格的考察。例如,建立合理、实用的考核机制对财政补贴进行监管,并且需要建立合理高效的审核机制对企业的税收减免进行监管,避免出现财政补贴、税收优惠被企业的私人投资挤占,导致达不到政策工具预期的激励作用。但对于税收优惠政府应适度放宽标准,目前我国的税收优惠政策多样,政府对于企业进行税收减免时的审计标准也较为严格,在一定程度上造成企业不能获得预期的税收优惠,从而挫伤了企业的积极性。所以政府对企业进行监管的同时,也要注意适度原则,充分发挥出政策工具的激励作用。

第二节 完善公司治理机制

为有效提高企业的研发投入水平和技术创新绩效,从股权结构、董事会及董事会规模、管理层激励制度三个方面提出以下建议:

一、提高对研发的重视程度，培养股东创新意识

创新是一个企业生存发展的关键要素，在高新技术企业中表现得尤为明显。为保证整个企业有效地创新发展，应培养股东们的创新意识，帮助其认识到研发投入的重要性，增强股东们对企业研发投入的意识。股东们不应将目光仅投向企业的财务指标，而是要对企业的未来发展有所思考。大股东要对企业的创新活动以及研发投入状况有所了解，对不合理的地方及时建议并落实具体的整改措施，以保持企业的良性发展。除此之外，大股东还应在股东大会上大力支持企业创新发展，这将大大减少管理层的压力，使得研发投入成为可能，为企业的创新活动营造良好的环境，不断提升企业的创新绩效和市场竞争力。

二、优化股权结构，强化股权制衡的治理作用

本书通过研究表明，高新技术企业的股权制衡能有效地化解股权集中对于企业创新绩效的不利影响，并且随着股权集中度的不断提高，股权制衡的效果越发明显。实证研究还表明股权制衡通过研发投入这一中介变量对创新绩效产生间接影响，因此，企业应当提高股权制衡度，控制"一股独大"现象，使控股股东与中小股东之间相互监督和制约，通过股权制衡促进研发投资活动，从而利用投资在股权制衡和创新绩效之间的中介作用，全面提升创新绩效。因而，创业板高新技术企业应充分发挥股权制衡对于抑制股权集中的不利影响，即通过提高股权制衡度，使企业的研发活动得以提升，进而提高创新绩效。股权集中度的降低或者提升在实际中基本不具有可操作性，因此通过股权制衡来完善公司治理机制尤为重要。在制衡股东的选取上，机构投资者比私人股东对企业的积极影响更大，投资机构会集了行业的高精尖人才，在企业经营管理中能提出更科学、有效的决策，并且相比私人股东，机构投资者会更积极地参与企业决策。因此，建议引入银行、信托公司等投资机构，对创业板企业大股东形成有效制衡，从而提升企业研发经费投入，促进创新绩效的提升。

三、保证董事会公司治理作用的发挥

董事会是公司治理中的重要一环，也是确保内部控制制度发挥较高水准的关键因素。目前我国高新技术企业在建立董事会的过程中还存在一些徇私枉法现象以及制度不合理情况，例如公司控股股东在选举董事会成员时安插亲信、董事会成员兼任管理人员、独立董事"独立"不起来的情况等，这些

问题制约了董事会监督职能的履行。想要解决董事会存在的问题，保证其公司治理作用的发挥，高新技术企业首先要做到的就是细分和明确董事会、审计委员会、高管的权利与责任，明确各职位的授权范围，强化高新技术企业董事会的自我监督，保证董事会成员各司其职，既不出现职位交叉，也不出现职位空缺；其次建立健全高新技术企业的董事会结构，将严重制约企业发展的一元结构董事会向二元结构董事会转变，并形成科学的成员配置，可引导行业专家、财务和资本运营专家、管理专家等进入董事会。

四、在符合公司法规定的最低董事会人数下适当缩减董事会规模

虽然董事会的规模越大，企业能获得的社会资本越多，董事们讨论问题的视角更加多元，有利于企业在面临创新机会时做出科学合理的决定，但随着董事会规模的扩大，董事会的利益派别会增加，内部意见难以统一，决策程序变得低效，对外部技术市场环境的反应能力降低，甚至还会出现"搭便车"的不作为现象，反而不利于企业技术创新绩效的提升。因此，企业应在符合公司法规定的最低董事会人数下适当缩减董事会规模，有效地发挥董事会对公司研发投入的作用，进行更多有效的研发活动，进而提高创新绩效。

五、提高企业高管人员的持股比例

高管人员的持股比例可以有效地促进创新绩效的提升，从而有利于企业的长远发展，因此高新技术企业要重视管理层激励方式，尤其应该加强股权激励。同时，也必须认识到股权激励是一把"双刃剑"，在使用的过程中要尽量避免高管滥用股权激励或利用股权激励进行套现等现象，因此股东应加强对股权激励的监督约束作用，使股权激励真正成为吸引和留住人才的有力手段。

高新技术企业高管管理质量是决定企业经营效率和效果的重要因素，而股东与企业高管之间的利益不一致所产生的代理问题会导致高管管理水平下降，从而影响企业的经营效率，控制环境建设也会因此遇到阻碍，所以企业应当积极协调高管与股东之间的关系。目前，企业一般采用薪酬激励的短期激励方式以及股权激励的长期激励方式来提高高管的积极性。薪酬激励的方式短期见效快，能够直接有效地对高管产生激励作用，但此方法的激励作用持续性较差，即使长期对高管进行薪酬激励也并不能持续产生效果。股权激励能够在真正意义上使高管的个人目标与企业目标趋同，起到减少委托代理问题的效果，最大化地激发高管潜能。随着时代的发展与进步，企业的激励

方法也应该为适应高管的需求不断改善,除了物质上的激励措施以外,还应当从精神上进行激励,例如权力、地位、名誉等方面。企业应当结合高管需求,从物质上和精神上对高管进行综合激励,使高管实现个人价值,提高其社会地位,用企业文化的价值理念引导高管的行为。

第三节　提高内部控制有效性

为进一步提高高新技术企业内部控制体系建设的积极性,有效提高研发投入水平和创新绩效水平,根据本书的研究结论和高新技术企业的实际情况,提出以下建议:

一、提高企业风险管理意识

如今,我国经济体制改革日益深入、市场经济发展进程不断推进,高新技术企业之间的竞争关系也日趋紧张,使得企业所面临的内外部风险不断加剧。而创新本身作为高风险、高收益的一项企业活动,使得高新技术企业在完善内部控制体制时必须要建立有效的风险评估机制。

(一)强化企业风险识别意识

对于企业来说,风险识别是建立优质风险管理体系的第一步,其作为内部控制中非常重要的一项工作,得到了企业的广泛重视。高新技术企业应当加强对风险的种类、强弱以及预计后果的分析能力,只有做好了判断识别风险这一基础性工作,才能够使后续风险控制产生实际效果。一方面,高新技术企业必须要实现全面的风险识别,即对可能会出现的所有风险进行考察,从单一业务、部门到复杂的业务、整个企业,无论是明确的风险还是潜在的风险都要考虑进去,尽量做到无一遗漏。风险识别贯穿企业经营活动的各个层面,不应该是一成不变的,随着外部市场大环境的变化,企业在逐步调整自己的战略计划的同时,应当跟随企业实际情况的变化提高风险识别能力,真正做到与时俱进。另一方面,高新技术企业还应当有针对性地进行风险识别,即不同企业应根据自身实际情况制定不同的风险识别策略,不能单纯照搬他人的模式。并且不同部门、不同企业的风险识别制度应当有所区别,因为部门、企业之间的抄袭行为会削弱制度与其自身实际的配套程度,不再具有现实意义。

（二）完善风险评估机制

一般来说，企业风险评估应当涵盖以下两项内容：①评估风险发生的可能性；②评估风险对企业造成的影响。首先，企业在进行风险评估时应该评估那些企业没有办法躲避的风险，企业行为的改变不会对这类风险产生影响，也不会降低这类风险带来的危害，对于这种风险企业能做的只有尽量减少损失。其次，企业应当对剩余风险进行评估，所谓剩余风险是指企业管理层在采取相关风险控制措施之后还可能会出现的风险，对于这种风险，企业应当加强管理层的风险评估能力来进行预防和控制。风险评估讲究恰当的方法策略，企业应当采用定量与定性相结合的方法来进行风险评估，采集相关数据对风险水平进行科学理性分析，当定量分析方法不适用时，再采用定性分析方法。

（三）制定风险应对策略

经过前面的风险识别与风险评估，企业已经具备了应对风险的方法论，接下来应该制定具体的风险应对措施来控制企业的风险，降低风险造成的损失。一般情况下企业通过规避风险、降低风险、共担风险以及接受风险四种措施来应对其所面临的风险，四种措施的风险损失逐步加大。高新技术企业在制定风险应对措施时应当全面考虑所有方案，衡量不同方案的成本与收益之比，将不同方案相结合，制定出最适合企业的方案。

二、强化内部控制措施

控制活动作为企业内部控制的重要环节，是保证企业管理水平的关键因素。创新活动所涉及的人员、部门众多，辐射面广，过程中可能存在诸多不可预期或不可控因素，管理者应当加强对企业经营活动的风险点、关键点的控制，只有严格地执行控制活动的要求，才能够使内部控制的作用充分发挥出来，因此提升企业控制活动设置水平尤为重要。

（一）加强企业绩效管理

绩效管理作为内部控制活动的重要组成部分，是考察企业经营效率与效果的一种手段。绩效管理与内部控制同时进行，通过计划、考核、反馈等手段达到将个人目标与企业目标趋同化的效果，共同帮助企业实现战略目标。为使绩效管理的作用真正地被发挥出来，首先，企业应该建立优质的绩效管理环境。在建立绩效考核制度时，要注意消除员工的抵触情绪，对于员工而言，绩效考核制度将他们的业绩与薪酬挂钩，为员工营造出公平的竞争环境，使个人利益与企业利益联系起来，有利于员工实现自我价值。对管理者来说，绩效考核制度可以协助企业管理层挑选出适合于企业的高质量人才，并提升人才黏性，使企业更快地实现价值。其次，企业应当平均绩效执行、考核、反馈等环节的比重，避免绩效管理虎头蛇尾、头重脚轻。一是企业应制定出一套绩效评价相关标准，明确不同岗位的考核内容；二是确定考核方式及考核周期，准确记载各个员工的绩效信息，确保信息的公平、透明；三是绩效结果应该发挥出一定的实质性作用，避免其与企业经营管理脱节。

（二）不相容职务相分离

对现代企业职务进行分离，为的是防止一个人承担过多的职务，从而可以利用职务便利谋求私利，损害企业利益。将不容职务相分离可以保证内部牵制的有效性。为确保企业利益不被损害，企业应当严格依照不相容职务分离这一原则给不同的员工、部门安排不同的职务，这就要求企业在设计组织架构和职能部门时要遵循高效、精简的原则，保证设计的合理性与科学性。明确划分各职务的权责范围，使整个公司的管理体系制度分明，各部门各司其职而又相互牵制。对于以下几种职务分离企业应当格外重视：授权职务和审批职务的分离、审批职务和经办职务的分离、经办职务和稽查职务的分离。企业应当严格遵循不相容职务分离制度，以促进内部控制体系的良好运行。

三、改善信息系统与强化信息沟通

在信息现代化的社会中，对于信息的掌控和运用能力成为企业一项巨大的优势。因此高新技术企业应当建立完善且高效的信息沟通体系，确保企业及时获取内外部信息，从而更好地把握市场机遇和应对挑战。

（一）强化董事会的决策机制

董事会会议能够有效衡量企业内部控制建设质量，起到加强企业内部信息沟通交流的作用，其召开的次数与质量对管理层决策水平有着重大影响。为避免董事会会议的召开流于形式，起不到实质性的效果，企业应从以下几个方面优化董事会决策机制：第一，企业应当定期召开董事会会议。《中华人民共和国公司法》规定每个企业每年至少应该召开两次董事会会议。企业如果长期不召开董事会，那么董事就不能很好地履行自己的职责，对于高管的监督力度不足，更无法做出科学合理的决策，因此，企业需要定期召开董事会以确保董事职责的履行。另外，企业还应注意董事会召开的时长，需结合企业实际情况建立合理的董事会会议制度，以确保董事会的效率。第二，企业应当加强董事会表决效力。企业需建立完善的董事会表决机制帮助企业董事会会议发挥应有的作用，企业董事会的召开不应该仅仅流于形式，而应产生其应有的效力，因此企业应当确保董事在董事会上享有绝对的决策权。第三，企业应当提高董事的决策能力。企业应当加强内部人员的信息沟通，建立顺畅的信息渠道，保证董事能及时了解企业经营状况，并在会议召开过程中对董事言论做记录考核，避免董事态度敷衍，损害企业效率。

（二）建立良好的信息系统

要想更进一步促进信息沟通，企业还应该建立完善的信息系统以帮助员工和管理层更加顺畅透明地获取信息。企业的信息系统是对信息进行收集、运输以及处理的有效途径，能够确保企业信息的完整性与透明度。一个良好的企业信息系统应当做到以下几点：第一，企业应当同时建立会计信息系统和管理信息系统以确保信息系统的完整性，会计信息系统为企业提供高质量的财务信息，为企业科学决策提供依据，管理信息系统为企业日常经营活动提供信息，保证企业的管理能力。两种信息系统相结合，共同为企业提供完整、真实的内部信息与外部信息。第二，信息的传递应当注重效率，企业信息系统必须能够快速地进行信息处理，使得信息更加顺畅地流通，通过计算机和互联网，企业可以建立起一定规模的数据库，确保信息实时传递。第三，为使管理者能够正确做出决策，企业信息系统应当提供真实、客观的信息，这就要求信息系统具有良好的防错纠偏能力。企业信息系统应该能够对企业的各个经营环节造成影响，确保信息的完整传递，并且要注意使用同一个软件平台，避免不同部门出现不兼容情况。

四、强化企业内部控制监督机制

企业内部控制的执行需要依靠监督机制发现问题、解决问题，并不断完善以适应企业的发展与变化。监督既可以是针对个别业务或流程的，也可以是贯穿企业整个经营活动的。

（一）强化内部审计

内部审计作为企业的一项强有力的监督机制，可以对企业的各项经营活动进行综合评价，进而提升企业经营的效率，因此，内部审计机构的建立对于企业来说十分重要。企业应当在董事会下设立内部审计机构，由董事会负责内部审计的运行与完善，但同时还要保证内部审计机构的独立性，避免其流于形式。审计委员会应该能真正发挥其缓解企业委托代理问题的作用，搭好董事会与管理者沟通交流的平台，并对管理者进行监督，抑制其自利行为，大大提升企业内部控制效率及效果。企业在建立内部审计机构时，应当拓宽其职责范围，不仅要对企业的经营管理活动进行监督和考察，还应该积极参与内部控制制度的建设，这样才能使内部控制更好地为企业经营管理活动服务。对于审计人员的素质要求，企业应当给予重视，定期对审计人员进行相关财务知识、法律常识、管理知识等的培训,提高他们的专业素养,并加强审计人员的能力,提高其道德水平。

(二)完善外部监督

外部监督是指外部团队通过法律法规对企业行为实施监督,从而达到使企业加强内部控制建设、矫正自身行为的目的。外部监督越强,企业的内部控制建设越好。通常,外部监督就是指政府监督和社会监督,政府监督即借助于政府财政部门来监督企业的财务绩效和内部控制,而社会监督则是指会计师事务所以及社会媒体对企业的监督。前者要求政府财政部门具有较强的执法力度,对企业定期进行审查与监督,督促企业及时弥补内部控制疏漏。后者则要求注册会计师具有较高的职业素质及业务能力,新闻媒体也应当曝光存在违法乱纪行为的企业。

由于我国政府部门要求一定规模以上的企业必须设立内部审计部门,必须建立内部控制制度,所以,很多企业的内部控制呈现出政府推动型的显著特征。大多数公司为符合政府部门的强制性要求,并没有从公司自身利益出发制定行之有效的内部控制制度,使得相关监管部门处于被动局面,不能够有效发挥监管作用。因此,监管部门应该充分考虑不同公司的情况,制定符合高新技术企业内部情况的政策和方案,才能够得到公司的支持,才能产生好的效果,如美国政府专门实施适合中小型和创业板上市公司内部控制的建设指引。

第四节 加大企业研发投入强度

一、提高研发人员的数量与质量

根据本书的实证研究,研发人员对企业的研发投入和企业的创新绩效都具有显著的正向影响。再者,研发人员是高新技术企业进行研发创新的坚实基础,在高新技术企业的发展初期,研发人员在数量上的增加可能就会增加企业的创新产出;但随着高新技术企业的发展,企业对技术方面的要求也越来越高,研发人员在数量上的上升已经不能推动企业的创新生产,高新技术企业需要引进高素质的研发人员,政府也应当出台相关配套优惠政策,为本地区企业引进创新型人才,激励企业创新活动,增加企业的创新产出。

二、整合研发资金来源,加大研发资金投入

上文的研究结论得出,研发经费投入对创新绩效有着显著的正向影响,

可见研发投入是公司技术创新活动的重要资源投入，提升研发投入水平已经成为加强公司生存发展能力的关键。对于研发投入的加大，可以从公司与政府两个方面考虑。一方面，公司可以在保障正常生产经营的情况下，加大对创新活动的投资力度，同时优化项目审批和资金流动环节，加快创新活动的立项与开始。另一方面，政府可以加大对创新的扶持力度，进一步鼓励公司开展创新活动，例如为高新技术企业提供财政补贴支持。

三、提高资金的利用效率

企业的研发投入是企业进行研发创新的经济基础。由于高新技术企业具有高风险、高投入的特征，企业研发投入的资金主要来源于企业自身的现金储备以及政府的资金资助。企业需要对自身的研发投入进行合理的规划和分配，提高企业研发投入的利用效率；也需要利用企业的收益情况吸引企业外部资金的流入，通过外部资金的投入扩大企业的创新生产。对于政府的财政补贴与税收优惠提供的资助，企业应合理提高对于政策性工具的利用效率以扩大企业的创新生产。根据稳健性检验得出的结论，研发投入在财政补贴与创新绩效之间的中介效应仅占到6.1%，这说明企业还未能充分利用好政府给予的资金资助。所以企业需要加强研发投入在财政补贴与创新绩效之间的转换效率，从而为企业的创新生产提供更充足的资金。

企业在创新项目的前期投入时就需要考虑该创新生产的成功率，不能为了创新而创新，不能盲目地进行创新型生产，以免造成企业资源的浪费。高新技术企业是以科技创新为主要生产目标的企业，高新技术企业首先应明确企业创新生产的战略性目标，并以战略目标为基准，对企业的资金流向进行严格的把控。目前政府对于创业板高新技术企业的财政补贴的占比较大，若企业能够进行合理的利用，将大大减轻企业的研发压力。所以高新技术企业自身也需要建立合理的监管体系，为保证企业的创新活动持续高效地进行，必须要严把研发经费使用效率关，充分培养企业员工节约研发经费的意识与行为，充分权衡企业经费投入与创新产出比，逐步提高资金的利用效率，避免研发资金的浪费，将有限的资金投入到企业的核心活动中，保证最高产的创新环节的资金充足。并在此基础上形成企业勤俭节约、不断创新的文化，使其形成良性循环并良好运行，促进整个企业有序良好地运作与发展，从而提高企业研发资金的利用效率，不论是对企业自有资金的监管还是对政府补贴资金的监管，对高新技术企业来说都具有减轻企业投资压力，提高企业创新绩效的意义。

四、加大对创新成果的保护力度

企业对创新成果的保护力度是其创新效率的重要保证,因此,高新技术企业应当重视对创新成果的专利保护,并提高创新成果转化为经济效益的速度,进而实现企业创新效率的提高。我国高新技术企业应该形成有效的创新成果评价体系,并将其与内部控制制度很好地结合起来,利用企业的内部控制相关规章制度对创新成果进行保护。高新技术企业也可以利用注册商标或者专利申请等手段,并借助品牌优势提升自身的竞争力与企业价值,通过法律的手段对产权进行保护,帮助企业获得更多的经济利益。不具有政府背景的高新技术企业还可以通过建立政治关联来获得更多的政府支持,从而提升对创新成果的保护力度。

第七章 研究结论与展望

第一节 主要研究结论

本书主要探讨了创业板高新技术企业创新绩效的影响因素,采用Rough-Demate模型识别出了关键影响因素,并分析了这些关键影响因素对创新绩效的作用机理,从关键影响因素角度提出了提升创新绩效的路径和建议,以期在进一步充实企业创新绩效理论体系的同时,为高新技术企业提升创新绩效提供实践参考,从而提升我国创业板高新技术企业创新的竞争力。主要研究结论如下:

一、关键影响因素确定

为了初步确定企业创新绩效的影响因素,通过查阅和梳理大量的国内外关于创新绩效影响因素的文献,结合本书研究的目的和背景,在对相关领域专家进行了深度访谈后,设计出了初始调查问卷,包括公司财务、公司治理、组织特征、资源支持等方面的变量共28个。为保证调研数据的有效性,在正式调研前先进行了小样本的预调研,运用SPSS24.0和AMOS20.0统计分析工具,通过对初始问卷的信效度检验,最终确定保留初始量表的23个题项,从而形成正式量表。用正式量表进行大样本的信效度检验分析,通过内容效度检验、收敛效度检验和区分效度检验对这23个题项进行测试,23个题项均通过检验,最终确定了创新绩效的23个影响因素,分别是盈利能力、偿债能力、现金流量、研发投入强度、企业成长性、公司规模、股权性质、股权集中度、股权制衡度、董事会规模、高管持股比例、高管薪酬、企业家冒险倾向、企业家精神、学习能力、内部控制、公司年龄、企业文化、研发人力、资源获取与利用、税收优惠、财政补贴和技术引进。

为了从23项影响因素中识别出最关键的影响因素，建立了Rough-Demate模型，运用MATLAB计算工具，对23项影响因素的相互关系和重要性程度进行了分析，剔除了影响程度和重要性不大的因素，最终筛选出盈利能力、现金流量、研发投入强度、股权制衡度、高管持股比例、学习能力、内部控制、研发人力、税收优惠和财政补贴10个关键影响因素。

二、关键影响因素的作用机理

为明确关键影响因素是如何对创新绩效发生作用的，本书以创业板高新技术企业2015~2017年的相关数据作为研究样本，主要运用多元回归模型探讨了财政补贴及税收优惠对企业创新绩效的影响机理、公司治理结构通过研发投入的中介作用对创新绩效的影响，以及研发投入通过内部控制的调节作用对创新绩效的影响。

（一）财政补贴及税收优惠对企业创新绩效的影响机理

研究表明，财政补贴对研发投入、创新绩效具有正向激励作用，税收优惠对研发投入、创新绩效具有负向阻碍作用，但研发投入对企业创新绩效具有显著的正向影响。运用逐步检验法和Bootstrap法检验得出的结论是：在税收优惠与创新绩效间研发投入起完全中介效应；在财政补贴与企业创新绩效之间研发投入存在中介作用，至于是完全中介还是部分中介两种方法未能达成一致。

总体来说，财政补贴、税收优惠对企业创新绩效的影响都是间接的，都是通过研发投入对企业的创新绩效产生的影响效应。但是研发投入在财政补贴与企业创新绩效之间的中介效应占总效应的比值才达到6.1%，中介变量的转换效率较低；研发投入在税收优惠与企业创新绩效之间的转换率相对较高，达到了14.3%，但是税收优惠对企业创新绩效的影响总体是负向的，所以研发投入在税收优惠与企业创新绩效之间的高转换率可能只会对企业的创新绩效产生消极的影响。

（二）公司治理结构通过研发投入的中介作用对创新绩效产生影响

通过研究发现，研发投入在股权制衡、董事会规模、高管持股与创新绩效之间存在中介作用，反映了股权制衡、董事会规模、高管持股对创新绩效的影响路径。股权制衡、高管持股对企业创新绩效具有积极的正向影响，即股权制衡、高管持股对企业的创新绩效具有促进作用；而董事会规模对企业创新绩效则具有显著的负向影响。股权制衡、高管持股对研发投入具有显著的正向影响，董事会规模对研发投入具有显著的负向影响，类似于股权制衡、董事会规模、高管持股与企业创新绩效的关系。所以对于高新技术企业来说，提高股权制衡度、高管持股比例，更有利于企业加大研发投入，进行创新生产；而较大的董事会规模不仅不能激励企业的研发投入，还会抑制企业的创新产出，企业应当保持较小的董事会规模以促进研发活动，进而提升创新绩效。中介变量研发投入对企业创新绩效具有显著的正向影响。

研发投入在股权制衡、董事会规模、高管持股与企业创新绩效之间发挥着中介变量的作用。研发投入在高管持股与企业创新绩效之间起完全中介作用。在未加入成长性、资产负债率、企业规模、总资产收益率这些控制变量并且运用 Bootstrap 法对董事会规模与企业创新绩效之间的关系进行最大似然估计研究时，研发投入在股权制衡、董事会规模与企业创新绩效之间均发挥着完全中介作用；用逐步检验法对控制变量、自变量、中介变量以及因变量进行整体的回归分析时，研发投入在股权制衡、董事会规模与企业创新绩效之间发挥着部分中介作用。虽然两种方法对研发投入在董事会规模与企业创新绩效之间是完全中介作用还是部分中介作用的研究结果是不一样的，但是都证明了研发投入在股权制衡、董事会规模与创新绩效之间发挥着中介变量的作用。

（三）研发投入通过内部控制的调节作用对创新绩效产生影响

研究表明，企业研发投入与创新绩效之间呈显著的正相关关系，企业的研发经费投入强度越高，其创新绩效越好。即高新技术企业加大前期研发投入，有利于促进研发成果的产出，提高创新绩效。

企业的内部控制质量与创新绩效之间也呈正相关关系，企业的内部控制质量越好，企业的创新能力也越强。因为企业内部控制的有效性水平越高，企业的相关风险就越能得到防范，资源也越能得到有效配置，因而会使企业创新绩效得到提高。企业有效实施内部控制可以控制和防范组织构架设计和运行中治理结构形同虚设导致的企业研发投资失败风险、内部机构设计不科学导致的运行效率低下风险，最终有助于企业创新水平的提高。

内部控制对企业创新绩效与研发经费投入的关系有正向调节作用，内部控制是半调节变量，它改变研发投入与创新绩效之间的关系或形式，起一种直接调节作用。即内部控制制度体系完善的公司，其风险防范能力更强，监督考核机制更健全，可以有效抑制创新活动中的资源浪费、研发过程混乱等问题，提高研发经费投入的使用效率，促进企业创新能力的提升。

第二节 研究不足与展望

一、研究局限

通过以上研究，本书分析、识别和确定了企业创新绩效的关键影响因素，并揭示了财政补贴及税收优惠、公司治理和内部控制对创业板高新技术企业创新绩效的影响，且从这三个方面给出了提升企业创新绩效的具体建议。但由于时间、精力以及笔者学术能力等条件的限制，在本书研究中仍存在以下不足：

（一）研究对象存在局限性

本书的研究对象只包括在创业板上市的高新技术企业，而对于在主板、中小板以及在海外上市的高新技术企业并未考虑，研究结论只反映了创业板高新技术企业所获得的财政补贴及税收优惠、公司治理结构和内部控制制度对创新绩效的影响，如果需要推广到整个的资本市场，还需要做进一步的研究。

（二）创新绩效影响因素考虑范围还不够宽泛

企业创新绩效的影响因素既包括内部影响因素又包括外部影响因素，本书将研究重点放在了创新绩效的内部影响因素上。但是实际情况中，影响公司创新绩效的外部因素也十分庞杂，如政府关联、制度环境和市场竞争等，这些都对公司创新绩效产生重要影响，影响着企业的技术创新的开展。

（三）指标选取不太全面

本书使用发明专利的授权量与每百万元总资产的比值作为衡量公司技术创新绩效的指标。考虑到研究数据的可获得性问题，并没有将其他评价技术创新绩效的方法考虑进去，如生产工艺的改进、新产品的销售收入等。无疑，这些数据的缺失或忽略可能会在一定程度上影响研究结果的精准性和与现实的贴切性。

二、未来研究展望

本书具有一定的理论意义和实践价值，但也存在一定的不足之处。针对这些不足，在未来的研究中，将考虑从以下四个方面进行突破：

（1）拓展研究对象的样本量，加入主板、中小板以及在海外上市的高新技术企业，使所得结论推广至整个高新技术企业，使研究结果具有更强的现实意义。

（2）在今后的研究中，可将影响公司创新绩效的内部与外部因素综合起来，加入政府关联、制度环境和市场竞争等外部影响因素进行综合分析，完善研究指标体系，使得企业创新绩效影响因素的研究更为全面。

（3）随着中国资本市场的发展与完善，企业数据的披露也将会更全面，当企业新产品的销售收入等相关数据容易获得后，可加入这些指标进行研究。

（4）可以相应地延长样本的研究期间，本书只选择了创业板高新技术企业 2015~2017 年三年的数据，选取样本的时间跨度较短，且未考虑从研发投入到创新产出的时间滞后问题。研发活动的持续开展对企业的影响是长远的，如果拓宽样本年限，并将创新产出的滞后性考虑进去，就能够更加准确地确定这些影响因素对企业创新绩效的作用。

附录 1

企业创新绩效影响因素调查表

尊敬的女士、先生：

您好！

创新是企业生存和发展的灵魂，若企业不能追赶上时代创新的步伐，必将被残酷的竞争所淘汰。近几年，作为主要创新主体的高新技术企业取得了飞速的发展。面对国内和国外的激烈竞争，如何提高企业的创新绩效、充分发挥高新技术企业的创新引领作用，成为理论界与实践工作者关注的问题。为厘清高新技术企业创新绩效的影响因素，建立一套科学、合理的高新技术企业创新绩效评价指标体系，我们拟向各专家、领导进行相关的问卷调查。

本次问卷的调查仅用于企业创新绩效相关的学术研究和分析，保证决不泄露您和贵单位的资料，您的宝贵意见对企业创新绩效的研究非常重要，如有所需可将调查研究结果分析予以反馈。

为确保问卷质量，要求由了解企业创新全面情况的企业负责人填写。感谢您在百忙之中抽出时间填写本调查问卷。

一、个人基本情况（单选题）：

1. 您的工作岗位类别是：（   ）。
①科研人员　　②管理人员　　③其他
2. 您在本单位工作年限：（   ）。
①1~3年　　②4~6年　　③7~10年　　④10年以上
3. 您的职称是：（   ）。
①初级及以下职称　　②中级职称　　③副高职称　　④正高职称
4. 您的最高学历是：（   ）。
①大专及以下　　②本科　　③硕士研究生　　④博士研究生
⑤其他

5. 您所在的行业：（　　）。

①制造业　　②科学研究和技术服务业　　③建筑业　　④农林牧副渔　　⑤信息、软件和信息技术服务业　　⑥其他

6. 您持有本企业的股份比例：（　　）。

①100%　　②大于50%　　③小于50%，但为第一大股东

④小于50%，且不是第一大股东　　⑤不持有股份

7. 您对开展创新活动的意愿：（　　）。

①非常不愿意　　②不愿意　　③一般　　④愿意　　⑤非常愿意

二、企业创新绩效影响因素（请您根据该影响因素的重要程度填写，在相应的表格栏中画"√"）。

1. 公司财务对企业创新绩效的影响：

序号	题项	对企业创新绩效的影响程度				
		1	2	3	4	5
1	盈利能力能够积极推动企业的研发投资，进而提高创新绩效					
2	财务杠杆对企业的正面影响大于负面影响					
3	充足的现金流有利于研发支出					
4	研发投入强度对企业的创新绩效产生直接影响					
5	创新促进企业成长，企业成长支持创新					
6	大规模企业担负研发投入的能力和抗风险水平较强					

2. 公司治理结构对企业创新绩效的影响：

序号	题项	对企业创新绩效的影响程度				
		1	2	3	4	5
1	股权性质决定企业的经营环境，进而影响企业创新绩效					
2	良好稳定的股权制衡度能够减少大股东与中小股东的冲突，提高企业的创新绩效					
3	适度的股权集中度有利于企业创新绩效的提升					
4	大董事会规模能降低创新风险，但管理成本增加					
5	管理层持股对创新绩效起激励作用，能实现管理层和股东利益的趋同					
6	适度的高管薪酬，既能激励高级管理人员，又能保持合理的管理成本，有利于创新绩效的提升					

3. 企业组织特征对创新绩效的影响：

序号	题项	对企业创新绩效的影响程度				
		1	2	3	4	5
1	冒险倾向不同的企业家会对R&D投资做出不同的决策，进而产生不同的投资效果					
2	企业家是创新的原生动力，促进创新是企业家精神最重要的特质					
3	组织学习能力能够高效地将引入的新技术和新知识整合应用到产品开发中，从而提升技术创新绩效					
4	良好的内部控制能有效降低非效率投资，资本性投资效率和技术创新产出率会提高					
5	企业年龄是企业内部资源和能力的代表，不同年龄的企业采取的创新战略也不相同					
6	具有主观能动性的人将企业文化的精神力量转化为企业行为，可间接影响创新绩效					

4. 创新资源对创新绩效的影响：

序号	题项	对企业创新绩效的影响程度				
		1	2	3	4	5
1	企业创新活动获得政府税收优惠					
2	财政补贴有效降低企业研发风险，对企业技术升级成本的减少有直接作用					
3	高质量的研发人才越多，企业对技术的开发、运用越充分					
4	技术信息获取不但可以为从外部开发技术资源提供信息，也有利于企业实施内部创新					
5	技术引进有利于提升企业技术创新能力					

问卷填写到此结束，感谢您的耐心作答！

如果您对我们的研究结果感兴趣，可留下您的联系方式，我们会将最终研究结论反馈给您！

您的联系方式：

再次感谢您的热心参与,祝您工作顺利,万事如意!
麻烦您填好之后将调查问卷寄到以下地址:

联系人:

电话:

E-mail:

通讯地址:

邮编:

附录 2

企业创新绩效影响因素重要性专家评分表

请您结合企业创新活动实际情况以及您个人的观点认真填写企业创新绩效影响因素重要性专家评分表,谢谢!

为了分析企业创新绩效各个影响因素之间的关系,您可以利用附表 1 的语意变量确定各个因素之间的相互影响关系。具体填写方法如下:

如果因素 i 对因素 j 没有直接影响,对应的矩阵中元素记为 0;如果因素 i 对因素 j 有较弱影响,对应的矩阵中元素记为 1;如果因素 i 对因素 j 有中等影响,对应的矩阵中元素记为 2;如果因素 i 对因素 j 有较强影响,对应的矩阵中元素记为 3;如果因素 i 对因素 j 有非常强的影响,对应的矩阵中元素记为 4。同理,可用上述方法确定因素 j 对因素 i 的关系。专家语意变量如附表 1 所示。

附表 1　专家的语意变量

数值	定义说明
0	没有直接影响
1	有较弱影响
2	有中等影响
3	有较强影响
4	有非常强的影响

企业创新绩效影响因素指标如附表 2 所示。

附表 2　企业创新绩效影响因素指标

目标层	准则层	指标层	
企业创新绩效影响因素	公司财务	a1	盈利能力
		a2	偿债能力
		a3	现金流量
		a4	研发投入强度
		a5	企业成长性
		a6	公司规模
	公司治理结构	a7	股权性质
		a8	股权集中度
		a9	股权制衡度
		a10	董事会规模
		a11	高管持股比例
		a12	高管薪酬
	企业组织特征	a13	企业家冒险倾向
		a14	企业家精神
		a15	学习能力
		a16	内部控制
		a17	公司年龄
		a18	企业文化
	创新资源	a19	研发人力
		a20	资源配置与利用
		a21	税收优惠
		a22	财政补贴
		a23	技术引进

企业创新绩效的影响因素如附表 3 所示。

附录2 企业创新绩效影响因素重要性专家评分表

附表3 企业创新绩效的影响因素

因素	a1	a2	a3	a4	a5	a6	a7	a8	a9	a10	a11	a12	a13	a14	a15	a16	a17	a18	a19	a20	a21	a22	a23
a1																							
a2																							
a3																							
a4																							
a5																							
a6																							
a7																							
a8																							
a9																							
a10																							
a11																							
a12																							
a13																							
a14																							
a15																							
a16																							
a17																							
a18																							
a19																							
a20																							
a21																							
a22																							
a23																							

参考文献

[1] 张洪刚. 基于政府干预视角的企业财政补贴研究 [J]. 财会通讯, 2014 (12): 96-99.

[2] 韩平飞. 税收优惠、研发投入与企业绩效实证研究——以创业板上市公司为例 [D]. 吉林大学硕士学位论文, 2017.

[3] 傅家骥. 技术创新学 [M]. 北京: 清华大学出版社, 1998.

[4] 熊彼特. 经济发展理论 [M]. 北京: 商务印书馆, 1997.

[5] Hagedoom J., Cloodt M. Measuring Innovative Performance: Is There an Advantage in Using Multiple Indicators? [J]. Research Policy, 2003, 32 (8): 1365-1379.

[6] 高建, 汪剑飞, 魏平. 企业技术创新绩效指标: 现状、问题和新概念模型 [J]. 科研管理, 2004, 25 (9): 14-22.

[7] Paunov C. The Global Crisis and Firms' Investments in Innovation [J]. Research Policy, 2012, 41 (1): 24-35.

[8] Howell S. T. Financing Innovation: Evidence from R&D Grants to Energy Startups [J]. American Economic Review, 2015, 107 (4): 1136-1164.

[9] García-Quevedo J. Do Public Subsidies Complement Business R&D? A Meta-Analysis of the Econometric Evidence [J]. Kyklos, 2010, 57 (1): 87-102.

[10] Lichtenberg F. R. The Effect of Government Funding on Private Industrial Research and Development: A Re-assessment [J]. The Journal of Industrial Economics, 1987, 36 (1): 97-104.

[11] Eren Inci. R&D Tax Incentives: A Reappraisal [J]. International Tax & Public Finance, 2009 (16): 797-821.

[12] 闻媛. 促进高新技术产业发展的政府支出结构优化分析 [J]. 中国软科学, 2005, 28 (4): 24-33.

[13] Boler E. A., Moxnes A., Ulltveitmoe K. H. R&D, International Sourcing and the Joint Impact on Firm Performance [J]. American Economic Review, 2015, 105 (12): 3704-3739.

［14］Cappelen A., Raknerud A., Rybalka M. Returns to Public R&D Grants and Subsidies［J］. Discussion Papers, 2013（740）: 1-32.

［15］孔淑红. 税收优惠对科技创新促进作用的实证分析［J］. 科技进步与对策, 2010, 27（24）: 32-36.

［16］夏力. 税收优惠能否促进技术创新: 基于创业板上市公司的研究［J］. 中国科技论坛, 2012（12）: 56-61.

［17］邓晓兰, 唐海燕. 税收优惠政策对企业研发的激励效应分析——兼论税收优惠政策的调整［J］. 科技管理研究, 2008, 28（7）: 490-492.

［18］郑春美, 李佩. 政府补助与税收优惠对企业创新绩效的影响——基于创业板高新技术企业的实证研究［J］. 科技进步与对策, 2015, 32（16）: 83-87.

［19］Foreman-Peck J., Hannah L. Extreme Divorce: The Managerial Revolution in UK Companies before 1914［J］. The Economic History Review, 2012, 65（4）: 1217-1238.

［20］Bérubé C., Mohnen P. Are Firms that Receive R&D Subsidies More Innovative?［J］. Canadian Journal of Economicsrevue Canadienne Déconomique, 2010, 42（1）: 206-225.

［21］Guan J. C., Yam R. C. M. Effects of Government Financial Incentives on Firms' Innovation Performance in China: Evidences from Beijing in the 1990s［J］. Research Policy, 2015, 44（1）: 273-282.

［22］郭炬, 叶阿忠, 陈泓. 是财政补贴还是税收优惠?——政府政策对技术创新的影响［J］. 科技管理研究, 2015（17）: 25-31.

［23］Lee N. Are Innovative Regions More Unequal? Evidence from Europe［J］. Environment & Planning Government & Policy, 2011, 29（1）: 2-23.

［24］安同良, 周绍东, 皮建才. R&D 补贴对中国企业自主创新的激励效应［J］. 经济研究, 2009（10）: 87-98.

［25］Wallsten S. S. Effects of Caregiving, Gender, and Race on the Health, Mutuality and Social Supports of Older Couples［J］. Journal of Aging & Health, 2000, 12（1）: 90.

［26］朱云欢, 张明喜. 我国财政补贴对企业研发影响的经验分析［J］. 经济经纬, 2010（5）: 77-81.

［27］宋丽颖, 杨潭. 财政补贴、行业集中度与高技术企业 R&D 投入的非线性关系实证研究［J］. 财政研究, 2016（7）: 59-68.

［28］Kobayashi Y. Effect of R&D Tax Credits for SMEs in Japan: A Microeconometric Analysis Focused on Liquidity Constraints [J]. Small Business Economics, 2014, 42 (2): 311-327.

[29] Cowling M. You Can Lead a Firm to R&D but Can You Make it Innovate? UK Evidence from SMEs [J]. Small Business Economics, 2016, 46 (4): 1-13.

[30] Busom I., Corchuelo B., Martínez-Ros E. Participation Inertia in R&D Tax Incentive and Subsidy Programs [J]. Small Business Economics, 2017, 48 (1): 1-25.

[31] 高佳. 税收优惠对高新技术企业 R&D 投入的影响研究——基于企业生命周期理论的视角 [D]. 浙江财经学院硕士学位论文, 2012.

[32] Bloom N., Griffith R., Reenen J. V. Do R&D Tax Credits Work? Evidence from a Panel of Countries 1979-1997 [J]. Journal of Public Economics, 2002, 85 (1): 1-31.

[33] 张余, 杨抚生. 税收支出对促进高新技术产业发展的实证分析 [J]. 阅江学刊, 2010, 8 (12): 41-49.

[34] 李香菊, 杜伟. 促进战略性新兴产业发展的税收政策研究 [J]. 西安交通大学学报 (社会科学版), 2013, 33 (6): 16-20.

[35] 徐伟民. 科技政策与高新技术企业的 R&D 投入决策——来自上海的微观实证分析 [J]. 上海经济研究, 2009 (5): 55-64.

[36] 李爱鸽, 钟飞. 财政补贴与税收优惠对企业研发投入影响的定量分析 [J]. 管理现代化, 2013 (4): 13-15.

[37] Haegeland T., Møen J. The Relationship between the Norwegian R&D Tax Credit Scheme and Other Innovation Policy Instruments [R]. Norway: Statistics Norway, 2007.

[38] 熊维勤. 税收和补贴政策对 R&D 效率和规模的影响——理论与实证研究 [J]. 科学学研究, 2011, 29 (5): 698-706.

[39] 方重, 赵静. 政府公共财政行为激励企业 R&D 的效应研究 [J]. 研究与发展管理, 2011, 23 (3): 102-111.

[40] 戴晨, 刘怡. 税收优惠与财政补贴对企业 R&D 影响的比较分析 [J]. 经济科学, 2008 (3): 58-71.

[41] 江静. 公共政策对企业创新支持的绩效——基于直接补贴与税收优惠的比较分析 [J]. 科研管理, 2011, 32 (4): 1-8.

[42] Mueller D. C. Patents, Research and Development, and the Measurement of Inventive Activity [J]. Journal of Industrial Economics, 1966, 15 (1): 26.

[43] 李璐, 张婉婷. 研发投入对我国制造类企业绩效影响研究 [J]. 科

技进步与对策, 2013, 30 (24): 80-85.

[44] 仇云杰, 魏炜. 研发投入对企业绩效的影响——基于倾向得分匹配法的研究 [J]. 当代财经, 2016 (3): 96-106.

[45] 李中, 周勤. 内生性约束下研发投入、研发效率与企业绩效——中国高技术产业细分行业的样本 [J]. 软科学, 2012, 27 (7): 11-14.

[46] 孙莹, 顾晓敏. 中国创业板上市公司创新绩效及影响因素研究 [J]. 华东经济管理, 2013, 27 (9): 59-63.

[47] 丘东, 王维才, 谢宗晓. R&D 投入对地区创新绩效的影响——企业 R&D 投入的中介效应 [J]. 科技进步与对策, 2016, 33 (8): 41-48.

[48] 王长君. 财税激励政策对高技术上市公司创新绩效的影响研究 [J]. 中国集体经济, 2017 (6): 84-85.

[49] 周江华, 李纪珍, 刘子谞, 李子彪. 政府创新政策对企业创新绩效的影响机制 [J]. 技术经济, 2017, 36 (1): 57-65.

[50] Xia F., Walker G. How Much Does Owner Type Matter for Firm Performance? Manufacturing Firms in China 1998–2007 [J]. Strategic Management Journal, 2015, 36 (4): 576-585.

[51] 唐书林, 肖振红, 苑婧婷. 上市公司自主创新的国家激励扭曲之困——是政府补贴还是税收递延? [J]. 科学学研究, 2016, 34 (5): 744-756.

[52] 曾德明, 苏蕊蕊, 文金艳. 研发投入与企业创新绩效——企业研发团队网络结构调节作用研究 [J]. 科技管理研究, 2015, 35 (18): 71-77.

[53] 张信东, 武俊俊. 政府 R&D 资助强度、企业 R&D 能力与创新绩效——基于创业板上市公司的经验证据 [J]. 科技进步与对策, 2014, 31 (22): 7-13.

[54] 刘磊, 李海燕, 庞遥遥. 企业技术创新与政府补贴行为间关系的实证研究——基于创业板上市公司的经验证据 [J]. 技术经济, 2013, 32 (12): 21-24.

[55] 吴敬琏. 现代公司与企业改革 [M]. 天津: 天津人民出版社, 1994: 2-4.

[56] 林毅夫. 充分信息与国有企业改革 [M]. 上海: 上海人民出版社, 1997: 76-77.

[57] 李维安. 现代公司治理研究——资本结构、公司治理和国有企业股份改造 [M]. 北京: 中国人民大学出版社, 2002: 55-58.

[58] Karpoff J. M., Malatesta P. H. Corporate Governance and Shareholder

Initiatives: Empirical Evidence [J]. Journal of Financial Economics, 1996, 42 (3): 365-395.

[59] Choi S. B., Park B. I., Hong P. Does Ownership Structure Matter for Firm Technological Innovation Performance? The Case of Korean Firms [J]. Corporate Governance: An International Review, 2012, 20 (3): 267-288.

[60] Chen V. Z., Li J., Shapiro D. M. Ownership Structure and Innovation: An Emerging Market Perspective [J]. Asia Pacific Journal of Management, 2014, 31 (1): 1-24.

[61] Belloc F., Laurenza E., Rossi M. Corporate Governance and Sectoral Patterns of Innovation: Evidence from Italian Manufacturing Industries [J]. Department of Economics University of Siena, 2015 (3): 15-19.

[62] 李琳, 刘凤委, 卢文彬. 基于公司业绩波动性的股权制衡治理效应研究 [J]. 管理世界, 2009 (5): 145-151.

[63] 朱德胜. 控股股东、股权制衡与公司股利政策选择 [J]. 山东大学学报, 2010 (3): 80-87.

[64] 杨建君, 王婷, 刘林波. 股权集中度与企业自主创新行为：基于行为动机视角 [J]. 管理科学, 2015 (2): 1-11.

[65] Cleynen I., Boucher G., Jostins L. Inherited Determinants of Crohn's Disease and Ulcerative Colitis Phenotypes: A Genetic Association Study [J]. Lancet, 2016 (387): 156-167.

[66] Eisenberg T., Sundgren S., Wells M. T. Large Board Size and Decreasing Firms Value in Small Firms [J]. Joural of Financial Economics, 1998 (48): 35-54.

[67] Hlasny V., Cho M. Corporate Governance and Innovation under Demand Uncertainty: A Panel Study of Korean Firms [J]. Social Science Electronic Publishing, 2017, 5 (3): 36-40.

[68] Helmers C., Patnam M., Rau P. R. Do Board Interlocks Increase Innovation? Evidence from a Corporate Governance Reform in India [J]. Journal of Banking & Finance, 2017 (80): 51-70.

[69] Yermack D. Higher Market Valuation of Companies with a Small Board of Directors [J]. Journal of Finance Economics, 1996 (40): 185-211.

[70] Zahra S. A., Neubaum D. O. Entrepreneurship in Medium-size Companies: Exploring the Effects of Ownership and Governance System [J]. Journal of Management, 2000, 26 (5): 947-976.

[71] 周杰，薛有志. 公司内部治理机制对 R&D 投入的影响——基于总经理持股与董事会结构的实证研究［J］. 研究与发展管理，2008，20（3）：1-9.

[72] 徐向艺，汤业国. 董事会结构与技术创新绩效的关联性研究——来自中国中小上市公司的经验数据［J］. 经济与管理研究，2013，12（2）：35-41.

[73] 叶超. 创业板上市公司董事会特征与公司绩效的实证研究——以浙江省创业板上市公司为例［D］. 浙江工业大学硕士学位论文，2017.

[74] 简兆权，黄如意，陈伟宏. CEO 过度自信、董事会特征和企业创新绩效的关系研究——来自中国 A 股制造业上市公司的经验证据［J］. 科技管理研究，2018，38（16）：169-176.

[75] 张彦明，程泽川，刘铎. 石油企业董事会特征与财务绩效实证分析［J］. 哈尔滨商业大学学报（社会科学版），2015（4）：53-60.

[76] Dong J., Gou Y. N. Corporate Governance Structure, Managerial Discretion, and the R&D Investment in China［J］. International Review of Economics & Finance, 2010, 19（2）：180-188.

[77] Hall B., Liebman J. Are CEOs Really Paid Like Bureaucrats?［J］. Quarterly Journal of Economics, 1988（113）：653-691.

[78] Lee C. Y., Xie S. Ownership Structure, Independent Board Members and Innovation Performance：A Contingency Perspective［J］. Journal of Business Research, 2016, 69（9）：3371-3379.

[79] Bizjak J., Brickley J. Stock based Incentive Compensation and Investment Behavior［J］. Journal of Accounting and Economics, 1993, 6（13）：349-372.

[80] Balkin D. Gomez-Meijia. CEO Pay in High Technology Firms Related to Innovation?［J］. Academy of Management Journal, 2000（6）：1118-1129.

[81] 舒谦，陈治亚. 影响中国制造型企业研发投入的治理结构因素［J］. 科学学与科学技术管理，2013，34（9）：97-106.

[82] 王成，郝海宇. 管理层激励、股权结构与创新绩效——基于中国民营上市公司的经验证据［J］. 会计之友，2016（15）：40-44.

[83] 李经路，苏杭. 管理层持股与研发投入：数理分析与数据检验——以创业板公司为例［J］. 商业研究，2016（11）：123-135.

[84] 刘红，张小有，杨华领. 核心技术员工股权激励与企业技术创新绩效［J］. 财会月刊，2018（1）：86-92.

[85] Porta R. L., Shleifer A. Corporate Ownership around the World [J]. Journal of Finance, 1999, 54 (2): 471-517.

[86] Maury B., A. Pajuste. Multiple Controlling Shareholders and Firm Value [J]. Journal of Banking and Finance, 2005 (29): 1813-1834.

[87] Cebula, Richard J., Rossi Fabrizio. Ownership Structure and R&D: An Empirical Analysis of Italian Listed Companies [J]. PSL Quarterly Review, 2015 (3): 295-323.

[88] 张小蒙. 股权结构对企业 R&D 投入的影响研究——基于 A 股制造业上市公司的实证分析 [D]. 东北财经大学硕士学位论文, 2012.

[89] 靳洁. 股权结构对生物医药上市公司 R&D 投资影响的实证研究 [J]. 商品与质量（理论研究）, 2011 (8): 88-89.

[90] 原慧丽. 股权结构、研发投入与企业绩效关系的研究——以中小板上市公司为例 [D]. 东华理工大学硕士学位论文, 2016.

[91] 白艺昕, 刘星, 安灵. 所有权结构对 R&D 投资决策的影响 [J]. 统计与决策, 2008 (5): 131-134.

[92] Thatcher S. M. B., Jehn K. A., Zanutto E. Cracks in Diversity Research: The Effects of Diversity Faultlines on Conflict and Performance [J]. Group Decision and Negotiation, 2003, 12 (3): 217-241.

[93] Zahra S. A. International Expansion by New Venture Firms: International Diversity, Mode of Market Entry, Technological and Performance [J]. Academy of Management Journal, 2000, 43 (5): 925-950.

[94] 黄国良, 董飞. 我国企业研发投入的影响因素研究——基于管理者能力与董事会结构的实证研究 [J]. 科技进步与对策, 2010, 27 (17): 103-106.

[95] 张俊丽, 金浩, 李国栋. 企业技术创新的公司治理驱动因素研究 [J]. 现代管理科学, 2015 (10): 106-108.

[96] 计小雪. 董事会特征对 R&D 投资的影响——基于民营上市公司的实证研究 [D]. 浙江工商大学硕士学位论文, 2015.

[97] 王兰珠. 董事会治理对企业创新投入的影响——基于中国制造业上市公司的经验分析 [J]. 金融经济, 2014 (8): 226-228.

[98] 刘胜强, 刘星. 公司治理对企业 R&D 投资行为的影响研究综述 [J]. 科技管理研究, 2010 (1): 121-124.

[99] 李燕, 华姗姗. 公众关注、董事会规模与企业研发强度——基于战略性新兴产业上市公司的实证研究 [J]. 会计之友, 2018 (5): 38-42.

[100] Becker B. E., Olson C. A. Unionization and Shareholder Intrests [J]. ILR Review, 1989, 42 (2): 246-261.

[101] Andrew T. Corporate Governance Innovation Systems Sand Industrial Performance [J]. Industry and Innovation, 1999, 6 (1): 25-50.

[102] 冯根福, 温军. 中国上市公司治理与企业技术创新关系的实证分析 [J]. 中国工业经济, 2008 (7): 91-101.

[103] 唐清泉, 甄丽明. 管理层风险偏爱、薪酬激励与企业 R&D 投入——基于我国上市公司的经验研究 [J]. 经济管理, 2009 (5): 56-64.

[104] 朱彦秀, 马婧婷, 李昊坤. 高管薪酬激励对企业自主创新影响研究——基于高新技术上市公司的经验数据 [J]. 经济管理研究, 2016 (4): 67-78.

[105] 梁彤缨, 雷鹏, 陈修德. 管理层激励对企业研发效率的影响研究——来自中国工业上市公司的经验证据 [J]. 管理评论, 2015 (5): 145-156.

[106] Artz K. W., Norman P. M. A Longitudinal Study of the Impact of R&D, Patents and Product Innovation on Firm Performance [J]. Journal of Product Innovation Management, 2010, 27 (5): 725-740.

[107] Jefferson G. H., Singh I. Enterprise Reform in China: Ownership, Transition and Performance [M]. Oxford University Press, 2002.

[108] Berchicci L. Towards an Open R&D System: Internal R&D Investment, External Knowledge Acquisition and Innovative Performance [J]. Research Policy, 2013, 42 (1): 117-127.

[109] Jaffe A. B. Knowledge Spillovers and Patent Citations: Evidence from a Survey of Inventors [J]. American Economic Review, 2000, 90 (2): 215-218.

[110] Los B., Verspagen B. R&D Spillovers and Productivity: Evidence from U. S. Manufacturing Microdata [J]. Empirical Economics, 2000, 25 (1): 127-148.

[111] 张艳辉, 李宗伟, 陈林. 研发资金投入对企业技术创新绩效的影响研究 [J]. 中央财经大学学报, 2012, 34 (11): 63-67.

[112] 陶永明. 企业技术创新投入对技术创新绩效影响机理研究——基于吸收能力视角 [J]. 东北财经大学学报, 2014 (1): 59-65.

[113] 马文聪. 供应商和客户参与技术创新对创新绩效的影响 [J]. 科研管理, 2013 (2): 19-26.

[114] 周代数, 朱明亮. R&D 投入强度、R&D 人员规模对创新绩效的影响 [J]. 技术经济与管理研究, 2017 (5): 12-15.

［115］李武威. 技术创新资源投入对高技术企业产品创新绩效影响的实证研究［J］. 工业技术经济，2013（7）：75-82.

［116］曹勇，苏凤娇. 高技术产业技术创新投入对创新绩效影响的实证研究——基于全产业及其下属五大行业面板数据的比较分析［J］. 科研管理，2012，33（9）：22-31.

［117］孙慧，王慧. 政府补贴、研发投入与企业创新绩效——基于创业板高新技术企业的实证研究［J］. 科技管理研究，2017，37（12）：111-116.

［118］Chen H. L., Huang W. S. Employee Stock Ownership and Corporate R&D Expenditures Evidence from Taiwan Information-technology Industry Asia Pacific［J］. Journal of Management, 2010（23）：369-384.

［119］Gomes, Novaes. Management and Ownership Effects from Five Countries［J］. Strategic Management Journal, 1998（19）：533-553.

［120］黄建山，李春米. 股权结构、技术效率与公司绩效：基于中国上市公司的实证研究［J］. 经济评论，2009（3）：77-82.

［121］王桂英，赵丹. 研发投入对股权结构与企业绩效关系的中介效应研究——基于我国中小板上市企业的经验数据［J］. 中国管理信息化，2013，16（9）：2-5.

［122］郭莉. 股权结构、R&D投入与公司财务绩效相关性研究——基于生物医药类上市公司的实证分析［D］. 山西财经大学硕士学位论文，2014.

［123］Hao Q. A., Kasper H. B. How Does Organizational Structure Influence Performance through Learning and Innovation in Austria and China［J］. Chinese Management Studies, 2012, 6（1）：36-52.

［124］张根文，王红霞. 董事激励能提高企业绩效么？——基于研发投入强度的视角［J］. 财会通讯，2017（30）：51-54.

［125］陈艺萍，侯莹莹，秦萌. 创新投入和公司绩效——基于公司治理调节视角的分析［J］. 科技与管理，2017（5）：69-75.

［126］Chun K. Corporate Governance and Market Reactions to Capital and R&D Investment Decisions［R］. Working Paper, 2009.

［127］Zhang Q., Chen L., Feng T. Mediation or Moderation? The Role of R&D Investment in the Relationship between Corporate Governance and Firm Performance: Empirical Evidence from the Chinese IT Industry［J］. Corporate Governance An International Review, 2014, 22（6）：501-517.

［128］Lee H., Padmanabha Taylor T. A. Price Protection in the Personal Computer Industiy［J］. Management Science, 2000, 46（4）：467-482.

[129] 王辉，臧日宏，李伟. 管理层股权激励对 R&D 与企业创新绩效影响的实证研究——基于制造业上市公司的面板数据［J］. 科技与经济，2016，29（1）：6-10.

[130] 马文聪，侯羽，朱桂龙. 研发投入和人员激励对创新绩效的影响机制——基于新兴产业和传统产业的比较研究［J］. 科学学与科学技术管理，2013，34（3）：58-68.

[131] 任海云. 股权结构与企业 R&D 投入关系的实证研究——基于 A 股制造业上市公司的数据分析［J］. 中国软科学，2010（5）：126-135.

[132] 朱明琪，张甫香. 高管团队、企业创新与企业绩效——基于企业创新中介作用的实证研究［J］. 会计之友，2018（22）：64-71.

[133] 杨建君，吴春鹏. 公司治理结构对企业技术创新选择的影响［J］. 西安交通大学学报（社会科学版），2007，27（1）：34-38.

[134] 付桂存. 高新技术企业内部控制研究——来自华为公司的经验与启示［J］. 财会通讯，2017（35）：112-115.

[135] Pavitt, Wald. The Conditions for Success in Technological Innovation ［M］. Paris：OECD, 2013：75-79.

[136] Mank D. A., Nystrom H. E. Decreasing Returns to Shareholders from R&D Spending in the Computer Industry ［J］. Engineering Management Journal, 2001, 13（3）：3-8.

[137] Yushan Chen, Kechiun Chang, Ching-Hsun Chang. Nonlinear Influence on R&D Project Performance ［J］. Technological Forecasting and Social Change, 2012, 79（8）：1537-1547.

[138] 王素莲. R&D 投资与企业创新绩效：企业家冒险倾向和学历水平的影响——基于深沪中小板上市公司的实证研究［J］. 东岳论丛，2018，39（4）：50-60，191.

[139] 蒋开东，俞立平，霍妍. 企业自主研发与协同创新绩效比较研究——基于面板数据与非期望产出效率的分析［J］. 软科学，2015，29（2）：68-71.

[140] 金伊雯. 研发投入对高技术企业创新绩效的影响研究——基于制度环境的调节作用［D］. 上海师范大学硕士学位论文，2018.

[141] Simons R. Control in an Age of Empowerment ［J］. Harvard Business Review, 1995, 73（2）：80-88.

[142] Ping Li, Wei Shu, Qingquan Tang. Internal Control and Corporate Innovation：Evidence from China ［J］. Asia-Pacific Journal of Accounting & Econom-

ics, 2017 (3): 1-21.

[143] 许瑜, 冯均科. 内部控制、高管激励与创新绩效——基于内部控制有效性的实证研究 [J]. 软科学, 2017, 31 (2): 79-82.

[144] 李萍, 舒伟, 唐清泉, 曹健. 内部控制能提高企业 R&D 投资的价值相关性吗? [J]. 中国会计评论, 2015, 13 (3): 325-346.

[145] Sharma S. Identification and Analysis of Moderator Variables [J]. Journal of Marketing Research, 1981, 18 (3): 291-300.

[146] 李艾, 李君文. 调节变量 (Moderator) 辨析: 类型、表述和识别 [J]. 数理统计与管理, 2008 (2): 257-264.

[147] Aguinis H. Statistical Power Problems with Moderated Multiple Regression in Management Research [J]. Journal of Management, 1995, 21 (6): 1141-1158.

[148] Hall J. A., Rosenthal R. Testing for Moderator Variables in Meta-analysis: Issues and Methods [J]. Communication Monographs, 1991, 58 (4): 437-448.

[149] Gittell H., Jody. Coordinating Mechanisms in Care Provider Groups: Relational Coordination as a Mediator and Input Uncertainty as a Moderator of Performance Effects [J]. Management Science, 2002, 48 (11): 1408-1426.

[150] Nystrom P. C., Ramamurthy K., Wilson A. L. Organizational Context, Climate and Innovativeness: Adoption of Imaging Technology [J]. Journal of Engineering and Technology Management, 2002, 19 (3-4): 221-247.

[151] Sharma N. The Role of Pure and Quasi-moderators in Services: An Empirical Investigation of Ongoing Customer-service-provider Relationships [J]. Journal of Retailing and Consumer Services, 2003, 10 (4): 253-262.

[152] 赵曙明, 孙秀丽. 中小企业 CEO 变革型领导行为、战略人力资源管理与企业绩效——HRM 能力的调节作用 [J]. 南开管理评论, 2016, 19 (5): 66-76, 90.

[153] 石冠峰, 王爱华, 唐杰. 成人玩兴与员工创造力作用机制研究——时间管理倾向的调节效应 [J]. 科技进步与对策, 2016, 33 (23): 135-141.

[154] 姜骞, 唐震. 知识搜索战略、动态学习与创新孵化绩效——定制化服务的调节效应 [J]. 软科学, 2018, 32 (8): 34-37.

[155] Baron R. M., Kenny D. A. The Moderator-mediator Variable Distinction in Social Psychological Research: Conceptual, Strategic, and Statistical Consi-

derations [J]. Journal of Personality and Social Psychology, 1986 (6): 1173-1182.

[156] Srinivasan R., Lilien G. L., Rangaswamy A. Technological Opportunism and Radical Technology Adoption: An Application to E-Business [J]. Journal of Marketing, 2002, 66 (3): 47-60.

[157] Davis V. F. D. A Theoretical Extension of the Technology Acceptance Model: Four Longitudinal Field Studies [J]. Management Science, 2000, 46 (2): 186-204.

[158] 王亚萍. R&D 投入对企业绩效影响关系的研究 [D]. 南京工业大学硕士学位论文, 2017.

[159] Damodar, N. Gujarati. 计量经济学 [M]. 北京: 中国人民大学出版社, 2000: 505.

[160] Darrow A. L., Kahl D. R. A Comparison of Moderated Regression Techniques Considering Strength of Effect [J]. Journal of Management, 1982, 8 (2): 35-47.

[161] Villa J. R., Howell J. P., Dorfman P. W., et al. Problems with Detecting Moderators in Leadership Research Using Moderated Multiple Regression [J]. The Leadership Quarterly, 2003, 14 (1): 3-23.

[162] 邵同尧, 潘彦. 风险投资、研发投入与区域创新——基于商标的省级面板研究 [J]. 科学研究, 2011, 29 (5): 793-800.

[163] 朱磊, 韩雪, 王春燕. 股权结构、管理者过度自信与企业创新绩效——来自中国 A 股高科技企业的经验证据 [J]. 软科学, 2016, 30 (12): 100-103, 108.

[164] 时现, 吴厚堂. 内部控制、研发强度与管理短视——基于中国上市公司的经验证据 [J]. 南京审计大学学报, 2016, 13 (5): 19-29.

[165] Eberhart A. C., Maxwell W. F., Siddique A. R. An Examination of the Tradeoff between the Future Benefit and Riskiness of R&D Increases [J]. Journal of Accounting Research, 2008, 46 (1): 27-52.

[166] Murphy K. J., Zimmerman J. L. Financial Performance Surrounding CEO Turnover [J]. Journal of Accounting & Economics, 2004, 16 (1-3): 273-315.

[167] 方红星, 金玉娜. 高质量内部控制能抑制盈余管理吗?——基于自愿性内部控制鉴证报告的经验研究 [J]. 会计研究, 2011 (8): 53-60, 96.

[168] Yang J., Liu H., Gao S., et al. Technological Innovation of Firms in China: Past, Present, and Future [J]. Asia Pacific Journal of Management, 2012,

29（3）：819-840.

[169] Asker J., Farre-Mensa J., Ljungqvist A. Comparing the Investment Behavior of Public and Private Firms [J]. Social Science Electronic Publishing, 2011（9）：1-49.

[170] 张瑶. 创业板企业股权结构、研发投入对创新绩效的影响研究 [D]. 西安理工大学硕士学位论文，2018.

[171] 高鹏华. 制度环境、现金流与研发绩效的实证研究 [D]. 华南理工大学硕士学位论文，2015.

[172] 武志勇，王则仁，王维. 政府研发补助对东北高端装备制造企业创新绩效的影响——研发投入与高管人力资本的中介调节作用 [J]. 科技进步与对策，2018，35（16）：47-53.

[173] 李凤梅，柳卸林. 产业政策对我国光伏企业创新与经济绩效的影响 [J]. 科学学与科学技术管理，2017，38（11）：47-60.

[174] 张莹. 政府支持对创新绩效的影响研究——研发投入的中介作用与内部协作网络的调节作用 [D]. 中北大学硕士学位论文，2018.

[175] 李维安，李浩波，李慧聪. 创新激励还是税盾？——高新技术企业税收优惠研究 [J]. 科研管理，2016，37（11）：61-70.

[176] Kraiczy N. D., Hack A. The Relationship between Top Management Team Innovation Orientationand Firm Growth：The Mediating Role of Firm Innovativeness [J]. International Journal of Innovation Management, 2015, 19（1）.

[177] Kim Y., Cannella A. Social Capital among Corporate Upper Echelons and its Impacts on Executive Promotion in Korea [J]. Journal of World Business, 2008, 43（1）：85-96.

[178] Lee C., Park G., Kang J. The Impact of Convergence between Science and Technology on Innovation [J]. The Journal of Technology Transfer, 2016, 46（4）：467-482.

[179] 王璐. 研发投入对高管激励与企业价值中介效应的实证研究 [D]. 湖北大学硕士学位论文，2017.

[180] 张静. 董事会特征、研发投入与技术创新绩效的关系研究 [D]. 苏州大学硕士学位论文，2018.

[181] 张丹，郝蕊. 连锁董事网络能够促进企业技术创新绩效吗？——基于研发投入的中介效应研究 [J]. 科技管理研究，2018，38（12）：183-191.

[182] 罗明新，马钦海，胡彦斌. 政治关联与企业技术创新绩效——研

发投资的中介作用研究 [J]. 科学学研究, 2013, 31 (6): 938-947.

[183] 邵毅平, 王引晟. 董事会资本与企业绩效的实证研究——基于R&D 投资的中介效应视角 [J]. 财经论丛, 2015 (6): 66-74.

[184] 梁伟真, 高小平. 科技型中小企业资本结构与企业绩效: 研发投入的中介作用——基于创业板制造业上市公司的数据分析 [J]. 财会通讯, 2015 (9): 57-59, 80.

[185] 朱明琪, 张甫香. 高管团队、企业创新与企业绩效——基于企业创新中介作用的实证研究 [J]. 会计之友, 2018 (22): 64-71.

[186] 潘洁. 高管团队异质性对企业绩效的影响机制研究 [D]. 江南大学硕士学位论文, 2017.

[187] 朱焱, 张孟昌. 企业管理团队人力资本、研发投入与企业绩效的实证研究 [J]. 会计研究, 2013 (11): 45-52.

[188] 罗红霞, 李红霞, 刘璐. 公司高管个人特征对企业绩效的影响——引入中介变量: 投资效率 [J]. 经济问题, 2014 (1): 110-114.

[189] 张璇. CEO 特征、研发投入与企业绩效的实证研究 [J]. 中国注册会计师, 2015 (8): 52-58.

[190] 叶红雨, 王勋. 高新技术上市企业高管激励对企业绩效影响的实证研究——基于研发投入的中介作用 [J]. 技术与创新管理, 2017, 38 (5): 520-525.

[191] 何卫红, 陈燕. 高管激励、技术创新与企业绩效——以创业板高科技企业为例 [J]. 财会通讯, 2015 (30): 60-64.

[192] 林木西, 张紫薇. 风险投资持股: "追爱" or "逐利"？——基于企业家精神视角的调节检验 [J]. 上海经济研究, 2019 (2): 99-109.

[193] 姜山水, 徐浩. 技术研发联盟关系性资产投入的股权激励机制研究 [J]. 重庆工商大学学报 (自然科学版), 2016, 33 (6): 79-84.

[194] 靳妍. 企业文化视角下创业导向与企业绩效的关系研究 [D]. 华东交通大学硕士学位论文, 2018.

[195] 张仁江. 企业文化、创业导向与企业绩效关系研究 [D]. 南开大学博士学位论文, 2010.

[196] 许婷, 杨建君. 股权激励、高管创新动力与创新能力——企业文化的调节作用 [J]. 经济管理, 2017, 39 (4): 51-64.

[197] Lee M., Peterson J. Culture Entrepreneurial Orieniation and Global Competiveness [J]. Journal of World Business, 2000, 35 (4).

[198] Wang S., Guidiee R. The Moderating Role of Organizational Culture in

Innovation: Evidence from China [Z]. Academy of Management Proceedings, 2009.

[199] 孙自愿, 王玲. 研发投入何时能提升企业绩效——内部控制有效性的调节效应 [J]. 软科学, 2019 (4): 1-11.

[200] 王书珍, 俞军. 内部控制、融资约束与研发投入关系的实证分析 [J]. 统计与决策, 2016 (15): 183-186.

[201] 武志勇, 于国章. 研发投入对企业绩效的影响——基于内部控制的调节作用研究 [J]. 北方经贸, 2016 (8): 144-146.

[202] 梁京. 高管团队异质性与企业创新绩效的关系研究——基于创业板高新技术企业的实证分析 [D]. 首都经济贸易大学硕士学位论文, 2018.

[203] 罗佳, 刘叶云. 制造业上市公司研发投入对创新绩效的影响——基于股权结构的调节作用 [J]. 企业科技与发展, 2018 (7): 234-235.

[204] 任海云. 公司治理对R&D投入与企业绩效关系调节效应研究 [J]. 管理科学, 2011, 24 (5): 37-47.

[205] 李伟. 中小板上市公司技术创新对企业绩效影响的实证研究——基于公司治理调节效应的视角 [D]. 南京工业大学硕士学位论文, 2014.

[206] 赖辉. 公司治理对R&D投入与企业绩效关系影响的研究——来自沪市上市公司的实证 [D]. 东华大学硕士学位论文, 2013.

[207] 王一卉. 政府补贴、研发投入与企业创新绩效——基于所有制、企业经验与地区差异的研究 [J]. 经济问题探索, 2013 (7): 138-143.

[208] Wright R., Kro H. M. Acquisition Returns Increase in Firm Size and Chief Executive Officer Compensation: The Moderating Role of Monitoring [J]. Academy of Management Journal, 2002, 45 (3): 599-608.

[209] Bloch F., Hege U. Multiple Shareholders and Control Contest [R]. Working Paper, HEC School of Management, 2001.

[210] Hu Albert. Ownership, Government Private R&D and Productivity in China Industry [J]. Journal of Comparative Economics, 2001, 29 (1): 136-147.

[211] Chung K. H., Wright P. Corporate Governance and Mark Valuation of Capital and R&D Investments [J]. Review of Financial Economics, 2003 (12): 161-172.

[212] Le S. A., Waters B., Kroll M. The Moderating Effects of External Monitors on the Relationship between R&D Spending and Firm Performance [J]. Journal of Business Research, 2006 (59): 278-287.

[213] Hall B. H., Oriani R. Does the Market Value R&D Investment by European Firms? Evidence from a Panel of Manufacturing Firms in France [J]. Ger-

many and Italy International Journal of Industrial Organization, 2006 (24): 971-993.

［214］Chang S. C., Chen S. S. The Influence of Corporate Governance Wealth Effect of Increase ［R］. Working Paper, 2008.

［215］Yeh Y. H., Suy H. Board Structure, Industry Competition and Announcement Effect ［R］. Working Paper, 2008.

［216］Chen S., Bu M., Wu S., Liang X. How Does TMT Attention to Innovation of Chinese Firms Influence Firm Innovation Activities? A Study on the Moderating Role of Corporate Governance ［J］. Journal of Business Research, 2015, 68 (5): 1127-1135.

［217］Simons T. L., Pelled L. H., Smith K. A. Making Use of Difference: Diversity, Debate, and Decision Comprehensiveness in Top Management Teams ［J］. Academy of Management Journal, 1999, 42 (6): 662-673.

［218］马富萍, 郭晓川. 高管团队异质性与技术创新绩效的关系研究——以高管团队行为整合为调节变量［J］. 科学学与科学技术管理, 2010 (12): 186-191.

［219］欧阳慧, 李树丞, 陈佳. 高层管理团队（TMT）在战略决策中的冲突管理［J］. 湘潭大学学报（哲学社会科学版），2004 (2): 7-10, 75.

［220］Knockaert M., Ucbasaran D., Wright M., Clarysse B. The Relationship between Knowledge Transfer, Top Management Team Composition and Performance: The Case of Science-based Entre Preneurial Firms ［J］. Entrepreneurship: Theory and Practice, 2011, 35 (4): 777-803.

［221］Manohar Singh, Sheri Faircloth. The Impact of Corporate Debt on Long Term Investment and Firm Performance ［J］. Applied Economics, Taylor & Francis Journals, 2005, 37 (8): 875-883.

［222］Wang Chunhua, Song Meiyan. Relationship between Capital Structure and Performance Evidence based on Information Technology Industry ［J］. International Conference on Advances in Computer Science and Engineering, 2013 (2): 330-333.

［223］曾祥飞, 季小明. 资本结构、企业研发投资决策与公司盈利能力相关性研究［J］. 合作经济与科技, 2013 (2): 37-39.

［224］宋佰涛. 广义资本结构对研发投入与企业绩效关系的调节作用——基于创业板制造业的实证研究［J］. 宏观·经略, 2017 (9): 91-94.

［225］李佳霖. 研发投入、资本结构与企业的创新绩效研究［J］. 商业会

计,2018(15):48-50.

［226］单春霞,仲伟周,张林鑫.中小板上市公司技术创新对企业绩效影响的实证研究——以企业成长性、员工受教育程度为调节变量［J］.经济问题,2017(10):66-73.

［227］Lewicka D. Creating Innovative Attitudes in an Organization Comparative Analysis of Tools Applied in IBM Poland and ZPAS Group［J］. Journal of Asia Pacific Business Innovation and Technology Management,2011,1(1):1-12.

［228］Ployhare R. E., Moliterno T. P. Emergence of Human Capital Resource:A Multilevel Model［J］. Academy of Management Review,2011,36(1):127-150.